企業の「成長の壁」を
突破する改革

顧客起点の経営

Strategy Partners代表
西口一希

日経BP

The purpose of
a business is
to create a customer.

Peter Drucker

ビジネスの目的は
顧客の創造である。

ピーター・ドラッカー

はじめに　顧客が見えなくなると、事業成長は止まる

筆者は1990年からビジネスに携わり、P&Gとロート製薬でのマーケティング業務を経てロクシタン ジャポンで代表取締役、そしてスタートアップ企業であるスマートニュースの日本と米国のマーケティング担当執行役員を務めました。2019年からは、経営コンサルティングおよび投資業務を行うStrategy Partnersを創立し、様々な企業の経営現場を支援・伴走しています。メーカー、通販、飲食店、温泉宿などの独立系・中小規模の企業から、BtoC、BtoBを含む上場前のスタートアップ企業、東証上場の大手企業や外資系企業の日本法人まで、2022年までの3年間に200を超える企業の経営者や事業責任者の相談をお受けし、現在は1業種1社の原則で25社と契約し経営コンサルティング実務と投資活動を行っています。

多種多様な経営相談や投資相談をお受けしていると、当初は、それぞれの業界特性に応じた独自の課題があるように思えましたが、話し合いを重ね実務を進めていく中で、業界特性や企業特性を超えて根深く存在する共通の経営課題があると強く確信するに至りました。

その課題とは、「経営から顧客が見えなくなっている」ことです。業種や業態が異なり、現場で起きている課題もそれぞれ異なっているように見えても、根本原因を追究すると、組織としての顧客理解が不十分であることに集約されました。多くの企業は商品力も強く潜在成長力もあるものの、

経営の根幹である顧客理解がおろそかになっていたのです。
各社とも、経営が考える事業成長への戦略はあるのですが、その中身はほとんどが総花的、もしくは教科書的で似通った定義でした。結果、具体的な施策に落とし込んでも競合と差がつかず、同質化競争になっていました。

逆に、経営者が顧客をしっかり見つめ、現在の売上と利益は一体どのような方から頂戴しているのかを把握している企業は、この3年間でも、着実に事業を伸ばしています。経営が顧客の心理を把握し、自社の投資活動や組織活動を行うにあたって、常に顧客を理由に意志決定している企業だけが、成長しているのです。この経営のあり方を「顧客起点の経営」と名付けました。

本書は、経営者向けの実務書です。どのようなビジネスであっても、今後も普遍的に有効な考え方を抽出し、経営層をはじめとして組織内で誰もが理解し共有できるように形式知化しました。経営に顧客理解を実装し、顧客起点の経営へと改革する、一連のフレームワークと活用方法を事例を交えて解説していきます。
事例は過去のものだけでなく、現在進行形のケースやグローバルな事例の分析も盛り込みました。掲載の承諾をいただいた企業・事業としては、ユーザベースの経済情報プラットフォーム「SPEEDA」および顧客戦略プラットフォーム「FORCAS」、AI（人工知能）を駆使したデジタル部品調達サービスであるミスミの「meviy」、また、サイバーエージェントの「ABEMA」の責任者のインタビューを巻末に収録したほか、スタートアップのアソビュー、ライフイズテック、グロースXの事業を牽引している戦略と変遷を解説しています。また、過去事例としてコスメ事業、温泉宿などの事例を紹介し、グローバルな事例としてiPhoneやAmazonの成長を顧客理解とその価値創造の観点で読み解きます。

本書は特に、成長過程における経営の問題に取り組む中小企業の経営者、またスタートアップの方々に、今日から実践していただけるように構成しています。

具体的には顧客の心理、多様性、変化を3つのフレームワークで把握し、経営に顧客理解を実装します。顧客を十把ひとからげに捉えず、また「今期は売上20％増！」などと企業視点のみの目標を闇雲に現場に押し付けて迷わせず、「どのような顧客に何が『価値』として受け入れていただけるのか」をすべての起点として、経営の打ち手を組み立てます。そして、顧客にとっての「価値」を起点に、事業成長を実現します。

本書で紹介するフレームワークは前述のように、筆者が規模も事業内容もまったく異なる経営に携わる中で確立したものです。ＢｔｏＢ、ＢｔｏＣを問わず、また業種や業態を問わず再現性のある考え方として、実際の業務において幅広く活用しています。

経営から顧客が見えなくなっている状態を、少しひも解いてみます。悩みを抱える経営者の皆さんと話していると、自社の**プロダクト（本書では、事業主が提供するすべての商品・サービス・事**

業をプロダクトと呼びます）が提供している「便益」と顧客との関係が見えなくなっていることに気付きます。便益とは、おいしい、便利だ、気持ちいい、何かが解決したといった、顧客が実際に受け取る利益や利便性を指します。

便益と併せて、プロダクトには唯一無二の特徴であり代替の利かない「独自性」も必要です。特定の顧客に便益と独自性を提案し、顧客がそれらに価値を見いだして初めて、購買や利用が成立します。

便益とは、言い換えると「顧客が買う理由」です。独自性は「顧客が他のプロダクトを買わない理由」です。継続的に自社の商品・サービスを購入されている方、あるいはサブスクリプションサービスにおいて長く継続されている方は、何らかの便益があるから購入し続けているはずです。そして、何らかの独自性を感じているから、他のプロダクトにスイッチしない、離脱しないわけです。

売上や利益などの財務数字は、経営状態を示しますが、それだけではそもそも誰が購入しているのか、なぜ購入しているのかは把握できません。例えば、どんなニーズや特徴を持つ顧客が、どのような具体的な「便益」を得るために自社のプロダクトを購入しているのかは分かりません。顧客が評価する自社プロダクトの「独自性」は何か。競合プロダクトと違う独自性は何か。こういった、顧客とプロダクトの関係が理解できていないから、業績が良くても悪くても次の打ち手が見えず、収益の継続性が難しくなるのです。

経営コンサルティングを通じて、組織の構造課題や人事採用の問題を扱うこともありますが、営業、開発、財務、製造、人事、マーケティングなど個別の部門のそれぞれに課題があるように見えても、それらの課題を突き詰めると、実はその多くは会社全体で問題視すべき「顧客の実態が見えなくなっている」ことに起因しています。本来、企業におけるあらゆる意志決定は顧客への価値創造につながっているべきですが、一つの意志決定の理由をさかのぼっても、顧客に関係のない商慣や社内事情でしかないケースが多く見られます。それらは、すべてコストアップとなり、収益性の低下に結び付きます。

成長企業を率いるオーナー経営者のように自ら現場に立ち、顧客との対話を継続している方には、顧客が見えていることが多いといえます。しかし、売上が拡大し、組織が１００人を超えるあたりから、経営者も組織も顧客から遠ざかってしまうのです。

なぜ、そうなってしまうのでしょうか。それは規模の拡大に伴って、組織構築、人事、財務管理、営業組織の拡大、対外的な交渉や調整などの多種多様な業務に時間も意識も取られてしまうからです。そして、これまでは目の前に見えていた、名前のある実在の顧客と自社プロダクトとの関係が見えなくなっていくのです。

経営者は担当役員や現場からの調査報告や、財務数字の増減を通して顧客の行動を理解するようになり、それが〝組織としての経営〟だと割り切ってしまう。組織拡大の過程で多くの企業が直面する縦割り化や意志決定スピードの鈍化、いわゆる「大企業病」の始まりです。

この背景には、日本が人口増のマーケットから人口減のマーケットに様変わりしていることもあります。人口減とは、すなわち潜在顧客の減少を意味します。そして、圧倒的なスピードで顧客の生活と価値観を変えているデジタル化の波が、数の少なくなった顧客をますます捉えにくくしています。

したがって、こうした環境下で、自社プロダクトに価値を見いだす可能性の高い潜在顧客層を見付け、その層に正確にリーチし、顧客化の投資対効果を高める必要があります。自社プロダクトに高い価値を見いだしてくださる潜在顧客層は誰なのかを見極め、自社プロダクトの価値を高め続け、顧客満足を高め続けて、単価と購買頻度を高めなければならないのです。今、ほぼすべての企業がその必要に迫られていると考えます。継続的に収益を高めるには、深い顧客理解が不可欠なのです。

それはＢｔｏＢでも同じです。なぜなら、ＢｔｏＢ事業の先をたどると、最終的に必ず〝Ｃ〟であるエンドユーザーがいるからです。自社のクライアントが見つめている顧客は何を価値と感じているのか、その顧客の顧客はどうなのか、と価値の連鎖をたどる必要があります。これもまた、顧客理解にほかなりません。

では、その中で常に顧客を理解し事業成長を実現している企業は、何をしているのでしょうか？どんな時代においても、売上を伸ばす企業に共通するのは、顧客が「価値」を見いだす自社プロダクトの便益と独自性を強化し続け、一方で、潜在顧客にとって新たな「価値」となる便益と独自性を提供するプロダクト開発を模索し続けていることです。

顧客の心理と行動は固定ではなく、常に変化し続けています。経営は、その変化を常に捉え続けることが重要です。昨日の顧客は今日の顧客とは異なりますし、明日の顧客もまた変化していきます。目の前の顧客の心理と行動の理解を、どれだけ活かせるかが、経営のすべてなのです。

前述の人口減、そして顧客の多様化は、もはや不可逆な潮流です。その中で顧客に価値を見いだし続けていただき、得た利益をさらなる価値の創造に結び付けるために、本書が役立てば幸いです。

■本書の構成

序章では、複数の観点から、経営から顧客の実態が見えなくなっていくメカニズムを解説します。第1章では、見えなくなっている顧客の心理、多様性、変化の重要性とともに、顧客起点の定義、そして顧客起点の経営を実現する3つのフレームワークと全体像を説明します。

第2章では、顧客を経営の視界に捉える基盤として、第1のフレームワーク「顧客起点の経営構造」を解説します。

第3章と第4章は、基礎編としました。基礎編は、事業規模やBtoC、BtoBなどの業種にかかわらず、どのような企業にも活用していただける内容をまとめています。第3章では、事業対象とするマーケット全体の顧客を5つの層（セグメント）に分類する「5 segs（ファイブセグズ）」を紹介し、5セグズをベースにした第2のフレームワーク「顧客戦略（WHO&WHAT）」を解説します。

第4章では、マーケット全体の顧客を動態として把握し、顧客の変化を捉える第3のフレームワーク「5セグズ カスタマーダイナミクス」を解説します。

第5章は応用編として、5分類をさらに9つに分類した「9 segs（ナインセグズ）」およびその顧客動態「9セグズ カスタマーダイナミクス」を紹介します。本書は、5分類に初めて着手される方を主に想定していますので、まずは序章から第4章の基礎編まで読んでいただいて、この応用編は飛ばして第6章に進んでいただいてもよいかと思います。

第6章では、今日から実行できる3つのフレームワークの具体的な活用と目指すべきビジョンを解説します。

第7章の最終章で、フレームワークを使いながら、経営学者として名高いピーター・ドラッカー氏の言葉の理解を深めます。

巻末には、顧客起点の経営を実践する3社・3事業の責任者との対談を掲載しています。

第4章 基礎編
継続的に収益を高める「カスタマーダイナミクス」
顧客の変化を捉える

第5章
応用編
NPIを加えた「9セグズ　カスタマーダイナミクス」

第6章

顧客起点の経営改革とビジョン

第7章 ドラッカーを顧客起点で読み解く

対談　顧客起点の経営の実践

序章

経営が顧客を見失う理由

序章では、経営から顧客が見えなくなり、
成長段階にある企業が「大企業病」に陥ってしまう理由を、
時代背景とともにひも解きます。

大量生産で売上を伸ばせた昭和の成長モデル

「顧客を大切に」との考えにまったく賛同できない経営者はいないでしょう。しかし、ただお題目として顧客を大切にしようと掲げることと、筆者が実装を支援している顧客起点の経営は異なります。残念ながら、筆者が会った顧客目線を語る経営者の多くが、売上・利益をはじめとする財務諸表とばかり向き合い、顧客に関する議論がないままに「成果が上がらない」と頭を抱えていました。

規模が大きくなり、複数の事業を抱える企業ほど、個別の商品やサービスの顧客の行動や心理に思いを馳せられなくなっていく。意図せず経営の視界に顧客の実態が入らなくなっていき、**気付かないうちに顧客が離れてしまうのです。**

経営から顧客が見えなくなっている問題には、「はじめに」で触れたように、一つの要素として人口減の影響があります。なぜ今、顧客理解に注力しなければいけないのかを知るために、昭和から平成そして令和にかけての時代の変遷を簡単に振り返ってみたいと思います。

かつて昭和の時代は、毎年の人口増加で、ＢｔｏＣかＢｔｏＢかにかかわらず、どんなカテゴリーもマーケットの顧客数自体が拡大していました。プロダクト（商品やサービス）を開発したら、販路と認知を拡大すればよかったのです。営業人員を大量採用し、販路を拡大し、テレビや新聞などのマス媒体で認知を拡大し、人口増をてこに売上も利益も伸びていきました。

売上増に伴って、大量生産を効率化して原価を下げれば、さらに販路と認知を拡大できました。

国内での競争相手が増えれば、さらなる大量生産によりコストを抑えて海外に販路を拡大することで事業成長してきました。これが、昭和時代の成長モデルです。

人口減とデジタル化の影響

人口増の時代は顧客の人数が増え、売上も伸びます。当然ですが、売上はＢｔｏＣ、ＢｔｏＢにかかわらず「**顧客数×単価×頻度**」だからです。昭和の時代は、最初の変数である人口が増えれば顧客の人数が自然に増加し、投資対効果が向上していました。

しかし90年代以降、国内人口の伸びは止まり、販路と認知を拡大する環境にも大きな変化が起こります。この変化を次頁の図1にまとめました。

インターネットが登場し、生活者の興味が分散して、大勢が同じ時間に同じテレビドラマを見ているようなことが起こりにくくなりました。〝お茶の間〟の喪失です。これに伴ってマス広告が弱体化し、顧客が目にする情報はますます多様化、細分化し、結果として顧客ニーズも多様化しました。また、国境も時間も超えて、既存の物理的な販路を代替するAmazonや楽天のようなデジタル販路（ＥＣ）が出現し、昭和を支えた販路と認知の水平拡大は通用しなくなりました。

このような顧客の多様化・細分化をさらに急加速させたのは、２００６年以降のスマートフォンの浸透です。スマートフォンは、急速に世の中を分断しました。その登場から15年以上が経った今、一人ひとりが持っている情報はバラバラで、価値観やニーズも人によって大きく異なり、マーケッ

図1　昭和の成長モデルを止めた人口減とデジタル化

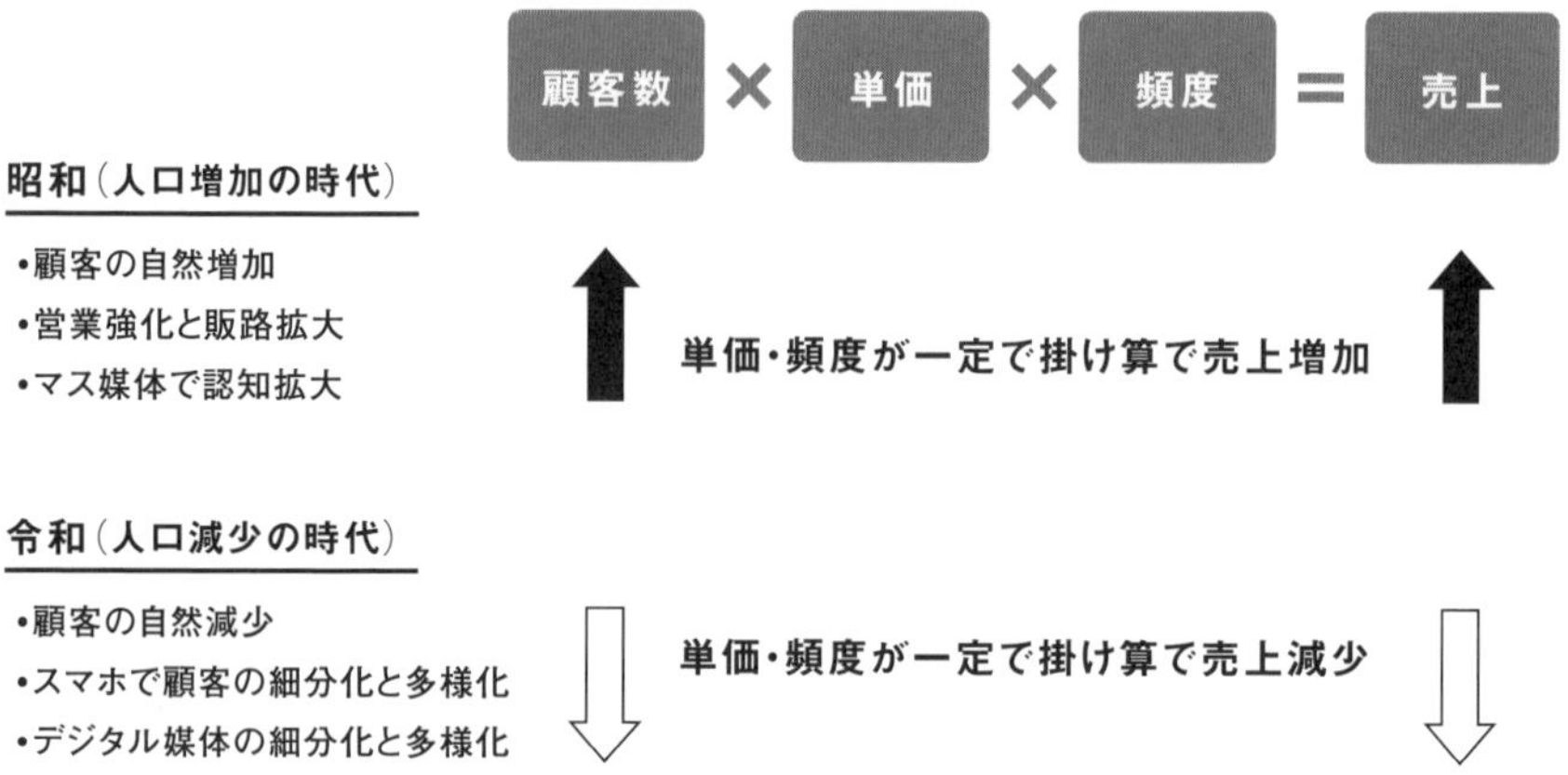
顧客数 × 単価 × 頻度 = 売上
昭和（人口増加の時代）
•顧客の自然増加
•営業強化と販路拡大
•マス媒体で認知拡大
単価・頻度が一定で掛け算で売上増加
令和（人口減少の時代）
•顧客の自然減少
•スマホで顧客の細分化と多様化
•デジタル媒体の細分化と多様化
単価・頻度が一定で掛け算で売上減少

ト全体が極めて複雑になりました。

かたや、その状況を受けて、企業に対しては様々なデジタルツールや手法が提案されるようになります。結果として、ビジネスの現場はデジタルやＩＴの導入と理解に時間を費やしてしまい、その先にいるはずの顧客の姿がますます見えなくなる事態に陥っています。現場が顧客から離れれば、経営者はさらに顧客の現実から遠ざかります。この現象に、業種や業態によらず、ほとんどの企業が直面しています。

10年変わらない経営の課題「収益性の向上」

人口増が止まった日本の市場において、今、多くの経営者が変革を迫られています。デジタル化、いわゆるＤＸ（デジタルトランスフォーメーション）が急務だといわれ、コンサルティング会社やシステムなどを導入した企業も多いでしょう。ですが、

図2　10年変わらない課題「収益性の向上」

2010年

順位	項目	（%）
1位	収益性向上	57.6
2位	売り上げ拡大・シェア拡大（販売力の強化を含む）	55.9
3位	人材強化（採用・育成・多様化）	37.0
4位	新製品・新サービス・新事業開発	21.4
5位	技術力の強化	17.4
6位	顧客満足度の向上	17.2
7位	現場の強化（安全、技能伝承など）	13.3
8位	財務体質強化	13.0
9位	品質向上（サービス・商品）	13.0
10位	グローバル化（グローバル経営）	10.6

4千社に質問票を配布し632社が回答。上位3つまでを集計
出典：https://www.jma.or.jp/img/pdf-report/keieikadai_2010_report.pdf

2020年

順位	項目	（%）
1位	収益性向上	45.1
2位	人材の強化（採用・育成・多様化への対応）	31.8
3位	売り上げ拡大・シェア拡大	30.8
4位	事業基盤の強化・再編、事業ポートフォリオの再構築	27.8
5位	新製品・新サービス・新事業の開発	21.6
6位	顧客満足度の向上	17.2
7位	現場力の強化	15.0
8位	財務体質強化	14.1
9位	高コスト体質の改善	13.2
10位	働きがい・従業員満足度・エンゲージメントの向上	12.0

5千社に質問票を配布し532社が回答。上位3つまでを集計
出典：http://www.jma.jp/img/pdf-report/keieikadai_2020_report.pdf

DXを推進しながらも途中で崩壊した大手の事例なども出てきています。本書の執筆時点で筆者が知る限り、DXで期待通りに事業が伸び、新たな成長の道筋が見えたケースはほぼありません。

中小含む多くの企業で、今後の事業成長への打ち手が分からないという問題があります。

2020年の日本能率協会（JMA）による全国主要企業の経営者への調査によると、**現在の経営課題の1位は「収益性向上」**ですが、実は10年前の2010年の同調査でも、第1位は「収益性向上」でした。10年間、変化がありません（図2）。

戦略の根本的な問題は顧客不在

すべての企業は、成長に向けて何らかの戦略を実行しています。それぞれの経営陣が必死に考え、議論し尽くした末に立案された戦略ですが、コンサルタントとして様々な業種の企業を客観的に見

図3　戦略の根本的な問題

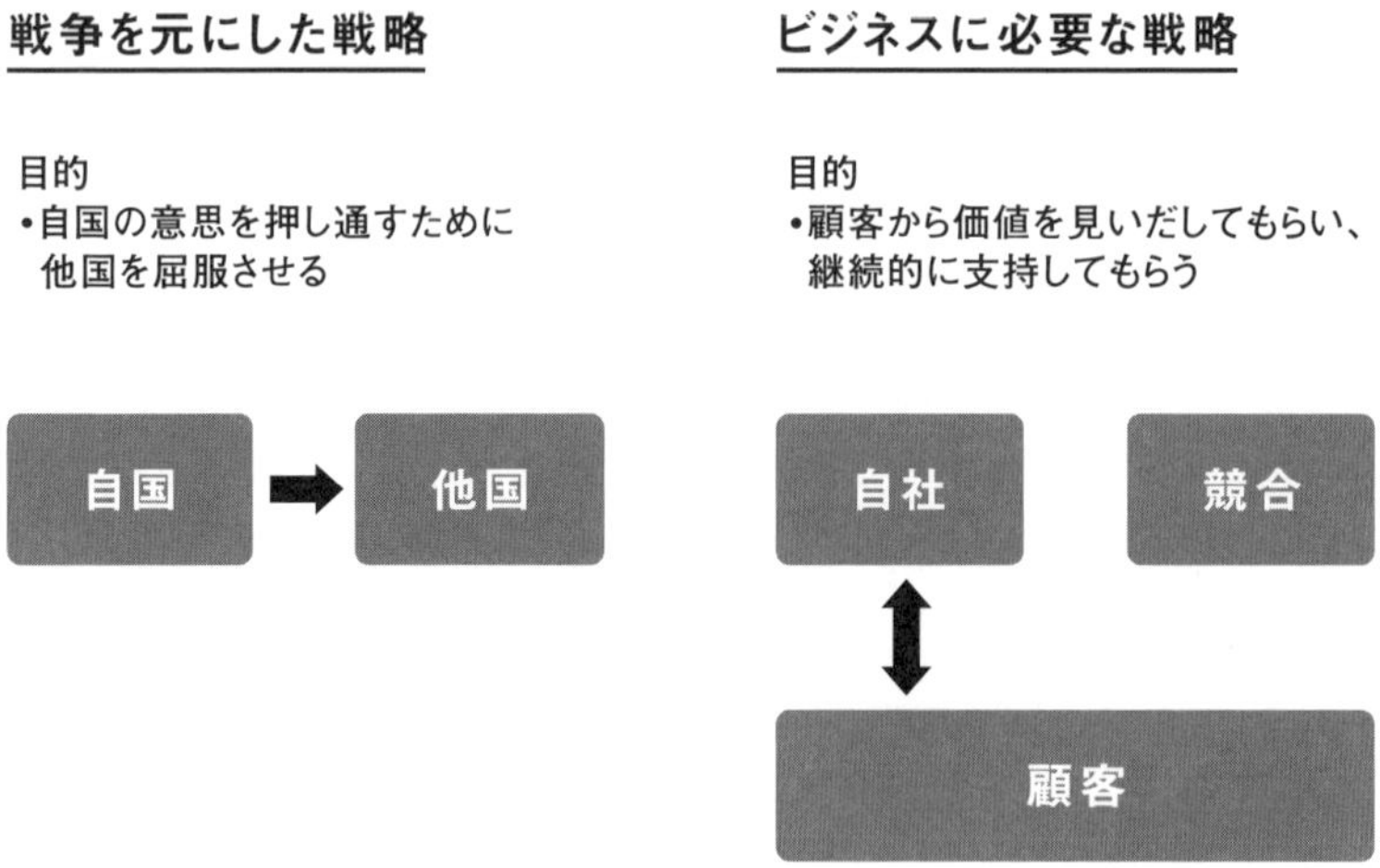
戦争を元にした戦略
目的
•自国の意思を押し通すために
他国を屈服させる
自国
他国
ビジネスに必要な戦略
目的
•顧客から価値を見いだしてもらい、
継続的に支持してもらう
自社
競合
顧客

ている立場からすると、どれも驚くほど似通っています。

「大手コンサルティング会社や代理店に委託したがうまくいかない」と、筆者が事業支援を引き継ぐこともあります。過去に作成された分厚い戦略提案書を拝見すると、構成は網羅的で論理的、表現も魅力的です。しかし実行するには概念的すぎて、現場の納得感もないため、クライアント内で具体的なアクションに移せていません。

その場合、提案の元となるはずの「顧客の理解」がそもそも弱い、という問題を抱えていることがほとんどです。コンサルティング会社が提案する改革やアクションは、顧客が誰かを具体的に定義しないまま策定された競合との戦い方、手段や手法、仕組みやプロセスの変更、あるいは財務的な打ち手が中心です。そのため、それらアクションの結果として**どのような顧客が自社プロダクトに価値を見いだし、結果として売上と利益をもたらすのか**が見えないので、概念的に感じるのです。提案に対して、現場も腑に落ちないため、実行に結び付かず、分厚い戦略提案書だけが残ります。

ここには、誰しもが受け入れてしまっている、戦略の根本的な問題があります（図3）。世の中には数多くの経営戦略や戦略論があり、著名な経営者の皆さんも影響を受けられたでしょうし、筆者も学んできました。その多くは実際の戦争から発展してきたものですが、そもそも戦争の目的は、国家としての意思や価値観を押し通すために他国を屈服させることです。その目的達成を下敷きに、戦って勝つ方法や戦わずして勝つ方法をビジネスにあてはめようとするものが、既存の経営戦略や戦略論です。

ここで、ビジネスにあてはめようとしているのが、大きな問題です。ビジネスは戦争ではありません。国家間の戦いのように競争相手を屈服させることが目的ではなく、顧客への価値創造を最大化し、多くの顧客の満足と継続的な支持や対価を得ることが目的です。**視界に入れるべきは顧客**なのです。敵、つまり競合との戦争を前提とした戦略提案に、社内での腹落ち感がないのは当然です。むしろ健全な反応だといえます。

経営者の悩ましさに共通するのは、競争相手の理解ではなく、顧客の理解と解像度の弱さです。自社プロダクトの今の顧客は誰でしょうか？　購入してくれている理由は？　離反してしまった顧客はいるのでしょうか？　なぜ離反したのでしょう？　今後、獲得可能な新しい顧客は誰でしょうか？　……これらへの回答が曖昧なままだと、経営の意志決定は悩ましい状態から抜け出すことが難しくなります。

すべての企業が直面する企業成長の危機

ハーバードビジネススクール准教授だったラリー・グレイナー博士（Dr. Larry Greiner）が、「企業成長には5つの段階があり、それぞれの段階で乗り越えるべき危機がある」とした有名な論文を発表しています。発表から50年が経過していますが、この問題は現在においても変わりませんので、簡単に紹介します。

論文によると、あらゆる企業は、創業期から組織の人数に応じて次の5つの成長段階をたどります（図4）。

第1段階：創造性による成長と統率の危機
第2段階：指揮による成長と自主性の危機
第3段階：委譲による成長と統制の危機
第4段階：調整による成長と形式主義の危機
第5段階：協働による成長と新たな危機

第1段階の創造性による成長段階、つまり創業者が圧倒的なリーダーシップを発揮して成長する段階を越えて、第2段階の指揮による成長段階、次の権限の委譲による成長段階、さらに調整によ

図4　グレイナーの企業成長モデル（1972年）

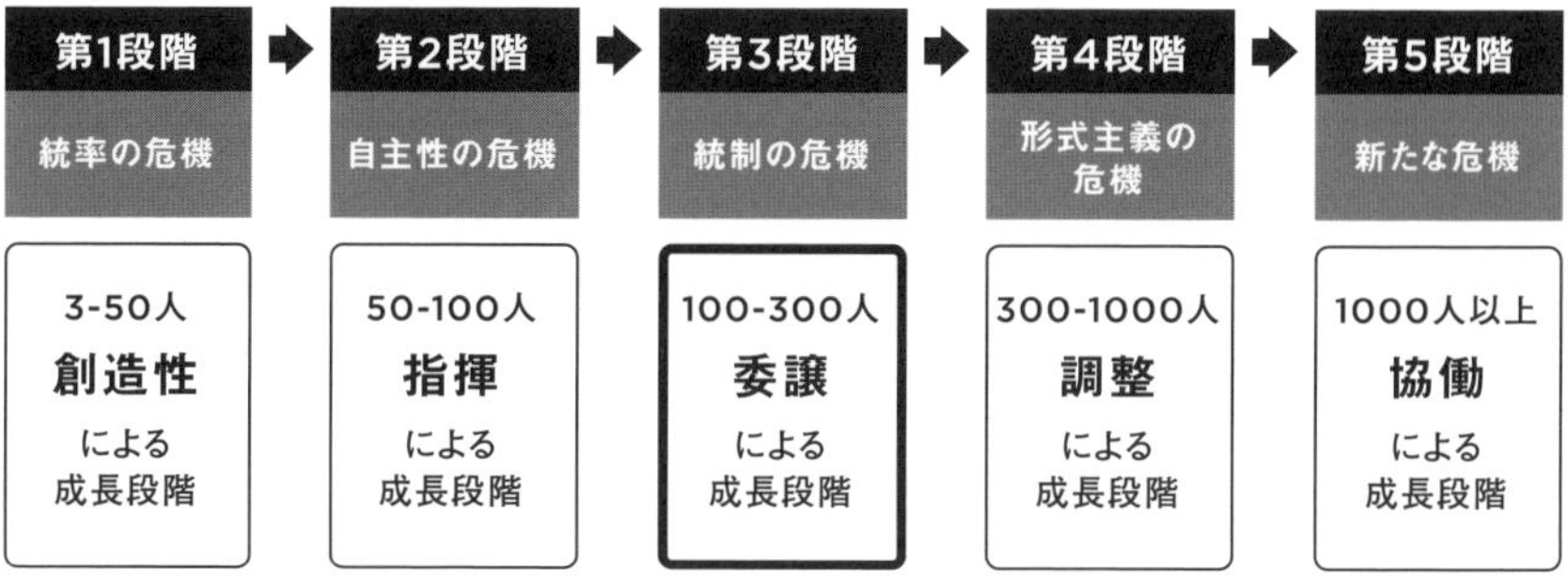

図5　企業成長に伴って顧客理解は急速に失われる

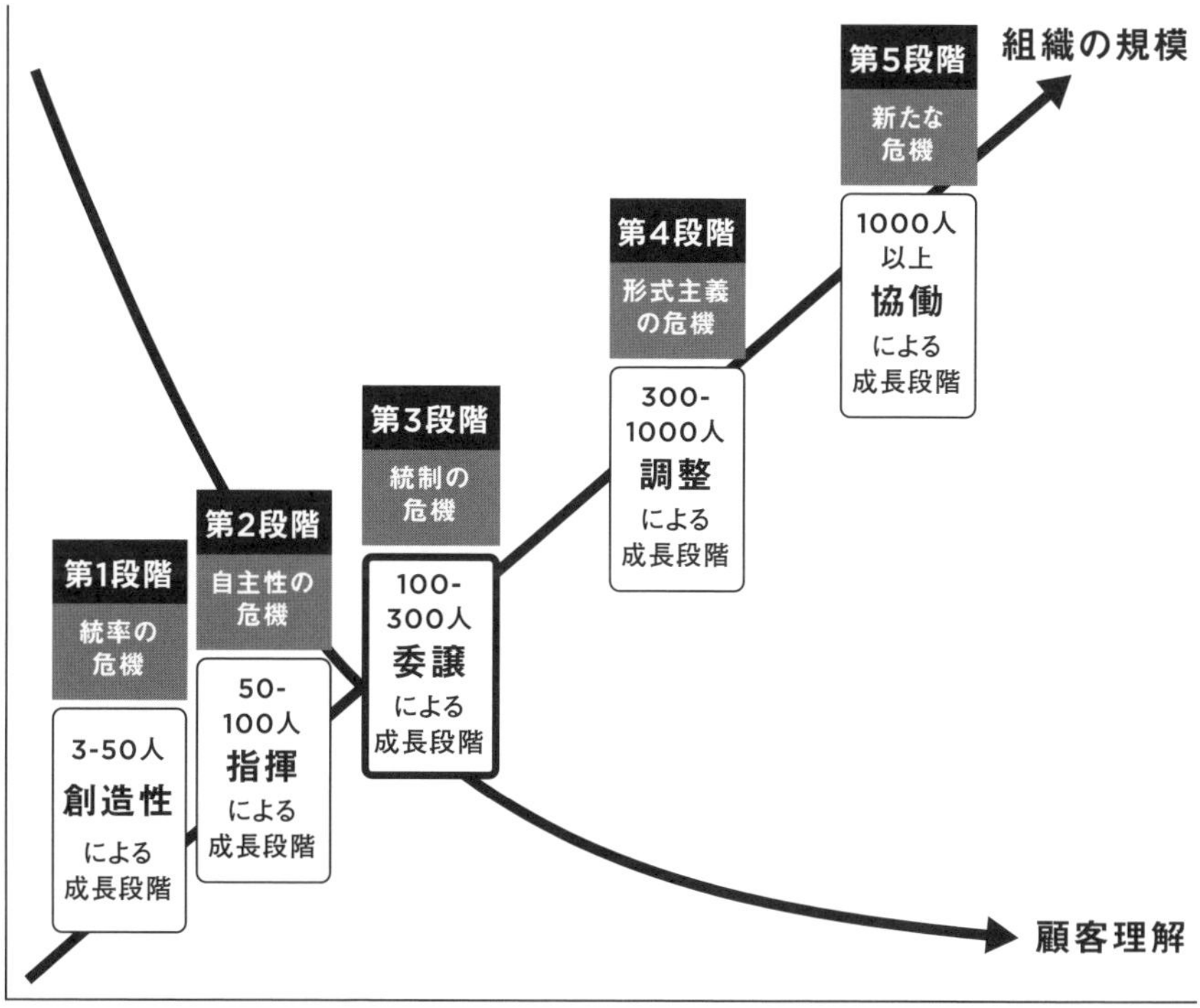

出典：「グレイナーの企業成長モデル」を元に筆者作成

図6　「大企業病」── 意識が組織の内部に向かう

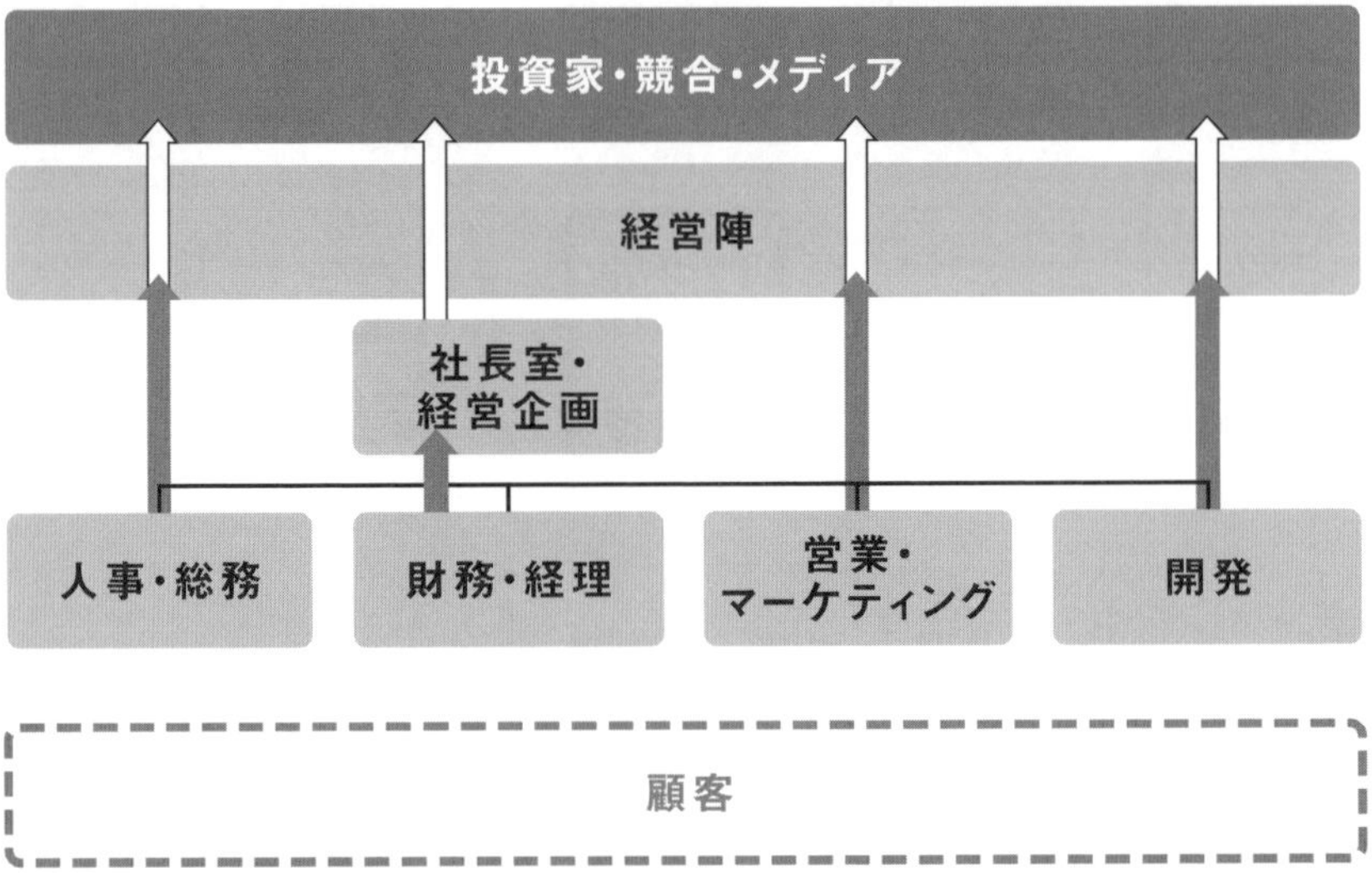

る成長段階、協働による成長段階へと段階に応じた成長をたどります。

それぞれの段階に、組織人数と構造が生み出す複雑性に応じた危機があり、それぞれに異なるマネジメントが必要になります。ただし実際には、多くの企業がそれらの危機を乗り越えられず、第2、3段階あたりで足踏みする——と指摘されています。

筆者が知る経営の実態に照らし合わせても、組織が成長する過程で、グレイナー博士の指摘する情報伝達やコミュニケーションの劣化は確実に起こります。それに伴い、急速に顧客の理解が弱くなっていることが大きな課題であると考えます(前頁図5)。

組織が拡大すると、情報伝達や組織構造はどうしても複雑になっていきます。その複雑性を解決するために、**意識がより組織内部に向かう**ようになり、それまであったはずの顧客への興味や意識が急速に失われます。どんなに優秀な創業者であっても、第2段階、第3段階へと進めば、創業時にはあった現場感覚、つまり顧客の理解は薄れます。創業者が、自分が担っていた顧客の理解の代替を幹部や現場に期待しても、彼らは組織の複雑性に忙殺されて意識は内向きのままで、結果として組織全体で顧客の理解がおろそかになり、正しい経営判断が困難になります。

「大企業病」とは何か――組織の横串としての顧客理解

様々な成長段階にある企業の経営者の話を聞く中で、最も多く出てくる課題が「大企業病」です（図6）。組織が拡大し、業務が細分化・個別最適化することに起因する、様々な問題の総称としてよく挙げられると思います。

具体的に語られる言葉としては、経営と現場が乖離《かいり》している、社内の縦割り化（サイロ化やたこつぼ化）が進んでいる、人材が成長しない・幹部が育たない（自分の期待通りに動けない）、マーケティング能力が弱い、などと多様ですが、意味するところはすべて「組織が大きくなる中で組織の能力も個人の能力も発揮しにくくなり、組織に何らかの変化が必要だ」という話です。また、同じ文脈で「組織をつらぬく〝横串〟が必要だ」との話も多く聞かれます。

組織を変革するために必要な変化とは何か、そして横串とは何か、すでに自明かと思います。それは、**創業時にはできていた顧客の理解**です。自社の商品やサービスを購入している、あるいはこれから購入するかもしれない顧客を理解することこそが、成長の壁を突破する鍵であり、組織をまとめ上げる横串になります。「経営学の父」といわれたピーター・ドラッカー氏が何度も指摘していた「顧客は誰か」の組織的な理解こそが、大企業病を克服する鍵なのです。

顧客理解に関する実態調査

補足として、このような顧客理解の実態に関する調査を紹介します。筆者が共同創業したM-Forceにて、筆者を含む7人のコンサルタントがこれまで関わった計145の事業について、2021年4月に実施した調査です（図7）。この部分を飛ばしても、第1章以降は読み進めていただけますので、必要な際にご参照いただければと思います。

では、各質問とその意図を解説していきます。

質問1：対象とするマーケット全体の顧客数は定義されていましたか？（100％シェアを獲得した際の総顧客人数）

質問2：売上目標と顧客との関係は定量的に可視化されていましたか？（売上＝顧客数×単価×頻度）

質問1と2は、どのような事業体においても、その成長ポテンシャルと投資対効果を考える上で「最も基本的な顧客理解ができているか」を問うものです。同時に、投資家も重要視する項目です。

図7「顧客理解に関する調査」

		合計	外資系	スタートアップ	日系
	サンプル数	145	19	66	60
質問1	対象とするマーケット全体の顧客数は定義されていましたか?（100%シェアを獲得した際の総顧客人数）	26%	26%	35%	15%
質問2	売上目標と顧客との関係は定量的に可視化されていましたか?（売上=顧客数×単価×頻度）	52%	68%	56%	43%
質問3	現在顧客と離反顧客を分ける基準は定義されていましたか?	17%	53%	9%	13%
質問4	対象とする顧客セグメントは設定され、定量的に可視化された上で、部署をまたいで合意されていましたか?	6%	32%	5%	0%
質問5	顧客に価値を与える主要な便益は定義され、部署をまたいで合意されていましたか?	26%	53%	24%	18%

【調査概要】M-ForceおよびM-Forceのパートナー共同で、過去に自ら担当もしくはコンサルティングや投資先として関わった計145事業において、経営上で最も重要と考えられる顧客理解とその実行に関する5つの質問に回答（表参照）

質問1の、対象とするマーケット全体の顧客数の定義については第3章で詳述しますが、「TAM（Total Addressable Market）顧客数」と表されます。その事業において獲得しうる全体の潜在顧客が何人いるか、BtoBであればマーケット全体でクライアント数が何社になるかなど、プロダクトの総需要（総市場）を支える顧客の数を指します。

例えば、全国規模で営む通販スキンケア事業のマーケット全体を20代女性と定義すると、その事業が100％シェアを獲得した場合、理論上は総務省人口推計の20代女性の人数がTAM顧客数になります。BtoBで考えると、機械メーカー向けに金属加工の事業を営んでいる会社が、その商圏を100㎞圏内の機械製造メーカーと定義すれば、100％シェアを獲得した場合、経済産業省や商工会議所のデータからおよその数も名前も特定できます。それが300社であれば、TAM顧客数は３００になります。

投資を行って収益を上げるビジネスにおいて、どのマーケットで事業を行うか、その総需要の定義は欠かせません。しかし、実施しているのはスタートアップでも35％、日系企業においては15％の低い数字に留まりました。この定義がないということは、売上やシェアの向上を目的としつつも、どこまでが獲得可能なのか分からない状態で経営が行われているということです。

また質問2は、売上と顧客の関係を見るために、売上を構成する最も基本的な式として「売上＝顧客数×単価×頻度」の3要素に分解し、それぞれを数字で可視化しているかを聞いています。質問1でのマーケット全体の顧客数は定義されていなくても、自社の顧客数は把握できるはずですが、実際に把握していた企業は日系で43％程度でした。つまり残りの57％程度、調査対象の日本企業の半分以上が、自社の売上を作っている顧客数すら可視化していないということです。仮に自社プロダクトの売上が10億円だとしても、その顧客数が千人なのか1万人なのかも把握しておらず、社内で共通の意識統一がされていません。

質問３：現在顧客と離反顧客を分ける基準は定義されていましたか？

質問４：対象とする顧客セグメントは設定され、定量的に可視化された上で、部署をまたいで合意されていましたか？

質問５：顧客に価値を与える主要な便益は定義され、部署をまたいで合意されていましたか？

質問3、4、5は、組織内部に一貫した優先順位と整合性を生み出すために必要な項目です。顧客を分類する基準がなく共有もされていなければ、自社プロダクトを継続購買する、いわゆるロイヤル顧客をどう増やしていくか、離反理由はどういったことで、商品やサービスの改良や強化をどうすべきか、分析することも議論することもできません。その深刻度を察知することもできないのです。

この場合、顧客をロイヤル化するために活動する営業やカスタマーサービスの仕事と、プロダクトを生み出す開発や製造、それを販売するマーケティングなどの活動には共通する顧客像がなく、連動性も生まれません。それぞれの部門や担当者が、共通する顧客の理解がないまま、それぞれの判断で各部門の作業を行うことになります。これでは、組織の縦割り化は避けられません。質問4の部署をまたいだ顧客セグメントの合意に関して、日系企業で0％となっている結果は象徴的です。

調査対象である145事業中、5つすべてを実施していたのは、グローバルに展開する外資系の飲食チェーンの1社のみでした。スタートアップは、投資家に重要視される質問1と2に関しては比較的高いものの、質問3以降は低い結果となりました。

この調査結果から、多くの事業において顧客が十分に理解できておらず、**組織全体が一丸となって顧客に向き合える状態にない**という実態が浮き彫りになりました。つまり、組織全体で顧客は誰かが見えていない状態であり、どれだけ顧客の大切さを組織内で語っても、経営は顧客を見失うことになるのです。

■序章のまとめ

・売上とは、ＢｔｏＣ、ＢｔｏＢにかかわらず「顧客数×単価×頻度」。人口増の昭和の時代は顧客の人数が自然に増え、売上も伸びた。しかし人口減の平成、令和の時代は顧客数が減少し、媒体や顧客自体の多様化も伴い、売上減少に。

・組織が拡大すると、情報伝達や組織構造は複雑になっていく。その複雑性を解決するために、意識がより組織内部に向かうようになり、それまであったはずの顧客への興味や意識が急速に失われる。

・自社の商品やサービスを購入している、あるいはこれから購入するかもしれない顧客の理解こそが、成長の壁を突破する鍵であり、組織をまとめ上げる横串になる。

第1章

顧客起点の経営改革の全体像

本章では、経営が顧客を見失っていくメカニズムを踏まえて、
具体的に把握すべき顧客の心理、多様性、変化を解説します。
併せて本書の前提となる「顧客起点」の定義と
3つのフレームワークを提示し、
顧客起点の経営へと改革していく全体像を紹介します。

1-1 顧客の何が具体的に見えていないのか

経営が見失っている顧客

では、**経営がどのような観点で顧客理解を取り戻すべきか、顧客の心理、顧客の多様性、顧客の変化**の3つに分けて解説します。

1 顧客の心理――顧客の行動の〝理由〟が見えない

〝売上増〟の背景にあるもの

売上を分解すると、「**顧客数×単価×頻度**」です。この3要素は、顧客の購買行動を表すものであり、基本的な顧客の理解として欠かせません。

売上が伸びたとき、何が起こっているかを考えてみます。

自社プロダクトの売上が伸びた際に、もし顧客数が増えずに単価や頻度が上がっていれば、プロダクトへの満足度が高まって、既存顧客のロイヤル化が進んでいる可能性が考えられます。ですが、もしかすると顧客への会員制ポイント施策でまとめ買いを促進しただけで、プロダクトへの満足度自体は高まっていないかもしれません。前者であれば、単価と頻度はこの後も安定しますが、後者であれば単価と頻度は維持できず、売上増は一時的かもしれません。

別のケースとして、単価と頻度は下がっているけれど、顧客数が大きく増えて売上が上がったケースを考えてみます。

この場合、新規顧客が増えたのは何らかの販売促進が奏功した結果であって、将来に発生する見込みのあった需要の前倒し（先食い）にすぎないかもしれません。プロダクトへの満足度が得られなければ、リピートは望めないため今後の売上は落ち、再度、販売促進の投資が必要になる可能性があります。しかし、新規顧客がプロダクトを使用して強い価値を感じ、次回も購買したい気持ちを持てば、売上は継続的に上がっていくでしょう。

これらのケースはすべて、売上増加として報告されます。仮に顧客数、単価、頻度まで報告されていても、さらにその背景にも様々な可能性が考えられるため、今後も継続的に売上が増加するのかの見通しは不確かだと理解できるかと思います。

図1-1　売上と顧客行動と顧客心理

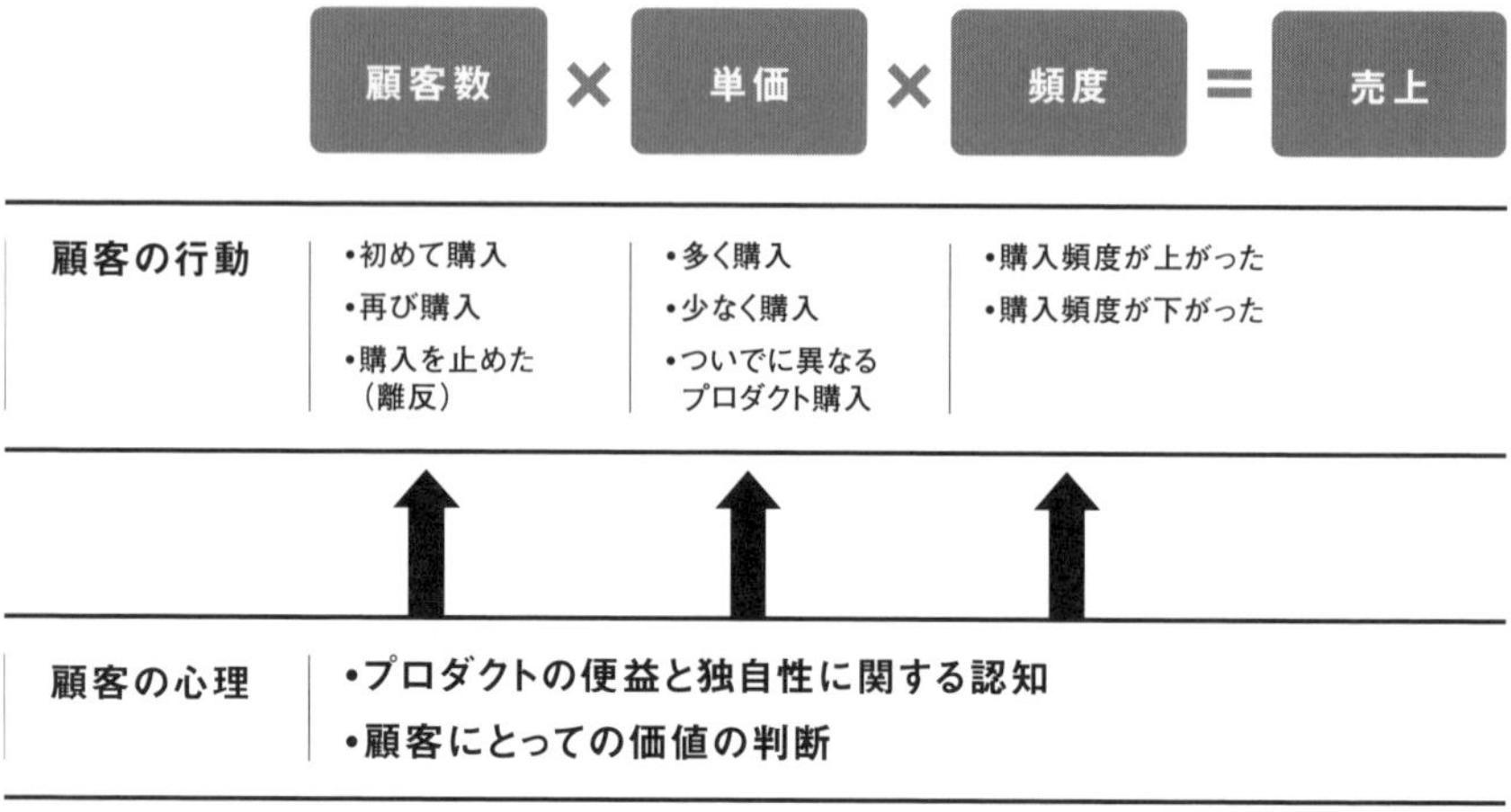
顧客数
×
単価
×
頻度
＝
売上
顧客の行動
•初めて購入
•再び購入
•購入を止めた（離反）
•多く購入
•少なく購入
•ついでに異なるプロダクト購入
•購入頻度が上がった
•購入頻度が下がった
顧客の心理
•プロダクトの便益と独自性に関する認知
•顧客にとっての価値の判断

心理と行動の関係を捉える

では、継続的に売上を向上させて収益性を向上させるために、経営は何を理解すべきでしょうか。それは、**顧客の行動と、その原因となる「心理」の理解**です。なぜ買ってもらえたのか？　なぜ高い単価を支払ってもらえるのか？　なぜ頻度が上がったのか？　商品やサービスを実際に購入し体験して、どう感じられたのか、その価値をどのように判断されたのか？　これらの問いに対する答えは、すべて顧客の心の中にあります（図1－1）。

つまり、売上をもたらす顧客の行動を理解するだけでは不十分なのです。その行動の原因となる心理と、行動した結果の心理の理解がなく、財務諸表上で売上や利益が上がっている事実だけがあっても、それは事業の健全性や継続性を保証しません。さらに、対応すべき競合リスクや積極投資すべき成長の機会は見えません。財務諸表は、顧客行動の一時的な結果でしかないのです。投資対効果とは、単純な売上や利益の増減ではなく、顧客の心理にどのような影響を与え、どのような行動につながっているのかまでを見通して初めて評価できることなのです。

経営が取り戻すべき顧客理解の第１は、この**顧客の心理と顧客の行動の関係**です。

2 顧客の多様性――「マス思考」という病

すべてのビジネスは１対１と１対マスの間にある

事業が拡大する過程で、ほとんどの組織が罹患するのが「**マス思考**」という病です。多様な価値観を持って生活を営む多様な顧客を、売上や利益として捉えたり、合算や平均値として捉えたりして、最大公約数的かつ凡庸な投資や経営活動を続ける中で投資対効果を失っていきます。

企業規模の大小、あるいはＢｔｏＣかＢｔｏＢかによらず、すべてのプロダクトは多様な顧客の価値観、ニーズ、ウォンツ、そしてプロダクトの使用方法や満足に支えられて成長します。

初めての顧客が生まれた、創業時を想像してみます。まずプロダクトの開発にあたって、特定の顔の見える一人の顧客の圧倒的な満足を目指せば、その顧客の便益を最大化することができ、その顧客は大きな価値を見いだしてくれるでしょう。**完全なオーダーメイド、１対１のビジネス**です。

その一人は創業者自身かもしれませんが、世の中に普及したあらゆるプロダクトは例外なく、特定の顧客に圧倒的な便益と独自性を提供しうる商品、あるいはサービス創りから始まっています。しかし1対1の顧客とプロダクトとの関係だけを突き詰めると、開発コストが負担となり、そのコストに見合う高い価格設定が必要になります。もしくは、利益を得ることができません。

ほとんどの企業は、このすばらしいプロダクトを、より多くの顧客に届けて事業を成長させようとします。より多くの顧客を獲得し、コストを下げて利益が出る状態を目指します。ここから、複数顧客への経営が始まります。

その行き着く先は、**特定できない大量の顧客を対象とした「1対マス（mass＝不特定多数）」のビジネス**です。1対マスでは、顧客は合算あるいは平均値で捉えられ、経営と組織の意志決定も最大公約数的になります。これが「マス思考」の病です。

マス思考での意志決定は、どの顧客に対しても最適化されず、プロダクトの便益も独自性も総花的で凡庸になります。結果として、競合のプロダクトや代替品と類似し、価格競争に陥って競争コストが高くなり、持続的な投資が難しくなります。

マスとは「一定の形のない大きな塊、集団、集まり、多数、多量、大部分、大半、大衆、庶民」を意味します。「マス思考」の病とは、顧客の価値観や個性を勘案せずに〝不特定多数の顧客集団〟として捉え、その購買行動を合算した結果でしかない売上や利益の財務指標のみを追っている状態を指します。

「今期の売上目標は〇円」とまず掲げ、そのためには「何をいくつ販売すべきか」を考え、それを

図1-2　経営の目指す投資対効果 ── 1対1と1対マスの間

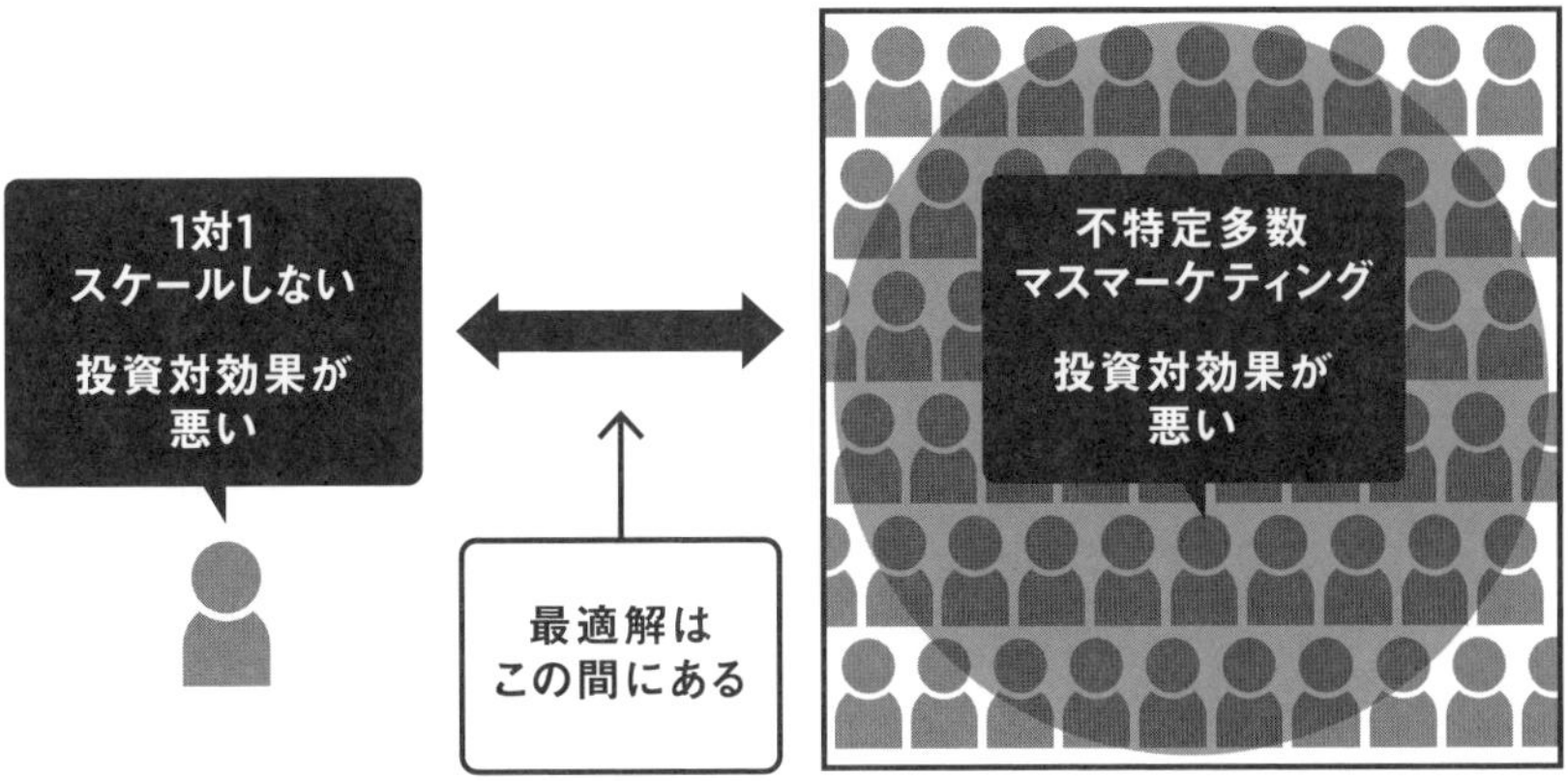

不特定多数の「マス」に販売する。このようにマスに対してプロダクトを提案し、営業し、幸運にも売上や利益が上がったとしても、遅かれ早かれ行き詰まり、投資対効果は落ちていきます。どんな顧客が購入してくれたのかが分からなければ、**次にどのような顧客に提供し、営業すべきかが見えないので、再現性がない**のです。

　つまり経営が実現すべき最適解、すなわち投資対効果の最大化は、「1対1」と「1対マス」の間にあります（図1－2）。この間にある多数の顧客を、どのように分類（セグメンテーション）すれば、自社プロダクトが提供しうる価値を最大化できるのか、その組み合わせの優先順位を見つけることが重要なのです。特定の一人でも不特定多数でもなく、多様な顧客の中に、自社プロダクトが強い価値を生み出しうる顧客層（セグメント）を洞察することが鍵なのです。

複数の顧客層を洞察する

ここで重要なのは、どのようなプロダクトでも、複数の異なる顧客層（セグメント）に価値を見いだしてもらうことが可能だということです。

前章末（p35）で例に挙げましたが、機械メーカー300社を「自社のターゲットである顧客数全体＝TAM（Total Addressable Market）顧客数」とする金属加工会社の現在の取引先が30社であれば、30社が同じ1種類の金属加工ニーズを持っていることはありませんが、それはまったく異なる30種でもありません。求める仕様や機能は複数存在するものの、例えば食品製造ラインの機械メーカー、自動車部品製造の機械メーカー、医療用部品製造の機械メーカーといったように業種などで複数に分類されます。

あるいは、マクドナルドは決して「おいしいハンバーガーを求める顧客層」だけを対象にビジネスをしていません。独自のうま味のあるマックフライポテトを求めていて、ハンバーガーは副次的に捉えている層も、大きな顧客層です。いつでも気軽にコーヒーやスイーツが楽しめることに価値を見いだす層もまた、顧客層です。通勤途中で、気軽に朝食を買ってオフィスで食べられることに価値を見いだす顧客層も大きいでしょう。それぞれ、継続的にマクドナルドで購買しています。これは「マス思考」的なアプローチとは、明らかに違います。異なる顧客セグメントと、マクドナルドが提供する便益と独自性の組み合わせを複数、かつ同時に展開しています。

スマートニュースのようなニュースアプリでも同様に、複数の顧客層が成り立っています。毎日の最新のニュースを朝にざっと見ることを主便益にしている顧客層もいれば、昼食前にランチクーポンを探す顧客層もいます。目当てのプロ野球球団やサッカーチームの最新情報を楽しんでいる層もいれば、天気の情報や海外情報を求めて使用している顧客層など、複数の顧客層がいます。誰でも必要な情報が見つかるニュースアプリ、といった総花的で最大公約数的な「マス思考」アプローチ、あるいは野球ファンといった特定の顧客層だけに向けた単純なアプローチでは、利用顧客は増えず、サービス伸長は難しかったでしょう。

ＢｔｏＣ、ＢｔｏＢにかかわらず、どのようなプロダクトでも、価値を創りうる便益と独自性は1種類ではありません。複数の顧客層（セグメント）の満足を高め続けることで、事業成長しているのです。

売上＝顧客数×単価×頻度で考えると、この顧客は1種類ではなく、高い単価と頻度をもたらす顧客群は、必ず複数の顧客層に分類（セグメンテーション）されます。ここを洞察することで、見えていなかった新たな事業成長の可能性、つまり自社プロダクトと顧客の新しい組み合わせが見つかります。

このように、1対1と1対マスの間に、自社プロダクトが価値を創りうる複数の顧客層を洞察することが、**経営が取り戻すべき第2の顧客理解**である**顧客の多様性**の理解です。

3 顧客の変化——昨日、今日、明日の顧客は同じではない

今日、初回購入すれば顧客になる

筆者のような昭和世代の経営層が、老害になっているなどと揶揄されることもありますが、実際、若手の経営陣や現場からこうした声を聞くことは少なくありません。昭和、平成、令和といった時代ごとに、労働や金銭や人生観などの価値観のギャップは大きいと思います。その押し付けが老害と呼ばれるケースもあります。しかしビジネスの文脈では、そのビジネスが対象とすべき顧客は誰なのか、という顧客理解が世代間でずれていることが、より深刻な問題です。

すでに説明したように、売上が増え企業規模が大きくなれば、顧客理解が難しくなります。顧客と接する現場であっても、それぞれの責務を果たし設定された数値目標やＫＰＩ（Key Performance Indicator：重要業績評価指標）に集中すれば集中するほど、顧客は合算や平均化された数字でしかなくなり、本来の顧客の理解は劣化していきます。組織構造上、顧客と現場から遠い経営層にとっては、より深刻な意味を帯びてきます。

普段あまり意識することがありませんが、**顧客は常に変化し続けています。**

例えば歯磨き粉の「商品Ｘ」に関して、昨日の時点で３人の既存顧客がいたとします。

・Aさんは競合商品を使ったことがなく、商品Xを気に入っていて、今後も使い続けようと考えている。
・Bさんは以前は競合商品を使っていて、今は何となく商品Xを買ってはいるが、大きな差異は感じておらず、正直どちらでもよいと感じている。
・別の既存顧客のCさんは、競合商品を使ったこともあり、その差異はよく分からないが、子供を含めて家族で共用しているので商品Xを買い続けている。
・今日、Bさんは商品Xを購入しにお店に行ったところ、新商品Zが異なるメーカーから発売されていたので、この競合商品を買った、つまりXから離反した。
・Cさんは、子供がどこかで新商品Zを買ってきたので、そちらを使った。
・これらの結果、Bさんは「そのまま競合品Zでいい」と思っている。Cさんは、子供が買ってきた新商品Zは気に入らなかったので、どうしようかと思っている。

……といったように顧客の心理は固定ではなく日々変化しており、結果として行動も変化していきます。これらの変化が見えていなければ、昨日3人だった顧客数は今日の時点で一人に減り、頭を悩ませることになります。売上を取り戻すために「顧客を増やそう」と思っても、次の潜在顧客が誰なのかが分かっていなければ、マス思考で闇雲に投資することになり、無駄打ちに終わります。

しかし少なくとも、このような3人の変化が見えていれば、明日以降、Cさんに「自分用を買っていただくこと」を訴求してCさんを取り戻し、現在の顧客を2人まで戻せる可能性はあります。

そしてAさんには特に投資は必要ではなく、Bさんは商品自体を作り変える検討が必要なので、何がBさんの便益になり得るかを理解する努力が必要だと分かり、それに開発リソースを割くことが可能になります（図1－3）。

顧客の変化と世代間ギャップ

実際のビジネスにおいて、30年前に成功した施策を来年も実施しようとは、あまり思わないでしょう。30年という単位では、顧客は変化し、プロダクトが提供できる便益や独自性もまったく異なっており、再現性はないだろうと直感的に分かるからです。

では、1年前に成功した施策はどうでしょうか？　先月だとどうでしょうか？　昨日だったらどうでしょうか？　おそらく、30年前の施策ほどの問題を感じないと思います。しかし、その時間の中で確実に顧客は変化しています。顧客は常に変化し、固定することはないのです。

これはBtoBでも同じです。BtoBの場合はBtoCと異なり、顧客側の状況変化による心理変化よりも、競合を中心とする競争環境の変化によって法人顧客の心理と行動が変化する（意志決定の優先順位や軸が変わる）ことが多いでしょうが、それこそコントロール不能です。

しかし、実際のビジネスの現場においては、昨日やったことを今日も実行し、今日やったことを明日も実行しようとしています。歯磨き粉の事例で記述したような、昨日から今日への変化を気にすることはなく、今日の顧客が明日どう変化するかを意識することもありません。ですが、この繰り返しを何年も重ねれば、経営層が高齢であろうと若手であろうと、ビジネスが停滞するのは当然

図1-3　歯磨き粉「商品X」の顧客3人の昨日・今日・明日

	昨日	今日	明日
Aさん	競合商品を使ったことがなく、商品Xを気に入っており今後も使い続けようと考えていた	商品Xを使用して特に問題ない	商品Xを使うだろう
Bさん	商品Xを使っているが、他の商品との差異は感じていない	新商品の競合品Zを買い（離反）、使用して問題ないので「この競合品でいい」と思っている	離反した状態 ➡Bさんを理解しBさんが価値を見いだす商品を開発？ ➡復帰の可能性
Cさん	商品Xの便益や独自性はよく分からないが、子供を含めて家族で共用しているので使用	子供が競合品Zを買ってきたので使ったが、気に入らなかったので、どうしようかと思っている	離反した状態 ➡商品XがCさんに合っている便益と独自性を訴求し、自分用を買っていただく ➡復帰の可能性

です。

これは年齢の問題としていわれる老害ではなく、顧客の変化が理解できているかどうかの問題です。スタートアップの若い経営者でも、組織拡大で忙しくする中で顧客から離れれば、〝老害〟になり得るのです。

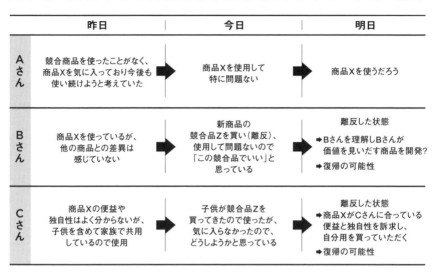

一方で、特に昭和世代が意識すべき世代間ギャップもあります。インターネットが当たり前となり、デジタル技術が進化し、スマートフォンが浸透することで、人間の行動と心理状態の変化が早くなり多様化していることに異論はないでしょう。特に〝スマホ世代〟といわれる10－20代は、幼少期からスマートフォン中心で生きています。この体験は筆者のような昭和世代にはないので、若年層の感じ方や価値観にはそもそも肌感覚を持ち合わせず、最も理解できないのです。

大きな組織が、若年層を顧客としたビジネスを展開する場合、往々にして経営陣が彼らを理解す

図1-4　経営が見失っている3つの顧客の理解

①心理	✖ 顧客の情報接触や購買といった行動しか見ない ➡ 行動の理由となる「心理」の理解が差を生む
②多様性	✖ 顧客を合計数や平均値でマスとして扱う ➡ 価値観やニーズの「多様性」の理解が差を生む
③変化	✖ 顧客は固定化し過去と同じである前提で投資 ➡ 過去の延長ではない「変化」の理解が差を生む

る感覚を備えていません。若年層と接する現場の情報も入らないので、経営判断はおのずとインターネットやスマートフォンがなかった自分たちの現場感覚、昭和時代の肌感覚を頼りにしてしまうのです。

どんな経営者も、正しい判断をしようとします。しかし、その判断の土台となる顧客理解が薄ければ、当然その経営者がよく知り理解している、肌感覚のある情報に頼ることになるのです。これは老害として単純化して面白おかしく語る問題ではなく、顧客の変化に対する理解の問題であり、解決が可能です。

これが、**経営が取り戻すべき第3の顧客理解**である、**顧客の変化**の理解です。図1－4のように、ここまで解説した3つの理解があるかどうかで、事業成長に差が生まれます。

1–2 顧客起点とは、企業視点を捨てること

顧客起点の定義――顧客の視界で見る

経営が取り戻すべき顧客理解には、**顧客の心理**、**多様性**、**変化**の3点があります。これらの理解を深めることで「顧客は誰なのか」を定義し、それを共通の横串として組織全体で共有し、経営層を含めて社内で議論して意志決定を行い、進捗に応じてPDCA（Plan：計画、Do：実行、Check：評価、Action：改善）サイクルを回していくことが、本書で提案する顧客起点の経営改革です。次章以降では、その実装のためのフレームワークを詳しく解説していきます。

前提として、ここで本書における「顧客起点」の意味合いを定義しておきます。

「顧客志向／顧客第一／顧客基点」のような「顧客○○」あるいは「お客様○○」という言葉は、業種を問わず様々な企業が理念などに掲げています。しかしどれも同じように、顧客を大事にすること、あるいは顧客のニーズを発端に考えていくこと、などと捉えられていると思います。

顧客志向や顧客主義と掲げながらも、ほとんどの場合、自社プロダクトを売るために顧客を単な

図1-5　「顧客起点」とは

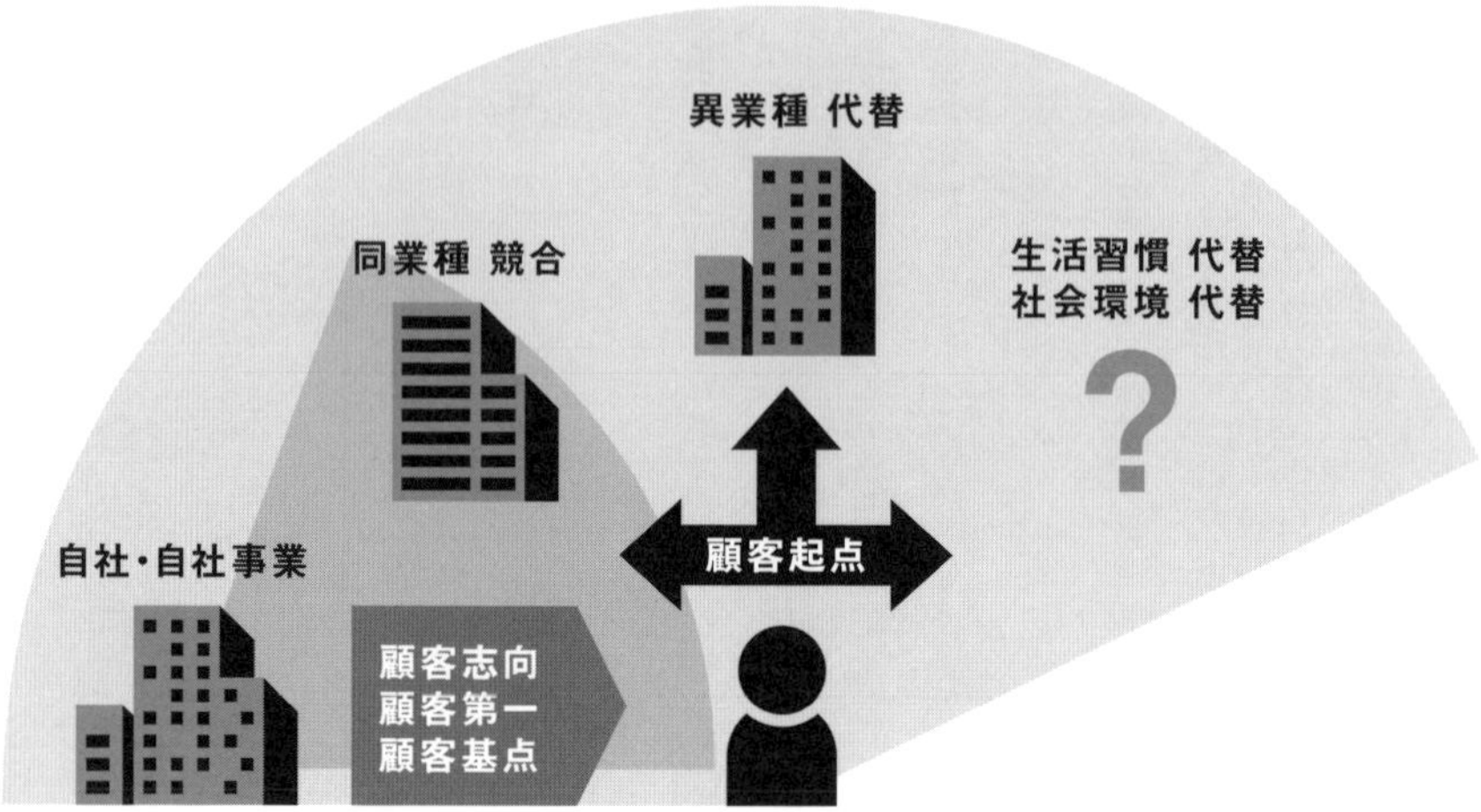

る数字として見ているのではないでしょうか。もう少し顧客寄りであっても、あくまで「顧客から〝自社のプロダクトは〟どう見えているか」という発想です。その場合も、自社と顧客という閉じた関係において顧客を捉えようとしているので、本当の顧客の視点や思考とは異なります。**顧客はたいてい、自社や競合などをあらかじめ区別して選ぼうとしていません。**

顧客は、自らの何らかのニーズを満たすために、様々な選択肢を視界に入れます。自社商品・サービスと同じカテゴリーに属する競合だけでなく、カテゴリーに関係のない代替プロダクトや代替案もそこには含まれます。図1－5に示した、左右に広がる大きな扇形の部分が、顧客の視界です。

自動車会社のライバルが徒歩だと思えるか

例えば自動車を販売する企業は、顧客を見る際、図1－5の左下の狭い扇形のように自社ブランドと競合ブランドが視界に入ります。

しかし顧客を起点に考えると、最近では内燃機関の自動車だけでなく、テスラを含むEV（電気自動車）の競合も視界に入れる人が増えているでしょう。移動手段という意味では車に限らず、公共交通機関、自転車、徒歩、ジョギング、またアプリ連携で配車が便利になったタクシーの日常利用も代替手段です。それだけでなく、移動手段の先にある目的を考えれば、移動すら必要ないオンラインでの仕事や学習スタイル、食や買い物のデリバリーも、異業種の代替になり得ます。

この視界で想像し考えることが「顧客起点」です。そもそも車が提供している移動の目的を顧客起点で捉えて初めて、様々な環境変化や自社プロダクトが顧客に接触しうる可能性が見えてきます。そしてそれは、自社の車を売るため、買っていただくためにどうするか、という視点のままでは視界に入りません。顧客起点で、移動する目的を捉えられていなければ、自社が熱心に開発している自動車と、自転車や徒歩やデリバリーが並列の重みを持って見えてこないからです。自社プロダクトとの関係性を前提に顧客を捉えるのではなく、あくまで顧客が求める便益と、なぜそれを求めるのかという目的から考えていくことが重要なのです。

大型書店とAmazonの例を考えてみましょう。2000年代、本を読むというニーズに対して店舗を構える大型書店は、同じく店舗を構える競合に対して差別化を図るため、顧客に便利な出店を考え、いかに来店していただき、快適に本を選んで購入していただくかという便益を追求していました。スターバックスなどとも提携して、店舗としての居心地や使い勝手の良さによる来店自体を目的にしていました。そして米国における2大書店チェーンのバーンズ&ノーブルとボーダーズは互いの競争に明け暮れ、Amazonを長らく競合とも見なしていませんでした。

一方Amazonは、顧客が本を読むために必要なことだけを追求し、在庫の拡充、配送時間の短縮、配送料の低減、電子書籍の拡充も徹底しました。結果、多くの顧客が書店という店舗に行くことを主便益とせず、本が手軽に読めることを求めてAmazonを選んでいきました。これが自社プロダクトありきの「顧客視点」と、自社を前提としない「顧客起点」の違いです。

このAmazonの動向は、バーンズ&ノーブルやボーダーズにとって、①書店の代替手段であるECの登場で競争環境が変化し、②それによって顧客の変化が起こり、③自社への来店（購入）が衰退した、と読み解くことができます。

つまり顧客起点になることとは、顧客の立場や気持ちを踏まえて、その顧客にとって便益のあるすべての選択肢を視界に入れることです。選択肢には、そのカテゴリーの競合だけでなく、カテゴリー外の代替品も入ります。

経営が取り戻すべき顧客理解は、顧客の心理、多様性、変化の理解を継続的に深めることだと述べました。それを社内に根付かせるためにも、**すべての意志決定において、顧客起点を軸にする**必要があるのです。

ＢｔｏＢにおける顧客起点――最終顧客の便益を考える

ＢｔｏＢにおいても、クライアントである買い手は何らかの目的のために商品・サービスを購買するのであり、ＢｔｏＢの営業活動は、直接のクライアントに手段を提供することになります。しかし、そのクライアントの目的は、そのクライアントの元請けクライアントが持つ目的の手段となります。つまりＢｔｏＣと異なり、ＢｔｏＢでは、ｔｏＢ、ｔｏＢ……と続く長い価値創造のつながり（バリューチェーン）の中で何が生み出され、どのような最終的な便益につながっているかを考え抜くことが重要です（次頁図１－６）。それ次第では、自社が直接提供しているクライアントへのプロダクトの提案内容を変える方がよい可能性もあります。

■素材メーカーの事例

筆者が過去に相談を受け、価値創造のつながりをさかのぼって解決できた事例を紹介します。独立系素材メーカーＡ社は、ビルやマンションに使われる配管を製造販売していました。配管は鋼管や銅管が多かったのですが、Ａ社は新しい素材で軽量かつ加工しやすい配管を開発し、建築の孫請けや下請け企業に販売していました。主な便益は、軽量で扱いやすく工事負担が少なく、現場の作業担当者の負担も軽減できることでした。しかし価格が高いことから、期待ほどは売れていなかったので、新たな可能性を相談しました。

図1-6　B to B ── 顧客起点でバリューチェーンを考える

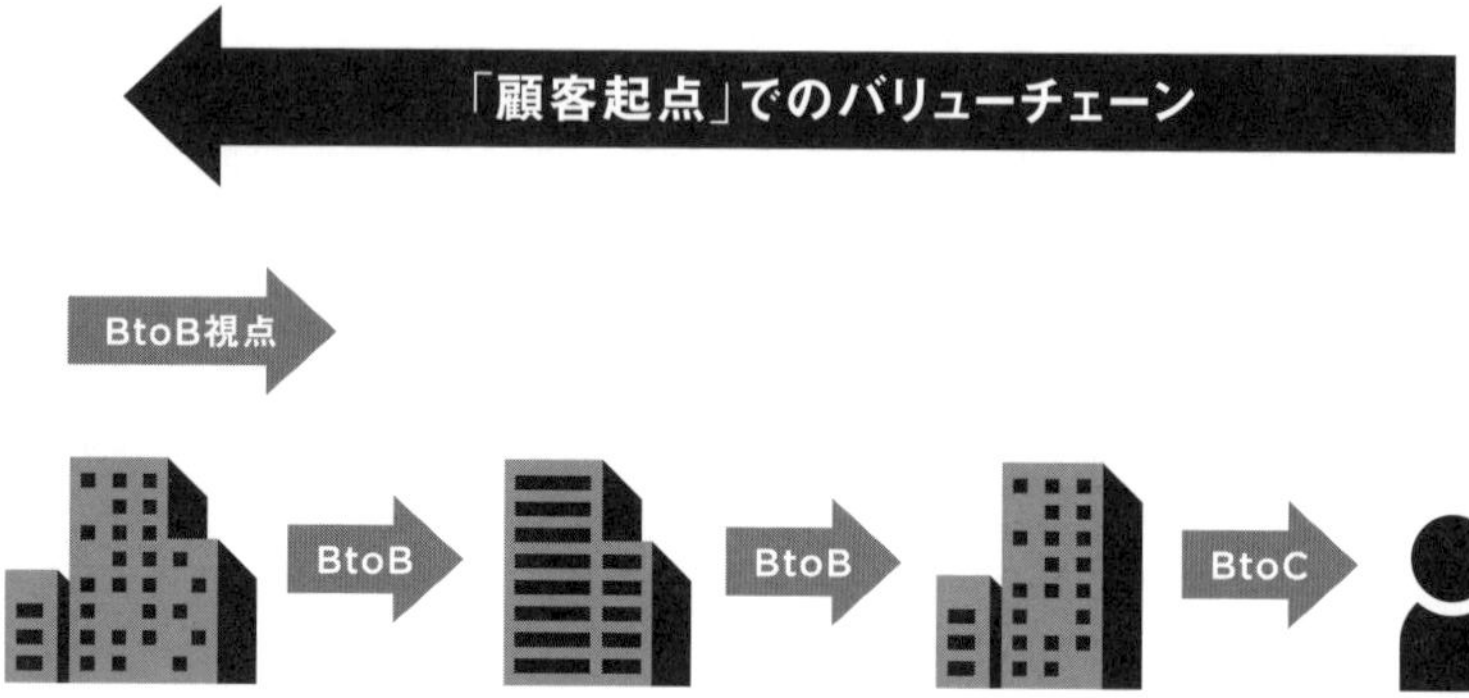

配管が使われるのは、施主となるデベロッパーが担当しているビルやマンションの建築であり、孫請けから始まる長いバリューチェーンの最終的な〝C〟つまり顧客は、ビルやマンションの購入者です。

このバリューチェーンにおける最終顧客がそれぞれ求める便益と目的を読み解けば、重要な最終便益は、その建築物の所有者や購入者の満足になります。では、その最終購入者は、何に潜在的な便益を見いだしているのでしょうか？

ビルやマンションは何十年もすれば劣化して修繕費用が発生し、転売の際の価値も大きく変わります。建築物に何らかのトラブルが出れば、その価値は大きく下がります。一流のデベロッパーが担当している物件なら、品質は高いと期待されますが、永遠の保証はなく、漠然とした不安があるのです。

A社が孫請けに提供している新素材の配管は、

軽く加工しやすいだけでなく、そもそも鋼や銅に比べて腐食しにくい素材だという特長がありました。そのため、何十年後に発生するであろう修繕やトラブルによる、ビルやマンション自体の価値毀損の可能性が低いことを便益として提案できることに気付いたのです。以降、A社はこれまで通り、軽量で扱いやすく負担が少ない便益で孫請けに配管を販売する一方で「腐食しにくいので長期の経年劣化に強く、建築物の価値を損なわない」という便益で新たな顧客を開拓し、事業を拡大しています。

BtoBの場合、BtoC以上にクライアントを獲得する営業に注力しがちです。しかし、営業に注力すればするほど、自社が直接向き合うクライアントのみにフォーカスし、全体のバリューチェーンが見えにくくなります。BtoCであっても、目の前の顧客は何らかのバリューチェーンの一部である可能性が高いです。A社の件は全体のバリューチェーンにおけるそれぞれの顧客を起点に、潜在的な便益とニーズを考え抜く重要性を再認識した、筆者にとっても学びの多い事例でした。

■ヘアケア商品メーカーの事例

もう一つ、BtoBの事例を紹介します。20年ほど前の例ですが、今でも大きな示唆があると思います。最終的な〝C〟を考えることで業績を伸ばした、ヘアケア商品の話です。

そのプロダクトは美容室を介して一般顧客に販売するもので、顧客への売上を伸ばすクライアント（美容室）と、そうでないクライアントが出てきていました。それらを比べると、各美容室を担当する、メーカーの営業パーソンに差がありました。

両担当者とも毎週クライアント店舗に顔を出し、電話もまめにかけていました（当時はまだ電話営業の時代でした）。この時点では、他の営業パーソンの店舗訪問頻度も上げて、電話営業を強化しようという話になっていました。

ですが深掘りすると、売上が上がっている美容室の担当営業は、美容師が顧客に話せる〝ネタ〟を提供していることが分かりました。美容師は施術中、顧客と最近の流行などの話をしますが、そこに「この商品は成分が希少で大量生産ができない」「他の商品と比べてドライ後の指どおりが違う」など、商品の意外な話題も盛り込まれていたのです。

つまり、担当営業が美容師に「話しやすい会話のネタ」として情報を提供していたわけです。美容師が顧客にその話をするとき、施術中の鏡の横には商品が置かれているため、自然と売上に結び付いていました。

一方、売上が伸びない美容室の営業担当は最終的なCまでを考えず、クライアントにどう商品を売り込むかばかりを考えて話していました。そこで営業内容を見直し、商品にまつわる意外な話を多く提供するようにしたところ、美容師が自然にそれを顧客に話し、顧客の興味を引いて売上が向上していきました。

ポイントは、ＢｔｏＢではなく最終の〝Ｃ〟にどう影響しているかが見えたことで、その影響をプラスに促進する戦略を立てられたことです。このように、最終顧客のニーズや最終顧客が便益と感じることに注目すると、有効な戦略の糸口が見えてきます。

1－3 顧客起点の経営の実現

顧客起点の経営への3つのフレームワーク

筆者が支援している企業では、顧客の状況を時系列で可視化し、顧客起点でビジネスをマネジメントする顧客起点のフレームワークを活用して、経営の健全化を実現しています。たとえ短期で成長鈍化に直面したとしても、これらのフレームワークを経営と現場で共有し、組織全体での顧客理解とＰＤＣＡを繰り返すことで、継続的な成長へつなげることができます。

本書で提案する主たるフレームワークは、「顧客起点の経営構造」「顧客戦略（ＷＨＯ＆ＷＨＡＴ）」「顧客動態（カスタマーダイナミクス）」の３つです。

第1のフレームワーク――「顧客起点の経営構造」

一つ目の「顧客起点の経営構造」は、経営の視界に顧客を捉えるためのフレームワーク（図1－7）です。上から順に、経営対象、顧客心理、顧客行動、財務結果の4つのブロックで成り立っています。どのような事業においても、経営活動は顧客の心理状態に影響を与え、その顧客の購買行動を変え、売上や利益という財務結果へと導きます。下端のブロックが、事業の継続の原資となる売上であり利益、すなわち財務結果です。これを得るために経営が対象とするものが、上端の経営対象です。この図は、経営が期待するインプットとアウトプットの因果関係を示します。

経営対象とは、営業、販売促進、開発、マーケティングなどの顧客に対して直接的に影響を与えるものから、人事、財務、経理、総務、広報、ITなど組織運営に関わり顧客に間接的に影響を与えるものまでのすべてです。この経営対象の管理を通じて、最終的に潜在顧客と既存顧客に何らかの影響を与え、顧客数、単価、頻度を引き上げ、売上、利益といった財務結果を向上させることを目指します。

したがって、**「顧客」は、経営対象と財務結果の間に存在しています**。財務結果の手前、下から2つ目の顧客行動に「顧客数×単価×頻度」と記しましたが、これがすなわち売上になります。

経営が管理対象とする新規顧客の獲得、あるいは既存顧客の維持および育成への投資活動は、顧客の行動を急に変えることはありません。潜在顧客が初購入したり、既存顧客の離反が減ったり（＝

図1-7　顧客起点の経営構造

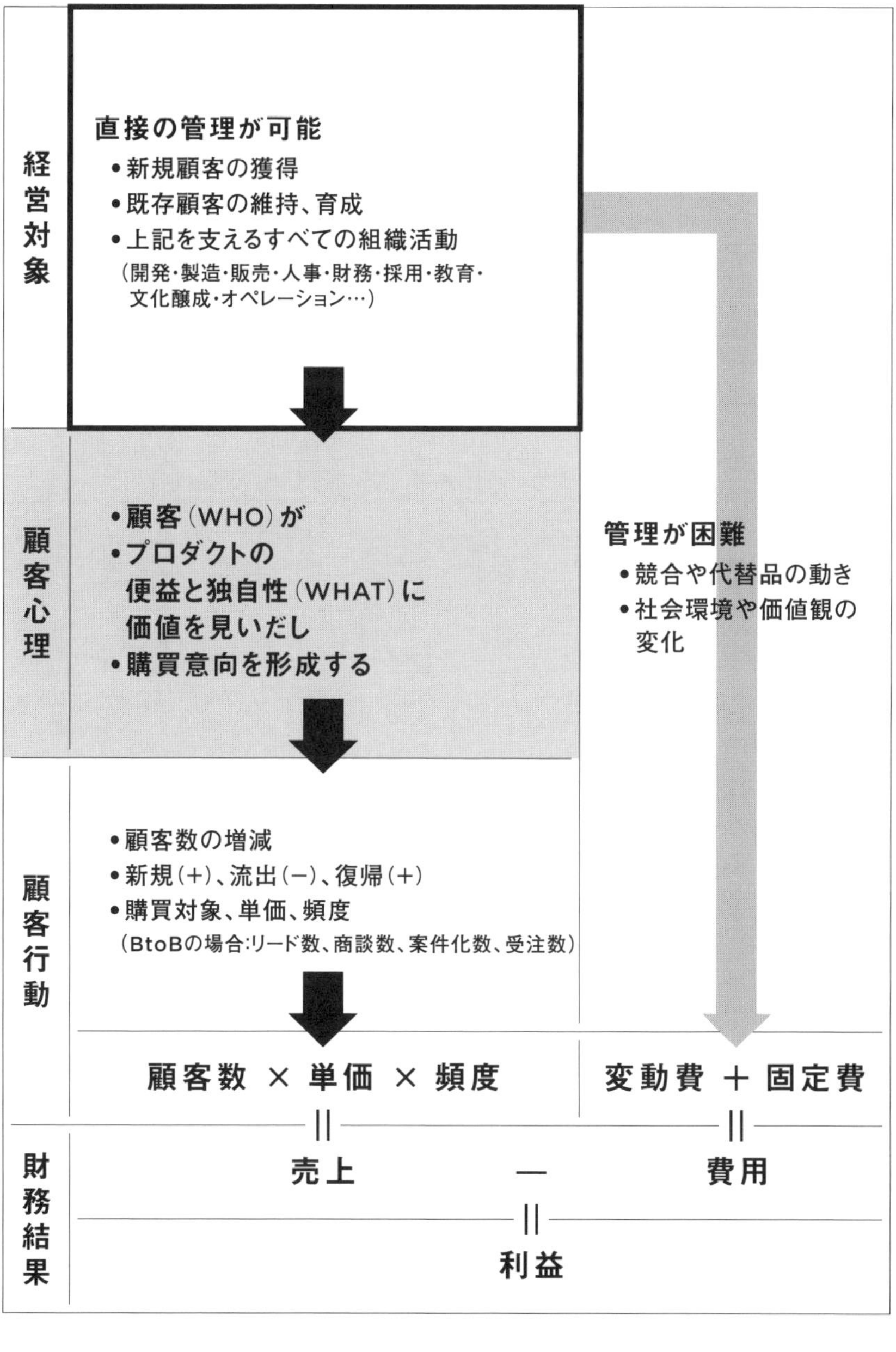
経営対象
直接の管理が可能
•新規顧客の獲得
•既存顧客の維持、育成
•上記を支えるすべての組織活動
（開発・製造・販売・人事・財務・採用・教育・文化醸成・オペレーション…）
顧客心理
•顧客（WHO）が
•プロダクトの便益と独自性（WHAT）に価値を見いだし
•購買意向を形成する
管理が困難
•競合や代替品の動き
•社会環境や価値観の変化
顧客行動
•顧客数の増減
•新規（+）、流出（−）、復帰（+）
•購買対象、単価、頻度
（BtoBの場合:リード数、商談数、案件化数、受注数）
顧客数 × 単価 × 頻度
変動費 ＋ 固定費
財務結果
売上 — 費用
利益

顧客人数の増加）、より多くお金を使う・一度にたくさん買う（単価が上がる）、買う頻度が上がるといった顧客の行動の変化は、必ず何らかの顧客心理の変化に起因します。

経営で行われる成長戦略や投資の議論、組織や人事の議論では、直接か間接、短期か長期の違いはあれど、必ず顧客の心理と行動の変化を目的とするはずですが、実際には顧客とのつながりがない意志決定が行われることがあります。会議が何度も繰り返されたり、結論が出ずに議論が延々と続いたりする場合、本来、その会議や議論が目的としているはずの顧客とのつながりが見えていないことが多いのです。

この顧客起点の経営構造のフレームワークを共有し、今行っている会議や議論が、顧客の何に影響することを目的にしているのか確認することで、意味のない議論を避け、顧客起点の意識を共有できます。次章、第2章で詳しく説明します。

第2のフレームワーク――「顧客戦略（ＷＨＯ＆ＷＨＡＴ）」

２つ目は、誰に（ＷＨＯ）、何を（ＷＨＡＴ）提供すれば価値が生まれるのかを明確化し、施策に落とし込んでいく「顧客戦略（ＷＨＯ＆ＷＨＡＴ）」です。序章で指摘した経営を誤らせる顧客不在の戦略から脱却し、顧客とプロダクトを軸とした新しい戦略概念です（図１－８）。

誤解されがちですが、**商品やサービスであるプロダクト自体には「価値」はありません。**プロダクトが提案する便益と独自性を、自分自身にとって価値があると顧客が認識して初めて「価値」が

図1-8　経営対象と顧客戦略の接続

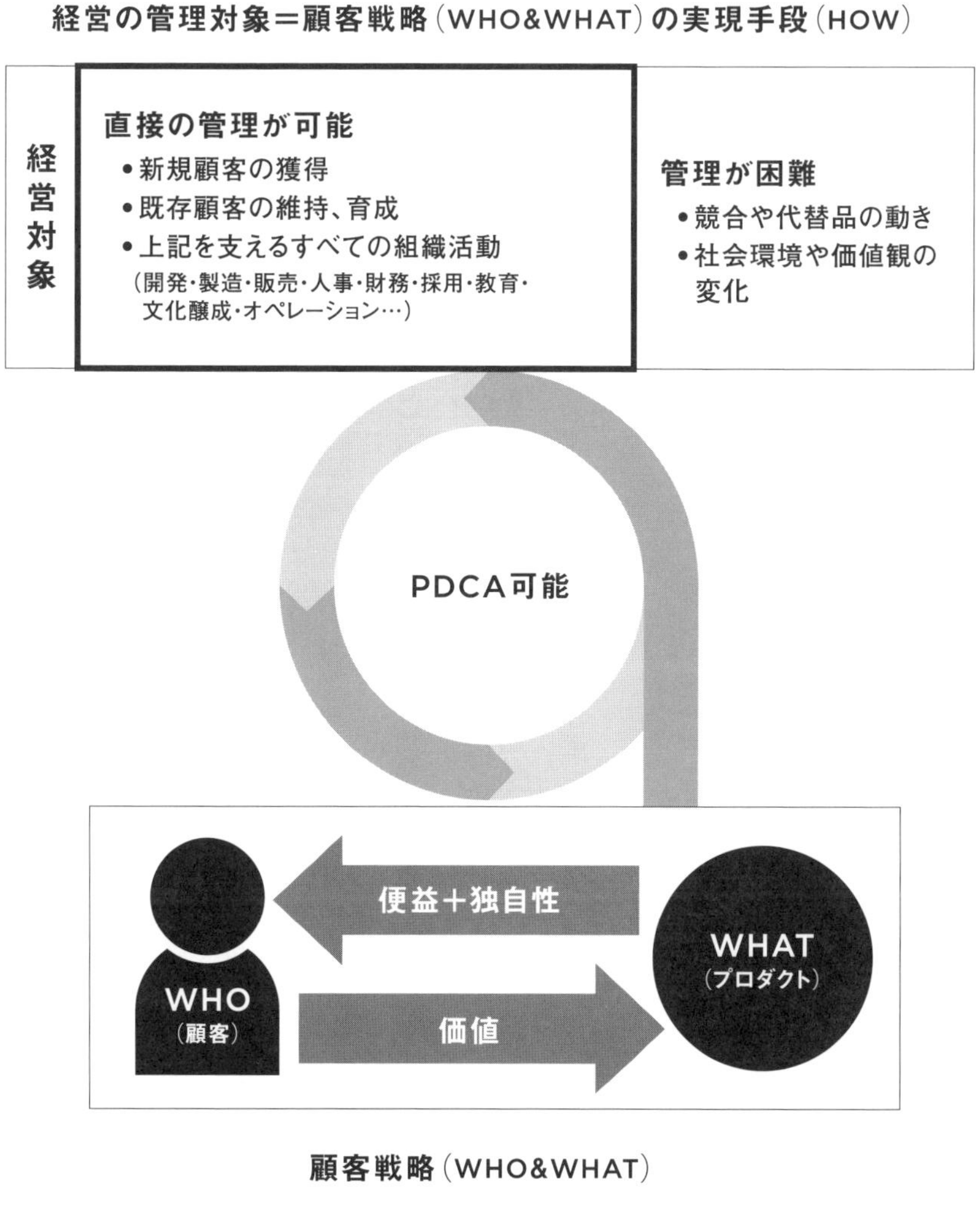
経営の管理対象＝顧客戦略（WHO&WHAT）の実現手段（HOW）
経営対象
直接の管理が可能
•新規顧客の獲得
•既存顧客の維持、育成
•上記を支えるすべての組織活動
（開発・製造・販売・人事・財務・採用・教育・文化醸成・オペレーション…）
管理が困難
•競合や代替品の動き
•社会環境や価値観の変化
PDCA可能
便益＋独自性
価値
WHO
（顧客）
WHAT
（プロダクト）
顧客戦略（WHO&WHAT）

生まれるのです。価値を認知した顧客が、プロダクトを購入して初めて価値が貨幣に変換され、売上や利益となるのです。つまり、どれだけプロダクトが優れていると企業側が信じていても、自分にとって便益と独自性があると認知する顧客がいない場合、そこに価値は発生しません。

顧客戦略を明確にすることは、どんな事業においても必ず行うべき出発点です。徹底した顧客理解を通して顧客戦略を立案し、組織内で運用することで、顧客心理の変化から顧客行動の変化、そしてそれが売上・利益に転換され財務諸表となるまでを一気通貫して把握することができます。それがすなわち、組織の横串となるのです。

すなわち**経営とは、顧客（WHO）が価値として認める便益と独自性（WHAT）を、プロダクトを通して提供し、継続的に財務結果を向上させることを目標とする手段（HOW）**といえます。顧客とプロダクトとの間に価値を実現するために経営があると捉えることで、競合と自社内ばかりに目を向ける顧客不在の戦略論から脱却できるのです。第3章で解説します。

第3のフレームワーク――「顧客動態（カスタマーダイナミクス）」

3つ目は、マーケット全体の顧客の動き（変化）を把握する「顧客動態（カスタマーダイナミクス）」です（図1－9、1－10）。

自社プロダクトが対象とする顧客全体を顧客数で見たとき、その中には、自社プロダクトの上得意顧客ともいえる購買頻度が高いロイヤル顧客や、購買頻度が低い一般的な顧客もいれば、しばら

図1-9　基本：5segs カスタマーダイナミクス

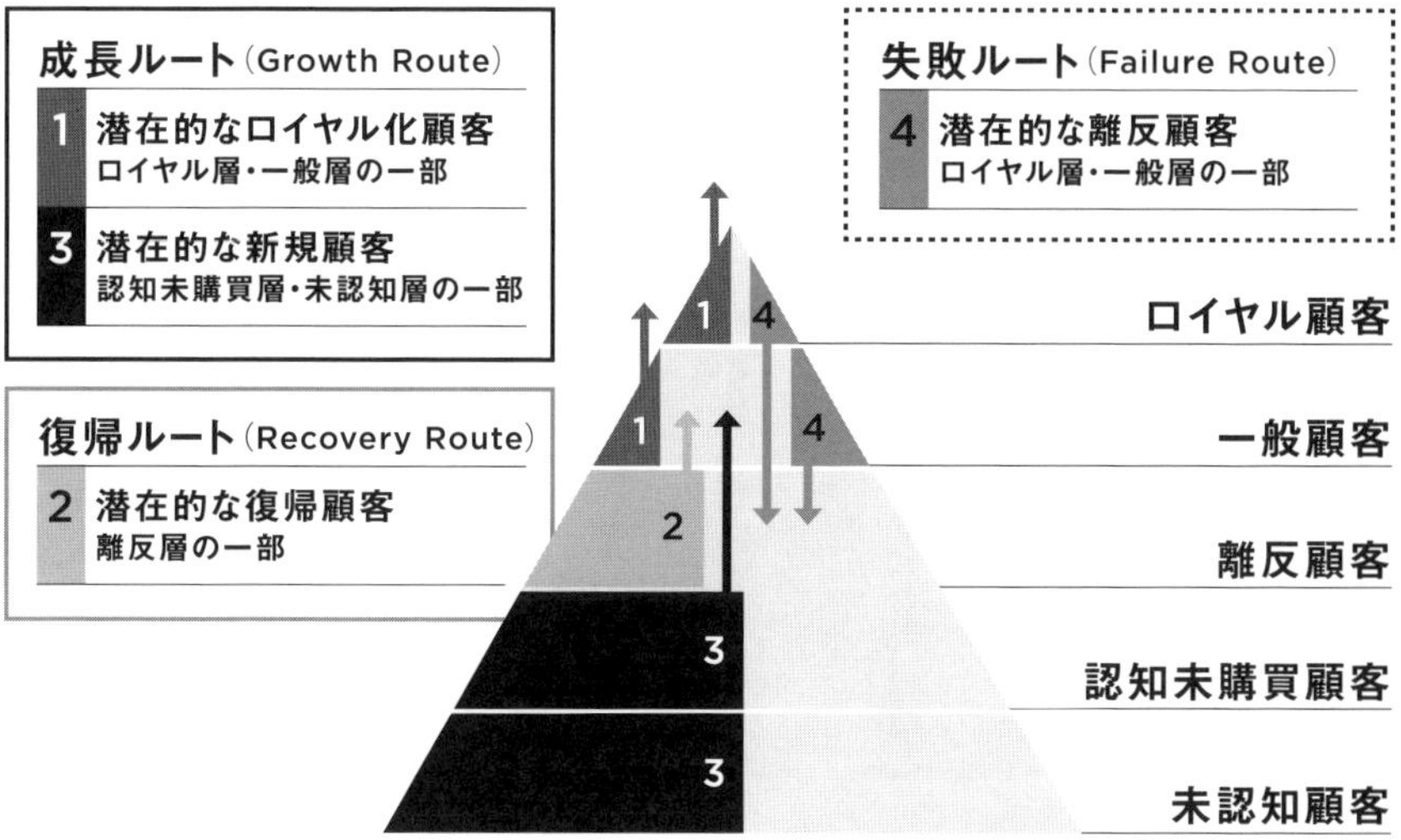

図1-10　応用：9segs カスタマーダイナミクス

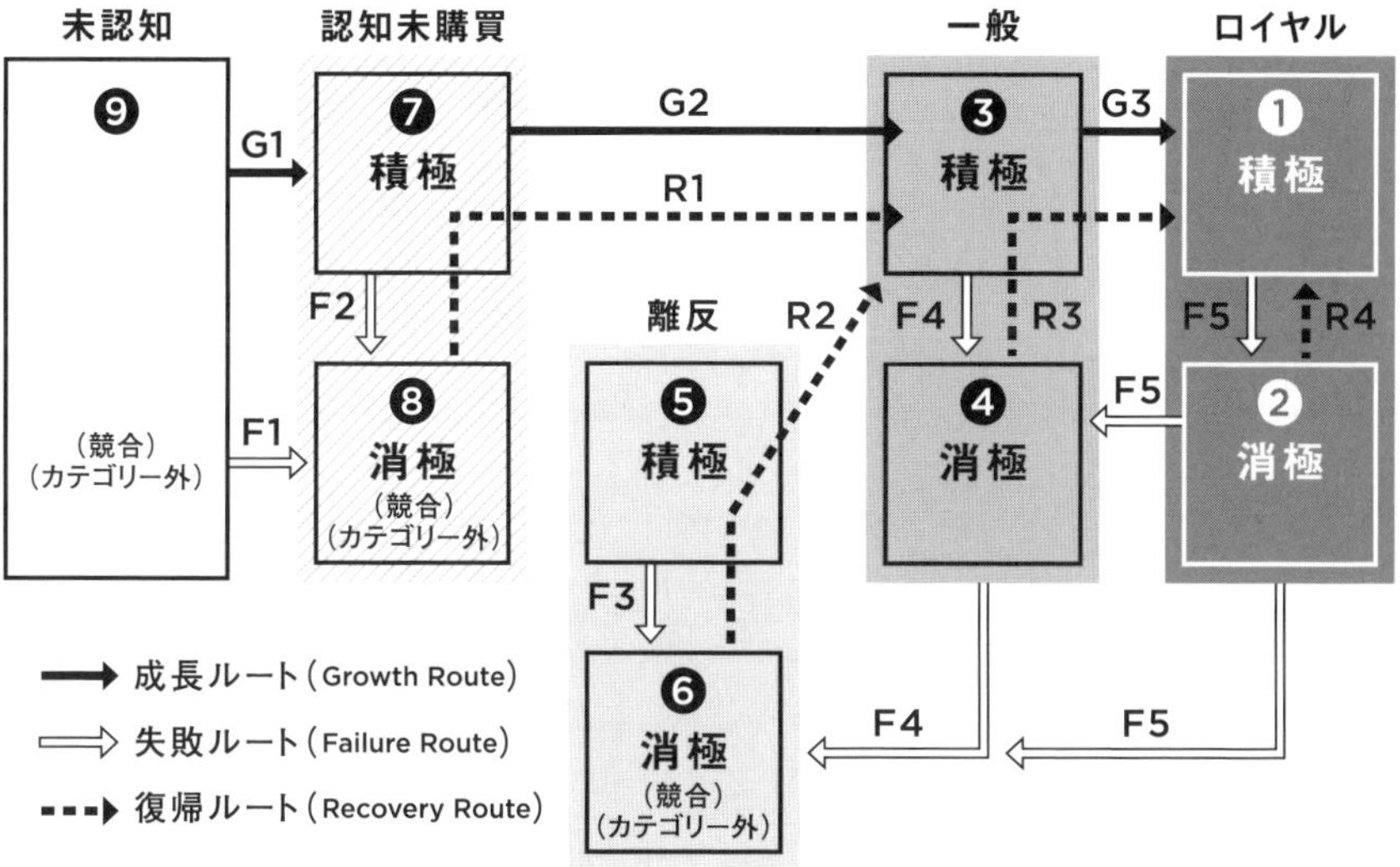

く購買がない離反状態の顧客もいます。また、マーケットに多く残っている自社プロダクト未購買の顧客は、自社プロダクトを知ってはいるけれど未購買の顧客と、そもそも自社プロダクトをまだ知らない人に分かれます。マーケット全体の顧客数を100%として、それを「ロイヤル顧客／一般顧客／離反顧客／認知未購買顧客／未認知顧客」の5つに分類したのが「5 segs（ファイブセグズ）」です。

これは、どのような事業でも実施可能な基本的な5分類です。BtoBであれば、上から4つ目の認知未購買顧客には、①商談ありで契約不成立のクライアント、②商談あり・商談中の未決定クライアント、③商談前のリードクライアント、の3種が含まれます。

5分類される顧客は、固定しているわけではありません。顧客の心理と行動は常に変化し、これらのセグメント間を動いています。それを踏まえて、顧客全体を動態として捉えるのが「カスタマーダイナミクス」です。

例えば、現在どのくらい未認知顧客（5つ目のセグメント）のボリュームがあり、営業活動やPRなどの認知獲得を目的とする施策を実施した結果、3カ月前と比べてそれがどのくらい動いたかを時系列で確認すれば、その施策の効果やマーケット変化を評価できます。

この5つのセグメントを動態で捉えると、現在顧客の中には、これから自社プロダクトの購買頻度を上げたり購買量（単価）を増やしたりする直前の**潜在的なロイヤル化顧客**もいますし、離反状態だけれど久しぶりに自社プロダクトを購買しそうな**潜在的な復帰顧客**もいます。あるいは認知未購買顧客の中には、明日にも購買行動を起こそうとしている**潜在的な新規顧客**もいますし、未認知の中にも潜在的な新規顧客がいます。一方で、現在顧客でありながら、何らかの理由で継続購買を止めようとしている**潜在的な離反顧客**もいます。

このような顧客の心理と行動の変化を視野に入れて、今後起こりうる顧客の行動変化をマーケット全体で俯瞰する基本フレームワークが「5セグズ カスタマーダイナミクス」です。企業規模や事業内容を問わず、幅広く活用可能な基本的なフレームワークです。第4章で解説します。

この5分類でのカスタマーダイナミクスの運用後に、量的なアンケート調査などを行える場合は、「次の機会に購入したいか」を区別する指標「NPI（次回購買意向／Next Purchase Intention）」のデータを取得して、5つをさらに細かく9つに分類して運用する「9 segs（ナインセグズ）カスタマーダイナミクス」の活用が可能です。こちらは第5章で応用編として紹介しますが、基本は5セグズでのカスタマーダイナミクスによる分析なので、本書では基礎編として5セグズをベースに、第3章で顧客戦略（WHO&WHAT）を、第4章で顧客動態（カスタマーダイナミクス）を解説します。

3つのフレームワークを活用した顧客起点の経営

これらフレームワークがどのようにつながり、顧客起点の経営に活かせるか、おおまかに述べておきます。

経営が見失っている顧客の理解とは、具体的には顧客の心理、多様性、変化です。まず第1のフレームワークで、経営とはどういった活動なのかを俯瞰的に理解し、経営対象への投資（HOW）

から財務結果までの間に「顧客の心理と行動」があることを明確に認識し、その理解を経営の視界に捉えます。具体的な経営の投資は、第2のフレームワークで誰に（WHO）何を（WHAT）提供して価値を創るのかを見定めた上で、顧客戦略（WHO&WHAT）を創出し明示化して、経営対象への投資（HOW）と併せて実行し、PDCAサイクルを回していきます。

繰り返しになりますが、**経営とは、顧客が価値として認める便益と独自性をプロダクトを通じて提供し、継続的に財務結果を向上させることを目標とする手段です。**つまり、顧客戦略とは、経営が継続的な事業成長と収益性の向上を達成するために目指すべき投資戦略そのものだといえます。

そして多様な顧客は日々刻々と変化しているので、第3のフレームワークで顧客を適切にセグメンテーションし、その動きに応じて、次に投資すべきはどの顧客層かを見極め、自社プロダクトを継続的に育成するための複数の顧客戦略を創出します。例えば、離反しそうな顧客層に、その顧客層が認知していないプロダクトの魅力を訴求して離反を防止したり、新規顧客化しそうな顧客層に、最後のひと押しとなるようなプロダクトの魅力を訴求して新規顧客化する、などです。その顧客戦略の実行によって、狙い通りの顧客の心理と行動の変化につながったか、カスタマーダイナミクスの変化で3カ月や半年単位などの時系列で追って検証します。

加えてこの一連の「顧客起点」の経営を内製化することで、事業と組織拡大の中で経営者の属人的なリーダーシップに頼ることなく、また各部門もバラバラと個別最適にならず、投資の最適化を通じて顧客への継続的な価値創出、すなわち継続性のある収益向上を目指すことが可能になります。

顧客起点の経営構造、顧客戦略（WHO&WHAT）、顧客動態（カスタマーダイナミクス）が、本書で扱う主要な3種類のフレームワークです。それでは次章以降、「顧客起点の経営構造」の説明から始めていきます。

■第1章のまとめ

- 経営が取り戻すべき顧客理解には、顧客の心理、多様性、変化の3点がある。これらの理解を深めて「顧客は誰なのか」を定義し、それを共通の横串として組織全体で共有し、経営層を含めて社内で議論して意志決定し、進捗に応じてＰＤＣＡサイクルを回していくことが「顧客起点の経営」である。
- 顧客は、自らの何らかのニーズを満たすために、様々な選択肢を視界に入れる。自社商品・サービスと同じカテゴリーに属する競合だけでなく、カテゴリーに関係のない代替プロダクトや代替案もそこには含まれる。それらのすべてを捉えることが重要。
- 顧客の状況を時系列で可視化し、顧客起点でビジネスをマネジメントする顧客起点のフレームワークを活用して、経営の健全化を実現する。これらを経営と現場で共有し、組織全体での顧客理解とＰＤＣＡを繰り返すことで、継続的な成長へつなげることができる。

第2章

経営の視界に「顧客の心理と行動」を組み込む

顧客の心理を捉える

経営は、適切な投資配分によって
継続的な事業成長と収益性の向上を目指します。
あらゆる投資は顧客の心理に影響し、行動の変化を促しますが
多くの企業において顧客の心理が経営の視界に入っていません。
本章では、ブラックボックス化する顧客の心理を経営に組み込む
「顧客起点の経営構造」のフレームワークを解説します。

2-1 顧客行動と顧客心理というブラックボックス

経営対象と財務結果が断絶している

序章で、経営の課題は顧客を見失っていること、顧客理解こそ事業成長の壁を乗り越える鍵だと解説しました。第1章では本書の核となる3つのフレームワークのつながりを紹介し、「経営とは顧客（WHO）が価値を認める便益と独自性（WHAT）を提供し、継続的に財務結果を向上させる手段（HOW）」であり、「顧客戦略（WHO&WHAT）は投資戦略そのもの」だと強調しました。

本章では、経営層が顧客の心理と行動に焦点を当て、経営と顧客の関係を可視化する「顧客起点の経営構造」のフレームワークを解説します。これを用いて、改めて経営における問題点をひも解き、その解決を目指します。

あらゆる事業の推進には、顧客の行動と心理の変化を経営に組み込むことが不可欠です。前述のように、企業は、直接的に顧客の手足を動かせるわけではありません。行動の前には、必ず心理の変化があり、認知、価値観、無意識のニーズが変化するプロセスがあります。その結果として、顧

図2-1　顧客起点の経営構造（再掲）

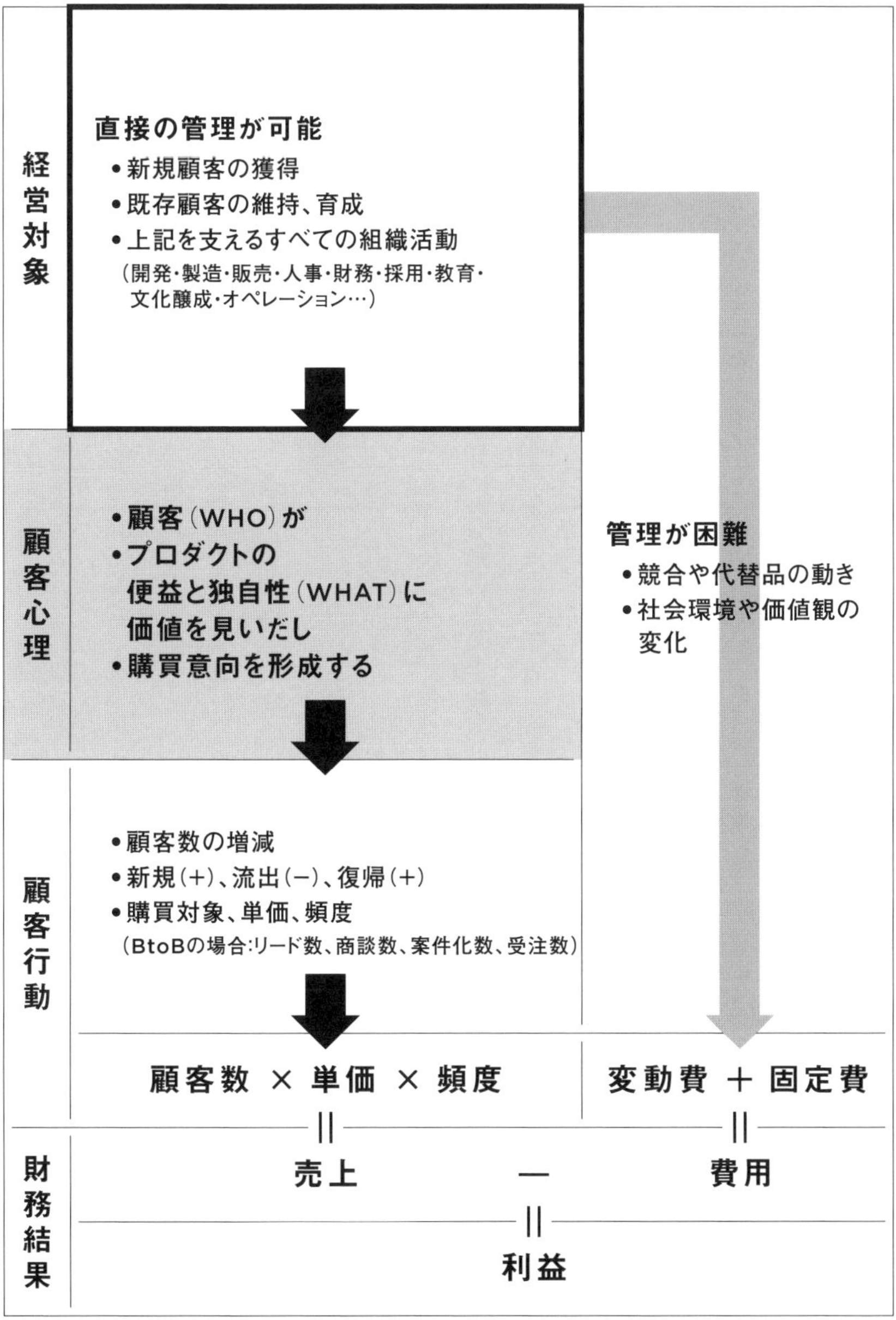
経営対象
直接の管理が可能
•新規顧客の獲得
•既存顧客の維持、育成
•上記を支えるすべての組織活動
（開発・製造・販売・人事・財務・採用・教育・文化醸成・オペレーション…）
顧客心理
•顧客（WHO）が
•プロダクトの便益と独自性（WHAT）に価値を見いだし
•購買意向を形成する
管理が困難
•競合や代替品の動き
•社会環境や価値観の変化
顧客行動
•顧客数の増減
•新規（+）、流出（−）、復帰（+）
•購買対象、単価、頻度
（BtoBの場合：リード数、商談数、案件化数、受注数）
顧客数 × 単価 × 頻度
変動費 ＋ 固定費
財務結果
売上
—
費用
利益

客の行動という目に見える形になるのです。前頁の図2－1で表すように、経営が対象とする様々な活動や施策によって、顧客の心理が変化し、行動が変化し、その結果が「顧客数×単価×頻度」として売上になり、利益という財務結果につながります。

図の右側は、経営の活動に伴って発生する費用です。これらは、顧客行動が変化した結果として生まれる売上から控除され、残るのが利益です。また、これらの費用は、経営が直接管理することが困難な競合の活動や代替品の存在、また社会環境や価値観の変化などの外的要因によって負担が変わります。

どのような事業であっても、この構造は共通ですが、実際の経営においては「顧客の行動と心理の関係」が視界に入っていない場合がほとんどです。例えば、四半期末の売上達成を目指して20％値引きの販促を意志決定する際などに「対象とすべき顧客は誰なのか？　なぜ20％値引きに魅力を感じると思うか？　この値引きで購入してくれたあと、顧客の行動はどう変わるか？　この値引きを知った、まだ顧客になっていない潜在的な新規顧客はどう感じるか？」などはあまり議論されません。経営の対象と、期待する財務結果（売上、利益、費用）だけの議論に終始して意志決定されていることが見受けられます。

顧客データを重視している企業でも、顧客の行動データ（客数、単価、頻度とその手前の行動指標）は見ていても、それらを左右する理由としての顧客心理の変化を議論することは極めて少ないです。図2－2、および2－3のように、経営の視界から顧客の心理と行動がすべて抜けているか、行動は捕捉していても心理が抜けているのです。

図2-2　顧客起点の経営構造 — 顧客の心理と行動が見えていない

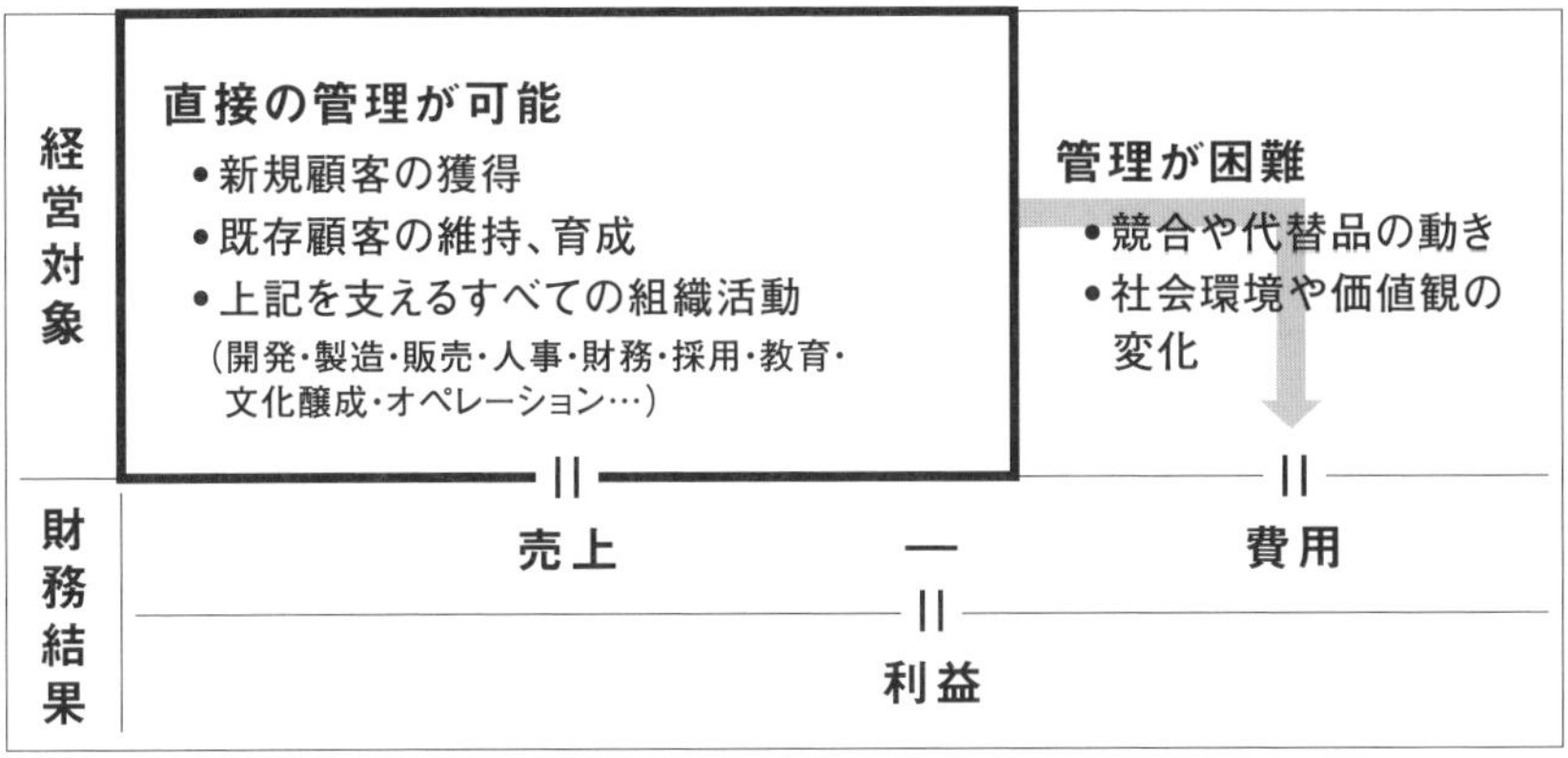
経営対象
直接の管理が可能
•新規顧客の獲得
•既存顧客の維持、育成
•上記を支えるすべての組織活動
（開発・製造・販売・人事・財務・採用・教育・文化醸成・オペレーション…）
管理が困難
•競合や代替品の動き
•社会環境や価値観の変化
財務結果
売上 ― 費用
利益

図2-3　顧客起点の経営構造 — 顧客の心理が見えていない

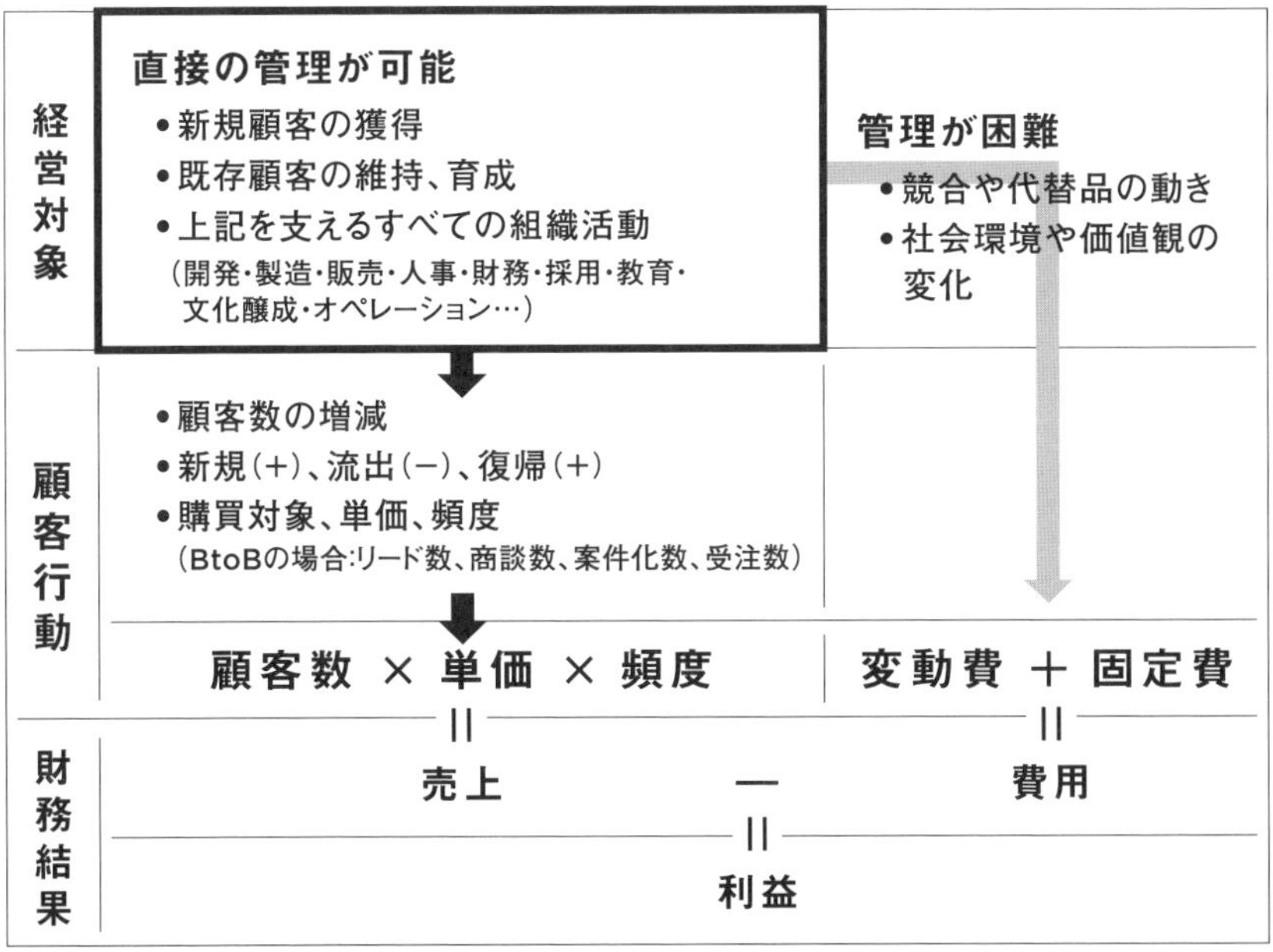
経営対象
直接の管理が可能
•新規顧客の獲得
•既存顧客の維持、育成
•上記を支えるすべての組織活動
（開発・製造・販売・人事・財務・採用・教育・文化醸成・オペレーション…）
管理が困難
•競合や代替品の動き
•社会環境や価値観の変化
顧客行動
•顧客数の増減
•新規（＋）、流出（－）、復帰（＋）
•購買対象、単価、頻度
（BtoBの場合:リード数、商談数、案件化数、受注数）
顧客数 × 単価 × 頻度
変動費 ＋ 固定費
財務結果
売上 ― 費用
利益

顧客心理と行動の関係が可視化されていない

では、フレームワークを詳しく解説していきます。どの企業も、フレームワーク下端の「財務結果」すなわち「売上－費用＝利益」の数字に関わる財務諸表を事業成長として追いかけています。序章（p27図2）で紹介したＪＭＡの調査では、２０１０年も２０２０年も経営課題の1位は「収益性向上」でした。収益性とは「財務結果」の継続的な向上であり、会社が行うすべての活動と投資から得られる利益、すなわち稼ぐ力です。

一方で、その財務結果を得るために、経営が日々の活動対象とするものが上端の「経営対象」です。「管理が可能」なものと、「管理が困難」な外部要因に分けられます。

経営が管理するのは、第一に、新規顧客の獲得および既存顧客の維持と育成への投資です。第二に、その第一の実現のためのプロダクトの開発（改良・強化）・製造・販売と、プロダクトを提供し続けるための仕組みである組織・人材・教育・オペレーションです。上端ブロックの太枠部分は、上から下への矢印で示したように、これらを実践する結果として、売上が増えることを狙っています。

しかし多くの場合、上端と下端のみが可視化・数値化され、その間をつないでいる顧客自体の変化の関係は可視化されていません。データ管理が進んでいる通販系や直販系のビジネスでも、図2－3のように顧客行動である顧客数×単価×頻度の3つのボックスを捉えている程度です。行動の原因としての心理を視界に入れていないのです。また、上端の経営対象はそれぞれの担当部門しか見えていない場合が多く、それぞれの部門や機能で個別管理され、いわゆる縦割り構造といわれる部門や機能のサイロ化の課題につながっている場合が多く見受けられます。

この管理可能な経営対象である「新規顧客の獲得と既存顧客の維持・育成」、その投資を支える「プロダクト開発・製造・販売」、それらを実行する「組織・人材・教育・オペレーション」への投資は、変動費＋固定費、つまり財務結果上の「費用」として表れます。

売上拡大の投資議論と費用削減の議論は、それぞれ個別の取り組みになりがちです。しかし売上を最大化する投資対効果の高い手段が明確になれば、それ以外の投資の削減が可能なので費用が減ります。この2つは表裏一体の議論であることが分かります。

管理困難な要素によっても費用は変わる

再度、上端の経営対象のブロックを見てみます。すでに解説した、経営による「管理が可能」な対象に対して、「管理が困難」な外部要因があります。競合や代替品の動き、社会環境や価値観の変化です。後者は、例えば昨今のSDGsへの関心の高まりや、コロナ禍による価値観の変化などが挙げられます。新たな社会環境や価値観の広がりによって、経営が対象としてきた投資活動やプロダクト開発は影響を受け、投資効率が変化し、結果として費用も増加します。

競合が安価な商品を発売すれば、競争のために自社プロダクトの価格を下げざるを得なくなったり、予定以上の販売促進費用がかかったりすることがあります。すると投資効率は落ち、結果として費用が積み上がります。コロナ禍で顧客が外出できなくなれば、外出を前提としたプロダクトへの投資活動は影響を受け、費用は変わります。つまり、経営が管理する対象（上端の太枠部分）への投資は、そのまま「変動費＋固定費」になるのではなく、右側の上から下への矢印で示したように、管理が困難な要素の影響を受けて変動するのです。

管理が困難であるからこそ、外部要因が顧客の心理と行動にどのような影響を与えるか、いち早く理解することが非常に重要になります。

最大のブラックボックスは、顧客心理

ここまで、経営対象と財務結果の関係を1枚の図で解説しました。では、顧客起点の経営を阻む最大の原因である「顧客心理がブラックボックス化している」ことと、その弊害を解説していきます。

前段で、本来は経営対象から財務結果までが顧客の心理および行動とつながっているべきだと述べました。そのあるべきプロセスとは、図2－4の上から下へ順番に示した矢印のように、

①経営が対象とする「新規顧客の獲得」「既存顧客の維持、育成」への投資が顧客に届き、

②顧客の心理が変化し、

図2-4　顧客起点の経営構造（再掲）

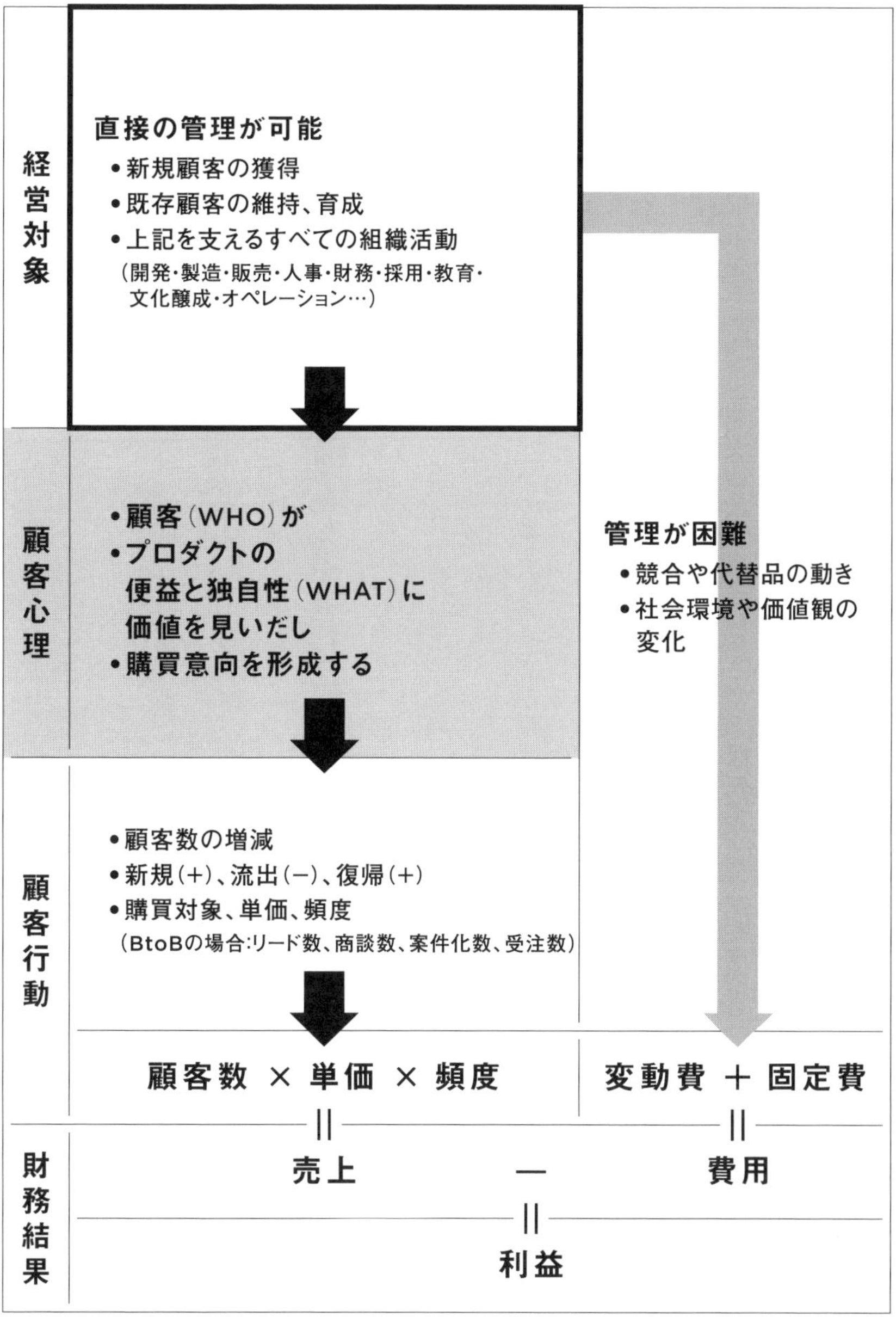
経営対象
直接の管理が可能
•新規顧客の獲得
•既存顧客の維持、育成
•上記を支えるすべての組織活動
（開発・製造・販売・人事・財務・採用・教育・
文化醸成・オペレーション…）
顧客心理
•顧客（WHO）が
•プロダクトの
便益と独自性（WHAT）に
価値を見いだし
•購買意向を形成する
管理が困難
•競合や代替品の動き
•社会環境や価値観の
変化
顧客行動
•顧客数の増減
•新規（＋）、流出（－）、復帰（＋）
•購買対象、単価、頻度
（BtoBの場合：リード数、商談数、案件化数、受注数）
顧客数 × 単価 × 頻度
変動費 ＋ 固定費
財務結果
売上 — 費用
利益

③購買行動が変化し、
④その結果として投資対効果が最適化され利益（収益性）が向上すること
になります。

売上を構成するすべての顧客行動は偶然ではなく、顧客心理の変化の必然的な結果です。顧客は、商品に対してその機能、特徴、イメージの認知を通じて、顧客自身にとっての便益と独自性を認知し、その価値を判断し、購買意向が形成されることで、購買行動に至ります。顧客が、自分自身にとっての便益を認知しなければ購買意向は形成されず、購買行動は起こりません。また便益を認知しても、代替性がある（独自性がない）と認知すれば、競合商品を購入し続けるでしょう。

この顧客心理と顧客行動の関係を可視化し、経営と組織全体に実装することで、経営対象である投資対効果を高め、収益性を向上させることができます。図2－5のように顧客心理がブラックボックス化し、顧客心理と行動の関係性が見えないままの投資は、顧客行動の変化をただ〝期待〟しながら、暗闇に投資して費用だけが確実に積み上がる状態だといえます。先に事例として取り上げましたが、仮に20％値引きで売上達成しても、喜んでいいかどうかも分かりません。売上増が既存顧客の将来の発注の前倒しであれば、来期はもっと売上が厳しくなりますし、新規顧客からの受注であれば、20％値引きの値段が基準だと感じられると売上が継続しないかもしれません。

経営対象と財務結果をつなぐ因果関係として、顧客の心理と行動を可視化することで初めて、売上増への投資の優先順位と費用を抑えるために削減すべき投資が明確になり、継続的な収益性の向上が可能になるのです。

図2-5　顧客起点の経営構造 ― ブラックボックス化している顧客心理

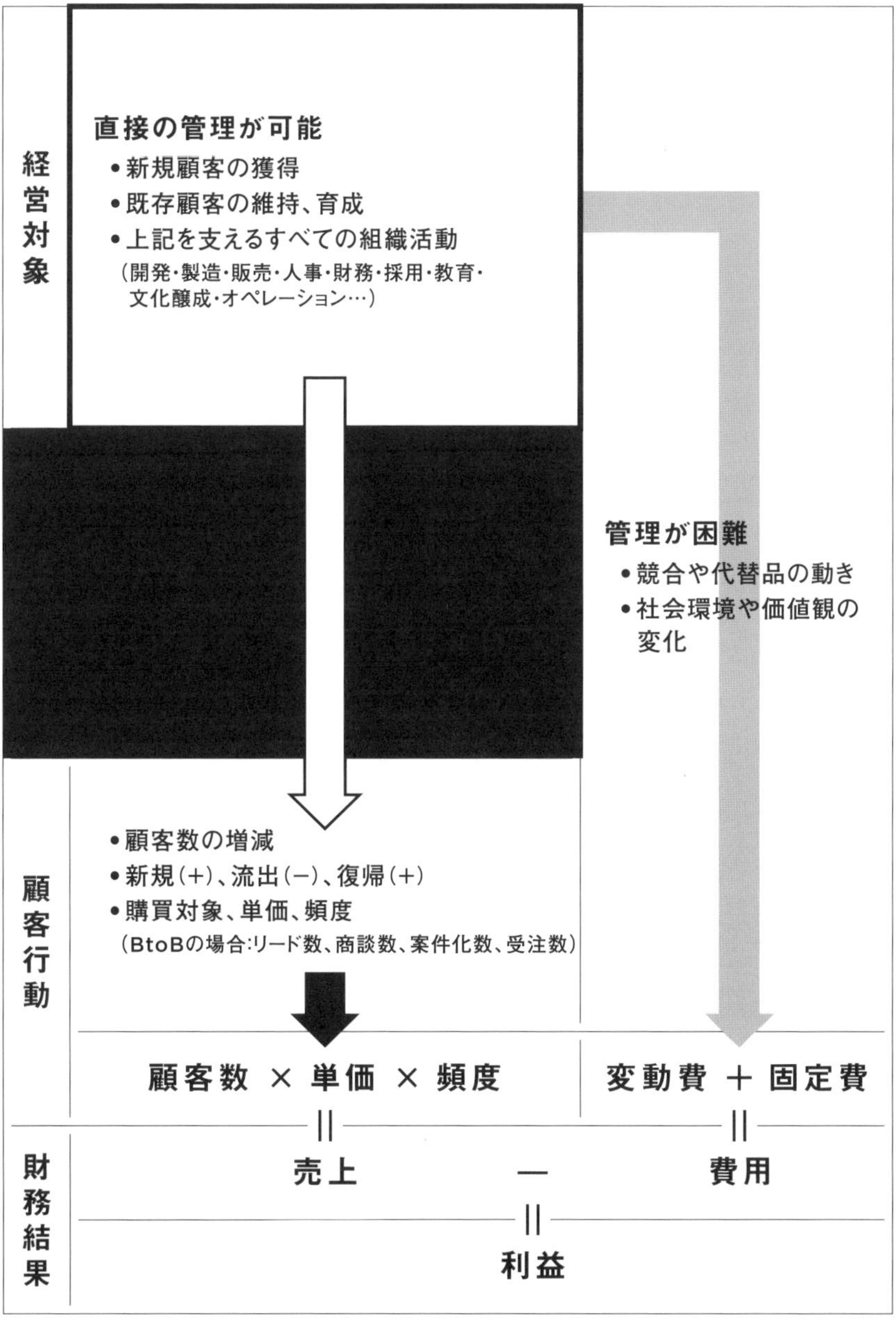
経営対象
直接の管理が可能
•新規顧客の獲得
•既存顧客の維持、育成
•上記を支えるすべての組織活動
（開発・製造・販売・人事・財務・採用・教育・文化醸成・オペレーション…）
管理が困難
•競合や代替品の動き
•社会環境や価値観の変化
顧客行動
•顧客数の増減
•新規（+）、流出（−）、復帰（+）
•購買対象、単価、頻度
（BtoBの場合:リード数、商談数、案件化数、受注数）
顧客数 × 単価 × 頻度
変動費 ＋ 固定費
財務結果
売上
—
費用
利益

経営は顧客とともに変化し続ける

このフレームワークで、さらに市場では何が起こるかを時系列で紹介してみます。次の図2-6に加えた、左下の財務結果から顧客心理へ、そして管理が困難な外部要因への細い矢印に注目してください。

経営が上から下への矢印に従って、顧客心理を変化させ、顧客行動を変化させ、財務結果を向上させると、実は経営が対象とすべき顧客の心理そのものが変化します。

例えば、自社プロダクトが数多く売れ、ありふれた存在になると、多くの顧客に対して「これは当たり前のプロダクトだ」という心理状態をつくります。さらに同様な競合商品が追随して参入してくれば、独自性は薄れ、顧客にとって自社プロダクトの価値が低下します。つまり、コモディティ化し価格競争力が低下するのです。

また、プロダクトの供給が追い付かず需要過多になれば、希少性が高まるので顧客心理が変化し、顧客がプロダクトに見いだす価値は高くなります。その後、競合が多く参入して供給過多になれば、逆の変化が起こります。顧客心理は、顧客行動の変化とその先にある財務結果からも影響を受け、変化し続けるのです。

図2-6　顧客起点の経営構造 ―― 顧客心理は財務結果の影響を受ける

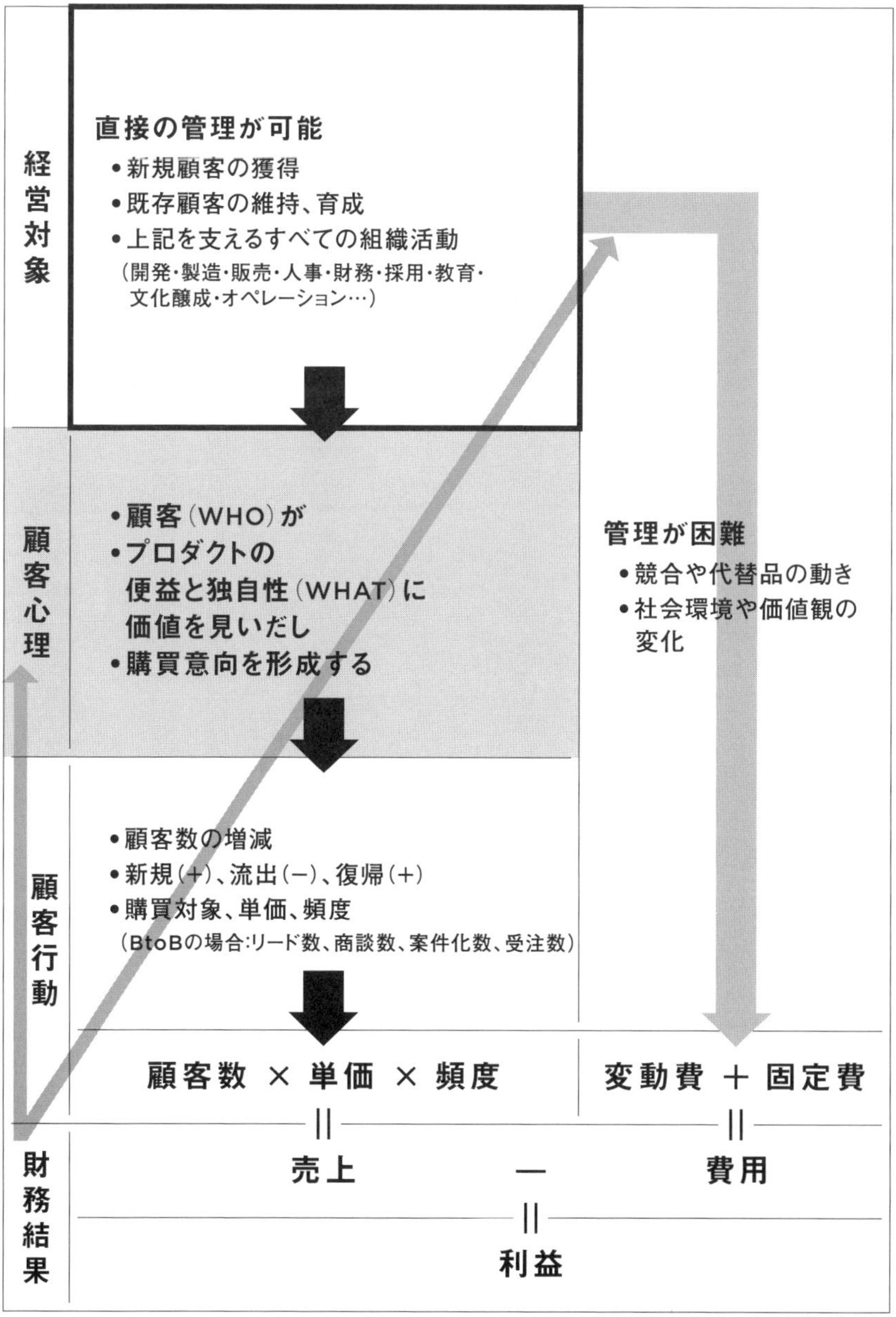
経営対象
直接の管理が可能
•新規顧客の獲得
•既存顧客の維持、育成
•上記を支えるすべての組織活動
(開発・製造・販売・人事・財務・採用・教育・
文化醸成・オペレーション…)
顧客心理
•顧客(WHO)が
•プロダクトの
便益と独自性(WHAT)に
価値を見いだし
•購買意向を形成する
管理が困難
•競合や代替品の動き
•社会環境や価値観の
変化
顧客行動
•顧客数の増減
•新規(+)、流出(−)、復帰(+)
•購買対象、単価、頻度
(BtoBの場合:リード数、商談数、案件化数、受注数)
顧客数 × 単価 × 頻度
変動費 ＋ 固定費
財務結果
売上
—
費用
利益

顧客心理を含めた経営の全体像を把握する

さらに、管理が困難な経営対象の変化も、管理可能な経営対象、顧客心理、そして顧客行動に影響を及ぼしていきます。それが次の図2－7の右側、斜線の矢印を3つ追加した部分です。

例えば、化石燃料の内燃機関を伴った自動車業界は、世界中で多数の顧客心理を捉え、多数の行動を変化させ、多く購買され、巨大な財務結果を生み出してきました。しかし、その結果として「化石燃料による二酸化炭素の排出を控えよう」といった社会環境問題への価値観の変化につながり、今では「EVが良い」という価値観が拡大しています。結果、これまでの経営の対象は大きく変化し、投資内容も変えざるを得ない状態になっています。

今後、環境への配慮がより社会全体に広まれば「EVでもなく、公共交通機関、自転車や徒歩でいい」、さらには「そもそも無駄な移動を減らそう」とする価値観が大きくなるかもしれません。

このように、経営は様々な投資によって顧客心理と行動に影響を与え、財務結果を得ながら、その結果からも影響を受けています。本書で提案する「顧客起点の経営改革」とは、ビジネスを「経営対象」「顧客心理」「顧客行動」「財務結果」の因果関係と相互作用の変化の連続、つまり動態（ダイナミクス）として捉え、その全体を可視化、管理し、組織横断で投資対効果の向上＝収益性の向上を実現することです。管理困難な外部要因も視野に入れ、経営全体として成果が上がり続ける投資最適化を実行することが、持続可能な「収益性の向上」を実現する経営だといえます。

図2-7　顧客起点の経営構造 ― 顧客心理は市場環境の影響を受ける

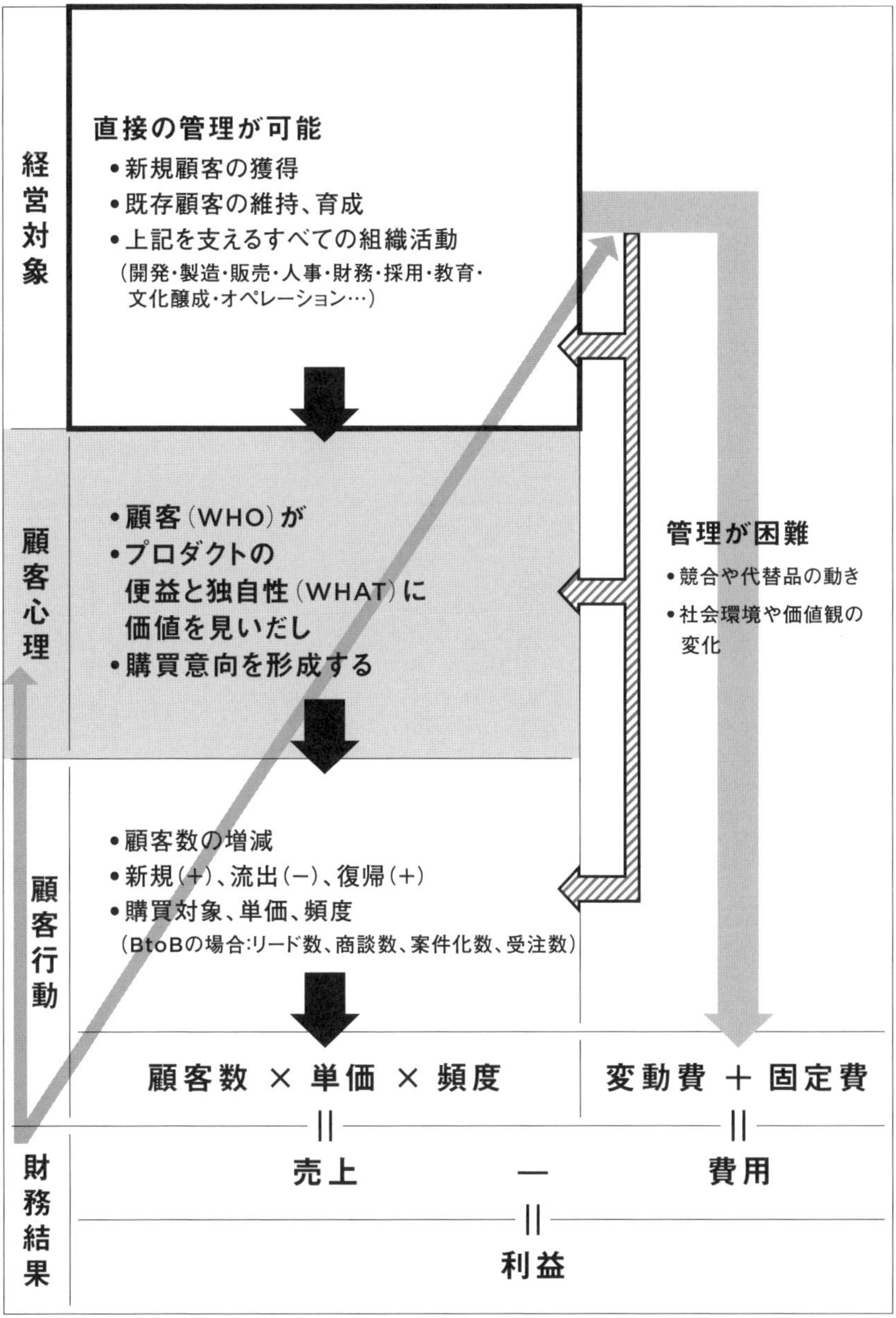
経営対象
直接の管理が可能
•新規顧客の獲得
•既存顧客の維持、育成
•上記を支えるすべての組織活動
（開発・製造・販売・人事・財務・採用・教育・文化醸成・オペレーション…）
顧客心理
•顧客（WHO）が
•プロダクトの便益と独自性（WHAT）に価値を見いだし
•購買意向を形成する
顧客行動
•顧客数の増減
•新規（+）、流出（−）、復帰（+）
•購買対象、単価、頻度
（BtoBの場合：リード数、商談数、案件化数、受注数）
管理が困難
•競合や代替品の動き
•社会環境や価値観の変化
顧客数 × 単価 × 頻度
変動費 ＋ 固定費
財務結果
売上
―
費用
利益

2-2 「顧客起点の経営構造」を運用する

経営の理想的な状態とは

「顧客起点の経営構造」フレームワークを使って、「顧客心理」がブラックボックスとなり経営から見えていないこと、そのため同フレームワーク上端の「経営対象」と下端の「財務結果」の間から、顧客の心理や行動の理解が抜け落ちている問題を述べました。図2－8上端から、各ブロックの理想的な状態を説明します。

❶経営対象：経営の管理対象となる様々な投資活動、その活動を支える組織活動が可視化、管理されている。同時に、それぞれがどんな顧客心理の変化を生み出し、顧客行動の変化につながっているかを議論できるので、投資対効果も分かる。結果として、財務結果が変化した場合、顧客の心理と行動に立ち返ることで、どの「経営対象」に優先投資すべきか、削減すべきかを判断できる。変動費と固定費においても、優先順位が明確なので、最適化できる。本フレーム

図2-8　顧客起点の経営構造（再掲）

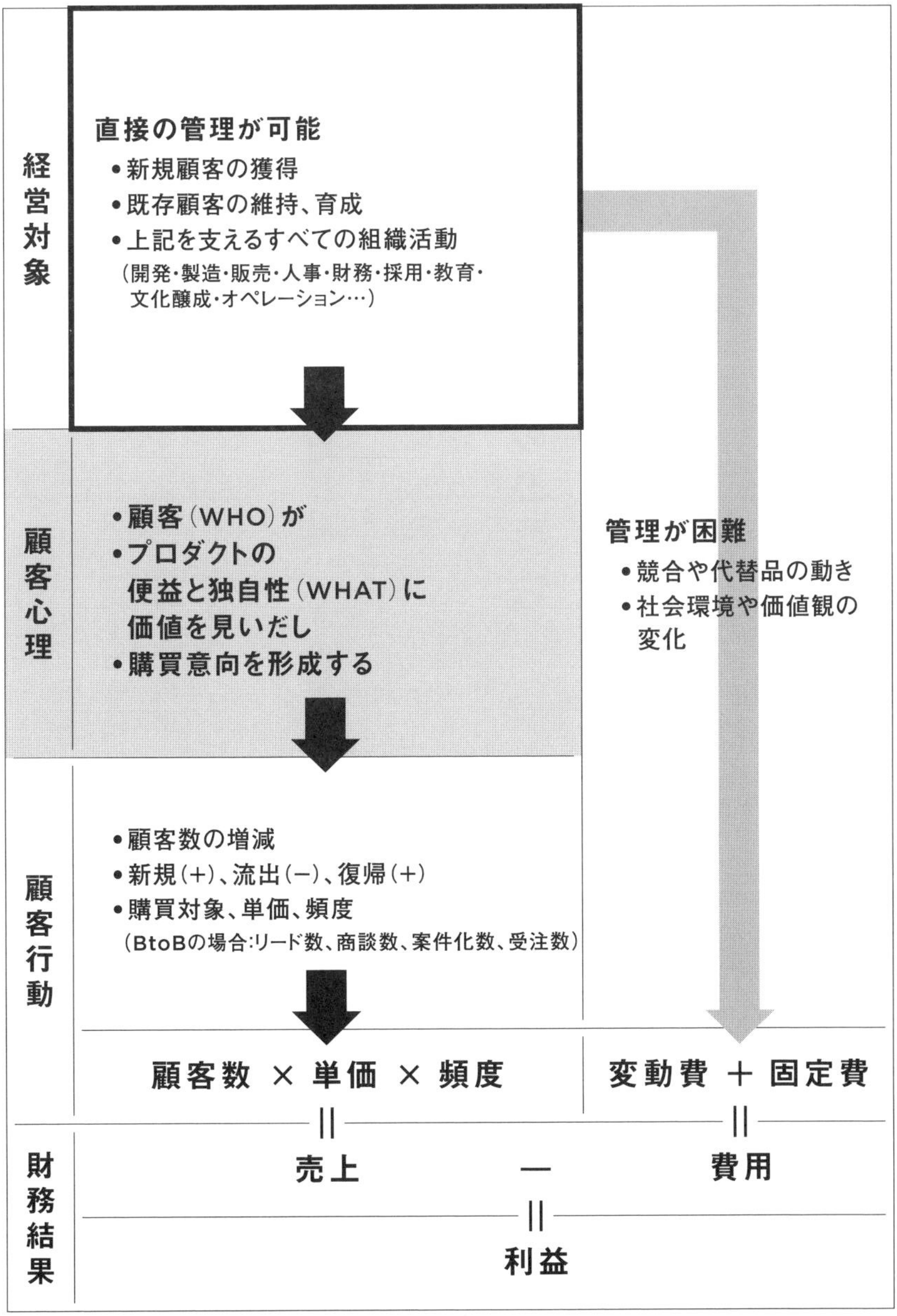
経営対象
直接の管理が可能
•新規顧客の獲得
•既存顧客の維持、育成
•上記を支えるすべての組織活動
（開発・製造・販売・人事・財務・採用・教育・文化醸成・オペレーション…）
顧客心理
•顧客（WHO）が
•プロダクトの便益と独自性（WHAT）に価値を見いだし
•購買意向を形成する
管理が困難
•競合や代替品の動き
•社会環境や価値観の変化
顧客行動
•顧客数の増減
•新規（+）、流出（−）、復帰（+）
•購買対象、単価、頻度
（BtoBの場合:リード数、商談数、案件化数、受注数）
顧客数 × 単価 × 頻度
変動費 ＋ 固定費
財務結果
売上
—
費用
利益

ワークが組織内に共有され、各担当と全体のつながりが議論可能な状態になっているため、組織が一体化している。

2 顧客心理：顧客行動（「顧客数×単価×頻度」）を変える要因である「顧客心理」、つまり「なぜ（WHY）その行動が起きたのか」を、経営レベルで可視化し議論の対象として管理している。

3 顧客行動：財務結果の手前にある、売上を構成する3要素「顧客数×単価×頻度」を可視化して、経営指標としている。

4 財務結果：経営や投資家は、「財務結果」とその詳細分解である「損益計算書」「貸借対照表」「キャッシュフロー計算書」を指標として見ている。また、その四則演算の指標を使った分析が実行されている。

部門間をつらぬく横串の必要性

まとめると、多くの企業では「顧客行動」を生み出す「顧客心理」がブラックボックス化しており、財務結果と、「経営対象」（＝変動費と固定費の分類項目）の関係しか見えていません。そのため、各部門、担当はそれぞれの機能と役割の実行のみに集中し、組織の縦割りサイロ化が進み、事業成長の壁が生まれるのです。

顧客起点の経営へと改革した組織は、顧客理解が横串となってフラット化し、全社に顧客起点の考え方と指標が浸透していきます。そしてそれぞれの部門、担当が顧客の心理と行動の変化に向き合うことで事業が推進され、結果として事業成長に結び付くのです。

顧客理解が深まり、組織に横串が通った事例を、次章以降で紹介していきます。次章では、ブラックボックスとなる顧客の心理を顧客と自社プロダクトとの関係で捉え、経営の投資活動を最適化する、顧客戦略（ＷＨＯ＆ＷＨＡＴ）フレームワークについて解説します。顧客が「価値」として認める自社プロダクトの便益と独自性を把握し、投資すべき価値創出を顧客（ＷＨＯ）と自社プロダクト（ＷＨＡＴ）の組み合わせで捉えます。顧客の心理を見極め、顧客戦略に変換することで、継続的に収益性を向上させる真の投資戦略が見えるのです。

■第２章のまとめ

・企業は、直接的に顧客の手足を動かせるわけではない。行動の前には、必ず心理の変化があり、認知、価値観、無意識のニーズが変化するプロセスがある。その結果として、顧客の行動という目に見える形になる。
・顧客心理と顧客行動の関係を可視化し、経営と組織全体に実装することで、投資対効果を高め、収益性を向上することができる。顧客心理と行動の関係性が見えないままの投資は、顧客行動の変化をただ期待しながら暗闇に投資することになり、費用だけが確実に積み上がる。
・顧客起点の経営へと改革した組織は、顧客理解が横串となってフラット化し、全社に顧客起点の考え方と指標が浸透していく。そしてそれぞれの部門、担当が顧客の心理と行動の変化に向き合うことで事業が推進され、結果として事業成長に結び付く。

第3章

基礎編

収益を生み出す「顧客戦略（WHO&WHAT）」の立案

顧客の多様性を捉える

経営の投資対効果を高める大前提となるのは、
顧客の適切な分類と、その多様性の把握です。
本章では、多様な顧客が構成するマーケット全体を分類し、
それぞれの顧客がプロダクトに高い価値を見いだす
便益と独自性の組み合わせである
「顧客戦略（WHO&WHAT）」のフレームワークを解説します。

3-1 顧客分類(セグメンテーション)――TAM顧客数、5セグズ

一人と不特定多数の間を経営対象に

第1章で、「マス思考」の病について解説しました。経営が目指すべき投資の最適解である顧客戦略(WHO&WHAT)は、常に「1対1」と「1対マス」の間にあります(図3-1)。プロダクトが顧客に提供しうる価値を最大化するには、1対1が出発点です。

誰に、何を提案して価値を創るかは商売の基本であり、その重要性を否定する人はいないでしょう。ですが、1対1で顧客と向き合ったプロダクトの導入期・創業期から次第に事業や組織が拡大するうちに、顧客を売上や人数の合算や平均値という不特定多数のマスで捉えるようになり、顧客理解が曖昧になり、投資対効果を落としていくことは前述のとおりです。

これが顧客が見えなくなっている状態であり、第2章で解説した顧客起点の経営構造フレームワークにおける「顧客心理のブラックボックス化」です。

合計値、平均値でしか捉えていない不特定多数の顧客群の中で、自社プロダクトをすでに購入し

図3-1　経営の目指す投資対効果 ── 1対1と1対マスの間（再掲）

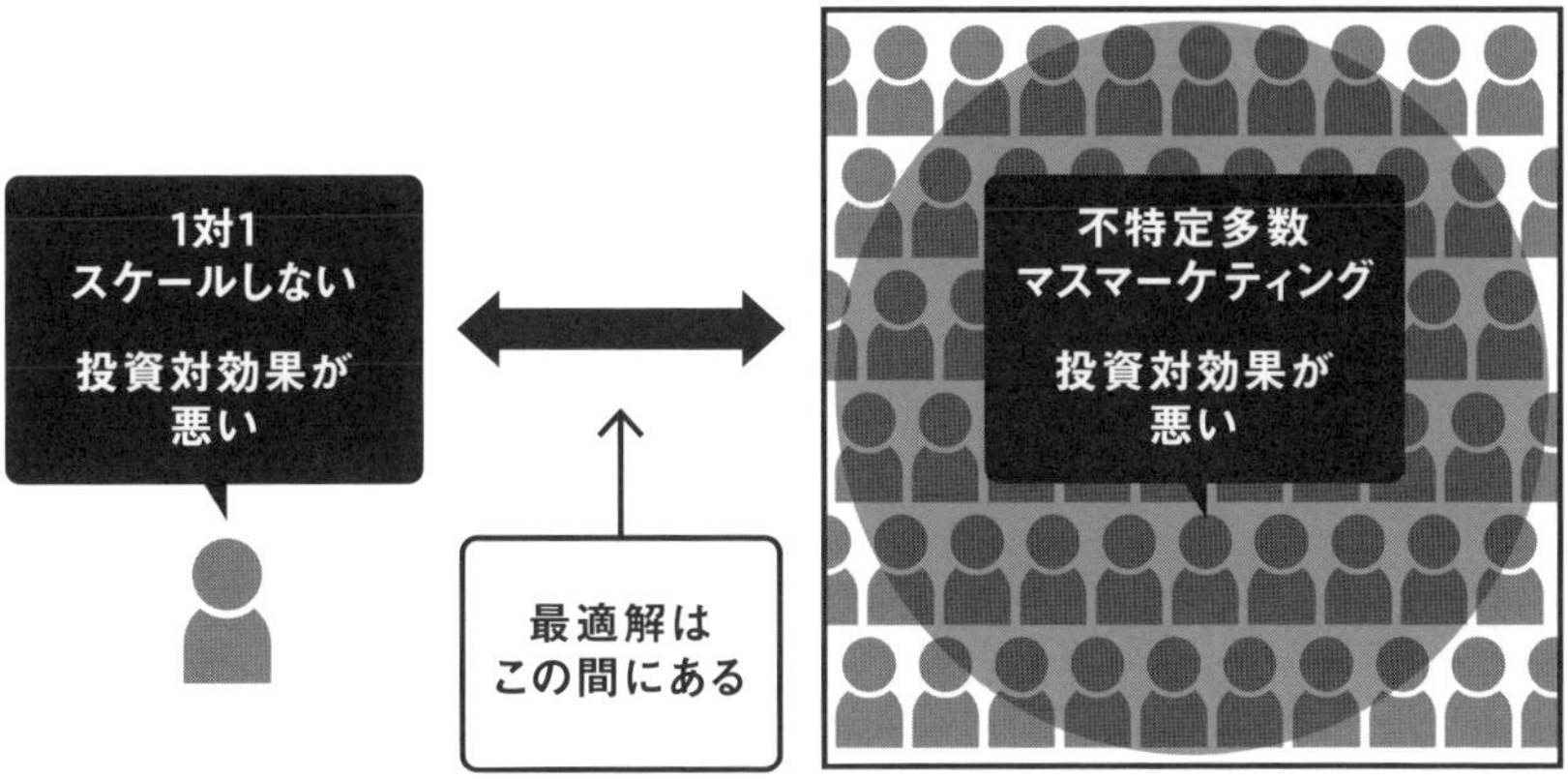

た顧客は何人か。なぜ、購入してくれたのか。まだ購入していないが、今後購入しうる顧客は何人いて、その理由は何か。一方で、購入しそうにない顧客は何人いて、どうすれば購入してくれるのか。一度は購入したけれど買わなくなった、つまり離反した顧客は何人いて、その理由は何か。これらの質問に答えずして、経営（HOW）が、収益性を高めることが困難であることは自明です。

ここでは、事業を成長させる顧客戦略を構築するために、どのように不特定多数（マス）を分類すればよいか、最も基本的な分類を解説します。

TAM顧客数──不特定多数の顧客群の分類

まず着手すべきは、自社プロダクトが対象とするマーケット全体の顧客分類です。マーケットを定義し、顧客を適切にセグメントして、その多様性を把握します。

一連のプロセスで最初に行うのは、自社プロダクトが対象とするマーケット自体を定義することです。ここでいう「対象とする全体の顧客数」は、現在購入していただいている方だけではありません。自社プロダクトの現在の顧客はもちろん、将来的に顧客になっていただきたいが今は自社プロダクトを認知もしていない、潜在顧客も含めたマーケット全体の顧客数を指します。スタートアップ領域では、マーケットを把握するために「TAM（Total Addressable Market）」と呼ぶマーケット全体の売上を使いますが、本書で使うのは売上ではなく顧客数です。以下、当該プロダクトが100％シェアを獲得した場合の顧客の総数（人数）を「TAM顧客数」と表します。

売上ではなく顧客数を使う理由は、顧客起点を徹底して、無駄な投資を避けるためです。売上は「顧客数」×「単価」×「頻度」ですが、単価と頻度を決めるのは顧客です。つまり、単価や頻度を上げて売上を伸ばすには、結局、その顧客の心理と行動を変えるしかないのです。優良顧客は単価や頻度が高く、一過性の顧客は低くなります。つまり掛け算の結果としての売上だけを見ていては、自社プロダクトが生み出している顧客への価値が見えなくなるのです。財務諸表を追いかける経営において、顧客がブラックボックス化する理由と同じです。売上としてのTAMを追いかけるだけでは、組織は顧客から意識が離れていきます。

自社内にデータがまったくない場合でも、TAM顧客数のおおまかな試算は可能です。例えば「①18歳－69歳の女性すべて」を対象とする基礎化粧品の場合、総務省の人口推計を参照してその人数が4千万人であったら、そのプロダクトのTAM顧客数は「4千万人」になります。仮にその基礎化粧品がシェア100％を獲得した場合、その顧客数は4千万人です。

年齢層が同じでも、対象とする顧客の定義が「②基礎化粧品の使用習慣があり『自分は敏感肌だ』と思う人」あるいは「③シミやシワの改善を強く望む人」などの場合、TAM顧客数はもっと絞られます。その際は、ネット検索で入手できる参考文献を使うか、簡単なネットアンケート調査を通して当該年齢層における②や③の割合を確認し、4千万人にその割合を掛ければ算出できます。

仮に「敏感肌だ」と思う人が2割いたなら、4千万×0・2＝800万人になります。性別や年齢によらない、価値観などの軸で顧客を定義する場合も、その顧客層の一般生活者における出現率を調査で把握すれば、およその人数を推計できます。こういった情報は、BtoBの分野でも、ネットで検索すれば見つかりますので、最初は精度を気にしすぎずに、まずTAM顧客数を定義してみましょう。

なぜ顧客の定義とTAM顧客数の把握が必要かというと、①や②や③のように対象をどう定義するかによって、将来的な見込み売上や顧客数、競合となるプロダクト、そして顧客心理がまったく異なるからです。当然、経営として取るべき「戦略」も異なります。

ここで顧客をどう定義するかには正解はなく、いわゆる事業主としてどこで価値を創りたいのかという経営意思の問題です。仮に「敏感肌の人」を対象にしていたものの、実際には「異なる顧客層」に多く購入されている場合、経営意思と現実がずれているので、投資対象の見直しが必要になります。もしくは、実際に購入している「異なる顧客層」に、より大きな成長の可能性を見いだして対象とする顧客を変更するならば、経営意思として「対象とする顧客」の定義を書き換えて、改めてTAM顧客数を算出すればよいのです。TAMの定義の拡大は、顧客の創造そのものです。

5セグズ――すべてのマーケットは5つの顧客層に分けられる

次に、顧客を動態として把握し経営対象とするための基本的なマーケット分類となる「5 segs（ファイブセグズ）」を解説します。これは、TAM顧客数を5つのセグメントに分けたものです。

あらゆる事業、あらゆるプロダクトにおいて、TAM顧客数は5つのセグメントに分けられます。①認知の有無、②購買経験の有無、③購買頻度、の3つの質問を通して、「未認知顧客」「認知未購買顧客」「離反顧客」「一般顧客」「ロイヤル顧客」に5分類できます。例えば、認知はしているが購買経験がない人は「認知未購買顧客」、購買経験はあるが今は購買していない人は「離反顧客」となります。また、現状で一定頻度で購入している現在顧客は「一般顧客」もしくは「ロイヤル顧客」になりますが、その区別はプロダクトの特性や使用習慣に応じて「毎年購入する人」「毎月使用する人」など頻度の違いで定義します。

5セグズは、図3－2のようにピラミッド型に表しています。多くの事業で、未認知顧客が最も多く、そこから上位への引き上げを狙うことになります。

この分類では、TAM顧客数を定義してその人数を推計できていれば、各セグメントの推計人数も算出することができます。例えば前述の「①18歳－69歳の女性すべて」を対象とする基礎化粧品の場合、TAM顧客数は4千万人となります。その前提で顧客へのネットアンケート調査を実施し、4千人のパネルに「認知の有無／購買経験の有無／購買頻度」を尋ねて3千人が「知らない（認知

図3-2　5segs

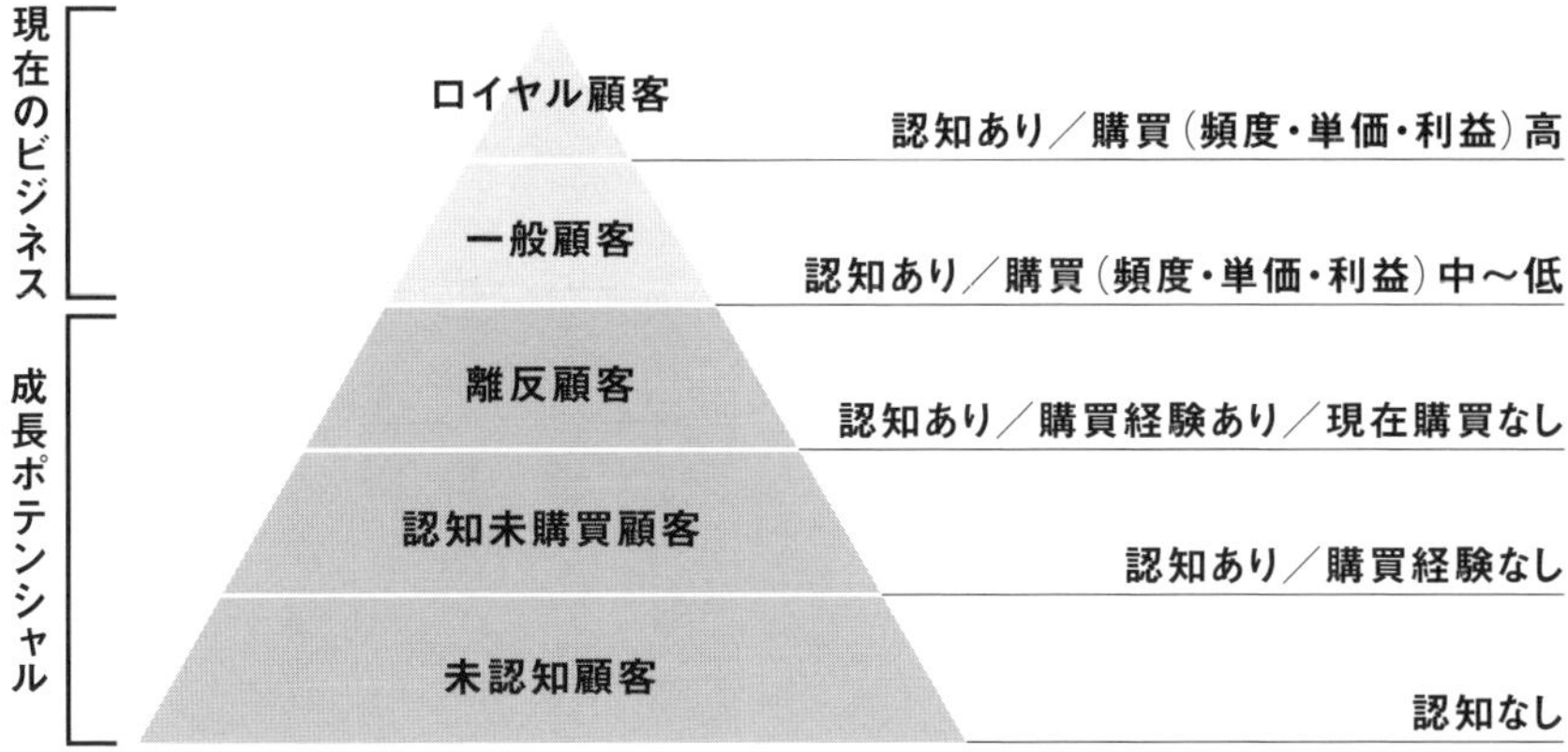

なし）」と答えた場合、未認知顧客は3千万人（TAM顧客数の75％）と推計することができます。2カ月に一度購入する人をロイヤル顧客と定義したとき、それが4千パネル中40人（1％）だった場合、ロイヤル顧客の実数は40万人と推計できます。

BtoC事業の場合、各セグメントの人数はこのように定量的なアンケート調査で把握できますが、調査が不向きなBtoBや小規模な事業であっても方法はあります。自社の営業実績として把握しているクライアント数や、その事業カテゴリーに関して官公庁や外部団体が発表しているマーケット規模データ、事業者リストを使えば、およその数字で5セグズを作成することができます。数字がなければ、推測でも結構です。

どのようなビジネスにおいても、自社プロダクトがマーケットと考える全体を顧客数（クライアント数）で把握し、自社プロダクトとの関係によって5つのセグメントに分けることは、最小限の顧客分類になります。そして、5セグズは社内で共有することで経営の土台となり、複数の組織をつなぐ横串になります。概算でよいので数字を算出し、5セグズを作成していただきたいです。

TAM顧客数を100％とした場合、自社プロダクトの認知はどれくらいあるだろうか、ロイヤル顧客の割合と一般の割合はいくらだろう、離反はどれくらい発生しているのかなど、社内で認識が合わなくても結構です。まずは、推測の数字でも5セグズを作ってみて、意見が合わないなら、どこが合っていないかを認識することが重要です。5セグズの作成は、経営と組織が顧客の理解を深めていく第一歩なのです。

3－2 「顧客戦略（WHO＆WHAT）」のフレームワーク

顧客戦略（WHO＆WHAT）の目的

ここから、顧客起点の経営改革の軸となる顧客戦略（WHO＆WHAT）を解説します。

顧客戦略は、自社プロダクトが提供する便益と独自性に、顧客が「価値」を見いだす組み合わせです。企業の視点で「自社プロダクトは便益と独自性を提供している」と考えていても、顧客がそれを自分にとっての便益として捉えず、他の競合や代替手段に対して独自性を見いださなければ、その顧客と自社プロダクトの組み合わせに「価値」は成立しません。従って、収益を生み出す戦略にはなり得ません。残念ながら、それは典型的なプロダクト起点の思い込みであり、顧客への〝片思い〟でしかないのです。

顧客戦略の目的は、高い投資対効果で、5セグズ内の顧客を自社プロダクトの購入と継続購入に導き、収益性を継続的に高めることです。

図3-3　便益と独自性の四象限

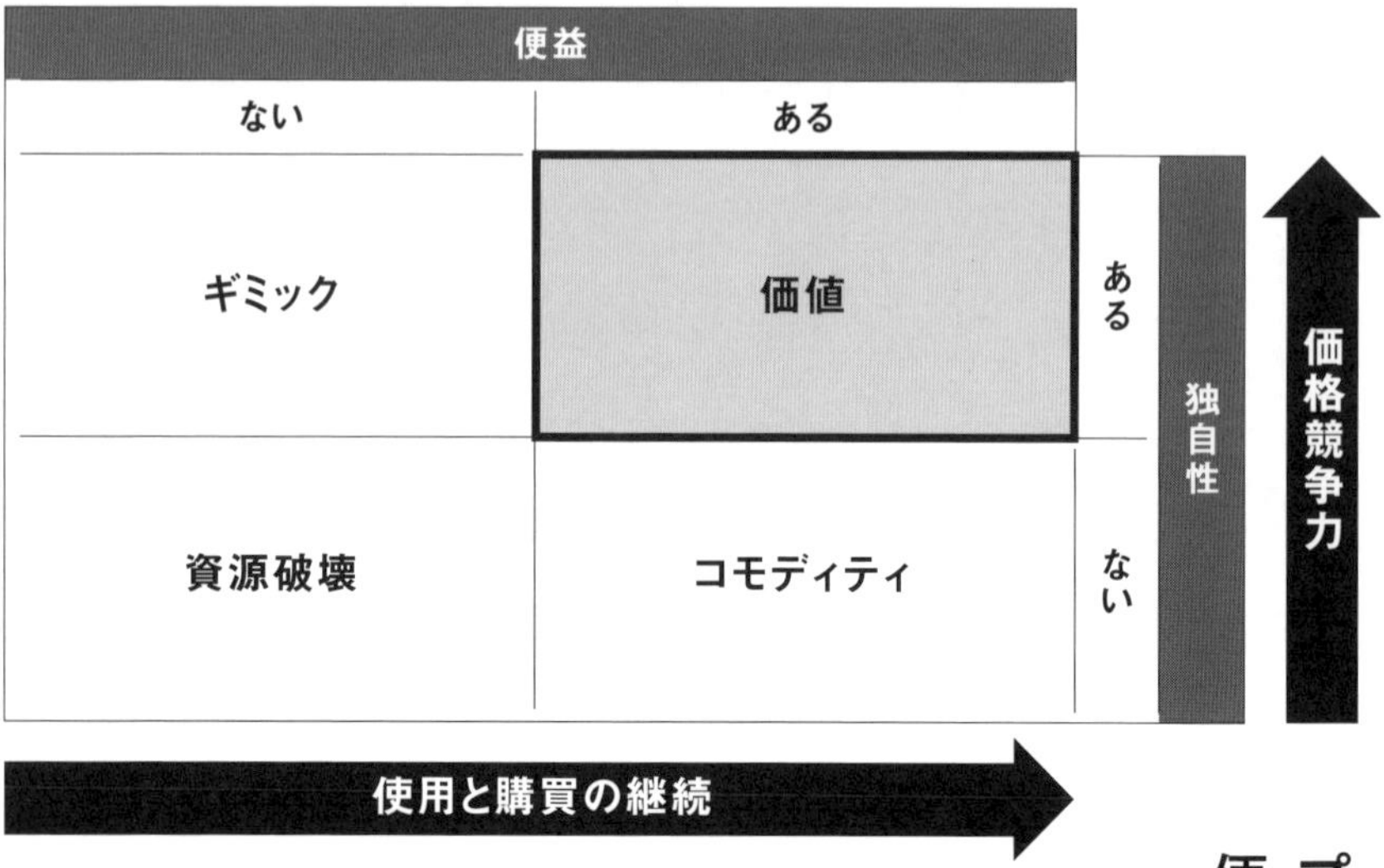

プロダクトが提供するものは便益と独自性

顧客戦略は、自社プロダクトが提供する便益と独自性に、顧客が「価値」を見いだす組み合わせだと述べました。顧客戦略を正確に理解するために、便益と独自性の意味を明確にしておきます。

便益とは、「何らかの問題が解決した・便利・おいしい・楽しい」などの、顧客が得る具体的な利益、利便性、快楽を指します。一方、独自性とは、そのプロダクトならではの唯一無二の特徴で、非代替性ともいえます。経営学者のマイケル・ポーター氏は「戦略の本質は、独自の道を生み出すことにあります」（『ハーバードビジネスレビュー』インタビュー・2011年より）と語っていますが、独自性がなければ、競合や代替品に埋もれてしまいます。

企業がプロダクトを提示したとき、顧客がその中に便益と独自性の両方を見いだして初めて、価値が生まれます。それぞれの有無は、図3－3に示した四象限で表すことができます。独自性が弱くとも便益が強固なら、一定のシェアを獲得できますが、競合品と比較されコモディティ化し、価格競争が避けられません（右下の象限）。一方、便益は弱いが、成分や製造方法、ネーミングやパッケージがユニークであるといった独自性のみの場合は、単なるギミックであり、一過性の売上に留まり顧客は離反します（左上の象限）。いずれもないものは、開発に時間やコストをかけた上で誰にも何の価値ももたらさない、資源破壊といえます（左下の象限）。

当然、目指すべきは顧客にとって便益と独自性がともに強い、すなわち強い「価値」が成立する右上の象限です。この場合、売るための手段手法（HOW）への投資負担は少ないです。高い「価値」を認めた顧客から、徐々に潜在的な多くの顧客へと認知が拡大していくからです。顧客になっていただきたい方々に対して、自社プロダクトが提供する便益と独自性を磨き上げ、その方々に正確に伝えて体感していただくことで、顧客との間に高い「価値」が生まれます。結果、コモディティ化による価格競争を避け、継続的な購買を実現することができるのです。

顧客戦略とは――誰に何を提供すれば「価値」が生じるのか

顧客戦略（WHO＆WHAT）とは、経営が目指すべき投資戦略といえます。価値を生み出す顧客戦略を明確にし、組織内で部門横断で共有することで、組織全体の活動に一貫性と効率性をもたら

図3-4　スマートニュース 顧客戦略（WHO&WHAT）の便益と独自性

顧客戦略❶

WHO:　外食する社会人・学生・主婦

WHAT:　マクドナルドやガストのクーポンでランチがお得に

便益:　その日に使えるクーポンでランチが安くなる

独自性:　一つのアプリに大手の最新クーポンがまとまっている

す「顧客起点の経営」の実装が可能になります。

過去に筆者が実行しスマートニュースの成長につながった顧客戦略の一部を紹介すると、2018年には以下のような便益と独自性での顧客戦略を実行しました。

スマートニュースがTAM顧客数と考えていたマーケットは、「スマートフォンを持つ男女10－60代」の8千万人強でした。その中で顧客（ユーザー）拡大のために実行した顧客戦略は、「外食する社会人・学生・主婦」（WHO）に対して、「マクドナルドやガストのクーポンでランチがお得になる」（WHAT）であり、その便益は「その日に使えるクーポンでランチが安くなる」、独自性は「一つのアプリに大手の最新クーポンがまとまっている」でした。今となっては、様々なアプリが同様のクーポン提供を始めたので、独自性は弱くなりましたが、当時はスマートニュースだけの独自性が高い価値を生み出しました（図3－4）。

図3-5　顧客戦略（WHO＆WHAT）

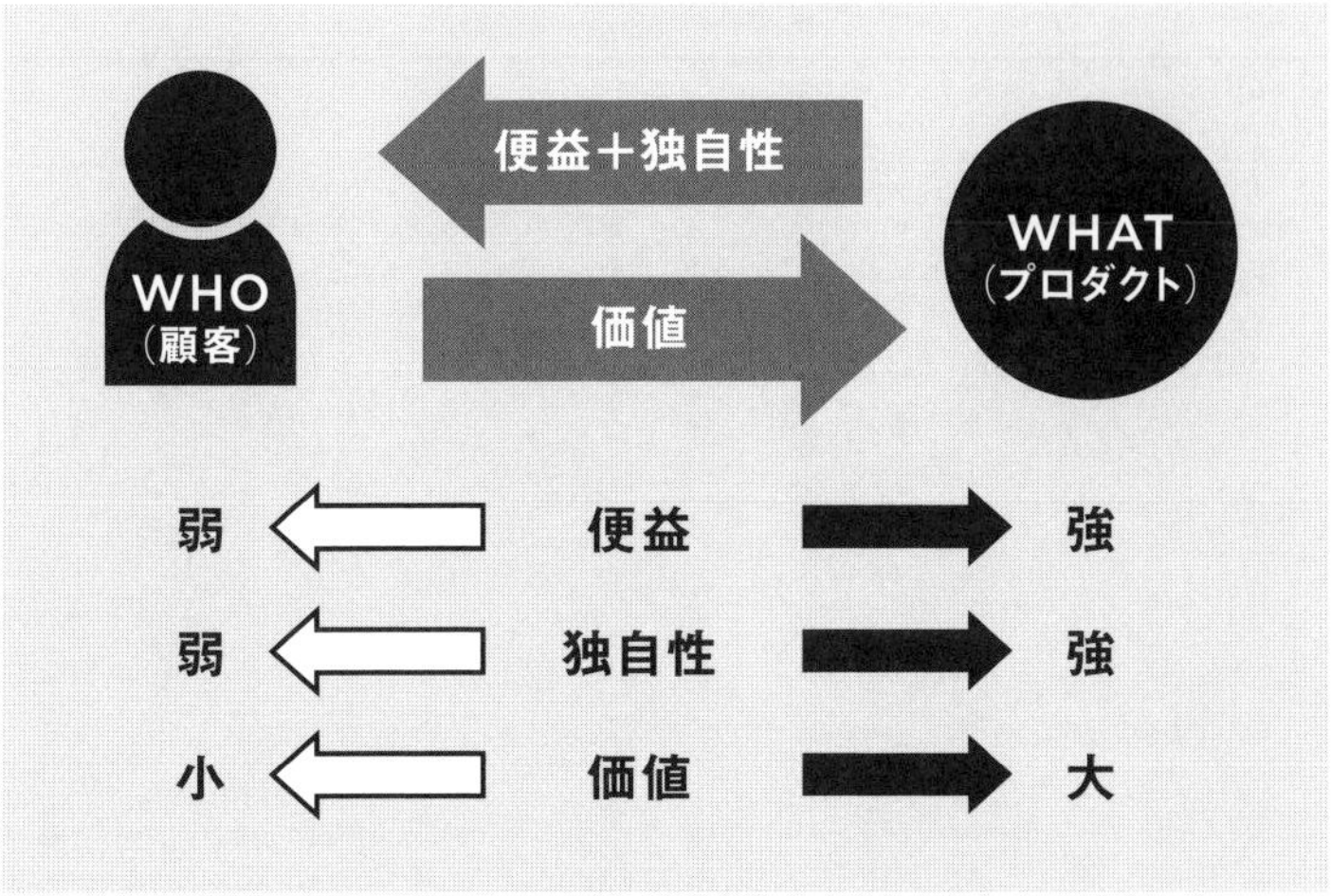

この便益と独自性に価値を見いだしてくれる顧客が、TAM顧客数8千万人強の半数ほどいることが分かったので、大々的に訴求しました。テレビCMも投入したので記憶されている方もいるかもしれませんが、外食する方に強い価値を生んだ戦略でした。しかし外食を好まない方には、何の「価値」も生み出しませんでした。

つまり、プロダクトが提案する便益と独自性に価値があるのではなく、その便益と独自性の提案に対して、〝自分ごと〟として価値を見いだす顧客との組み合わせ自体が戦略なのです。このように、多くの顧客に価値を見いだしていただける便益と独自性の組み合わせをどれだけ多く洞察し、実現するかで事業の成長は決まるのです（図3－5）。

単純な話に聞こえるかもしれませんが、顧客戦略を構築することで、スマートニュースに限らず、これまで関わったビジネスにおいて継続的な事業成長を達成することができました。一方で、顧客戦略が曖昧なままのビジネスでは、恥ずかしながら、多くの失敗を招いてしまいました。

HOWに傾注する問題

なぜ、顧客戦略となるWHOとWHATが曖昧なままHOWに注力し、投資し続けてしまう事態が起こるのでしょうか。理由は、手段手法（HOW）の議論は単純で実行は簡単であり、その選択肢は世の中にあふれているからです。一つの手法が結果を出さなければ、異なる手法に投資するのは簡単なのです。顧客になっていただきたい方々が不明でも、あるいは自社プロダクトが押し出すべき便益や独自性が曖昧でも、次の商品開発、新たな販売促進、追加的な営業活動、流行りのマーケティングなどの手段手法へは、すぐに投資できるからです。

手段手法は雨後の筍のように次々と開発・導入されるので、着手しなければ後れを取ったような気にもなります。流行りのDXを筆頭に、様々なデジタルの仕組みやシステムが社内に導入されたものの、明確な結果が見えないままに、現場では「使いこなせていない」「結果につながらない」という声が上がっているのではないでしょうか。結果、「どのような顧客に、何を提供するから高い価値が生まれるのか」を見失った状態で手段手法への投資と労力が積み重ねられ、作業や仕事量が増える一方で、収益性の向上は難しくなるのです。

投資対効果を上げるＰＤＣＡとは

この傾向は、デジタル技術の発展により、ますます顕著になっているように思います。デジタルを活用した様々な手段手法自体が事業を伸長させるかのような誤解も生じています。

価値を生み出すWHOとWHATの組み合わせ、つまり顧客戦略は投資戦略であり、いわば経営の土台です。第2章で紹介した「顧客起点の経営構造」のフレームワークと、顧客戦略のフレームワークは接続しているのです。具体的には次頁図3－6のように、顧客心理にあたる部分に顧客戦略を組み込むことができます。顧客がプロダクトの便益と独自性に価値を見いだし、購買意向を形成することは、すなわち経営対象と財務結果をつなぐ「顧客戦略」の成立を意味します。顧客戦略をしっかり構築しない状態で何らかの経営の投資が実行される、つまり手段手法が実行されると、財務結果が出ても出なくても、成功しても失敗しても、その要因の検証ができません。

うまくいかなかった場合、手段手法が問題なのか、それとも接触すべき顧客が間違っていたのか、そもそもプロダクトの便益や独自性が弱かったのか等々、失敗の要因は無限に挙げられます。それらを確かめようがないので、目の前にある結果として「施策を打ったが成果が上がらなかった」場合は、投資を打ち切るという対応をするしかありません。間違っていたのは顧客戦略で、手段手法自体は有効だったとしても、その時点で手法が悪かったと結論付けてしまい、投資は中止され、何の学習も残りません。

図3-6　顧客起点の経営構造と顧客戦略の接続

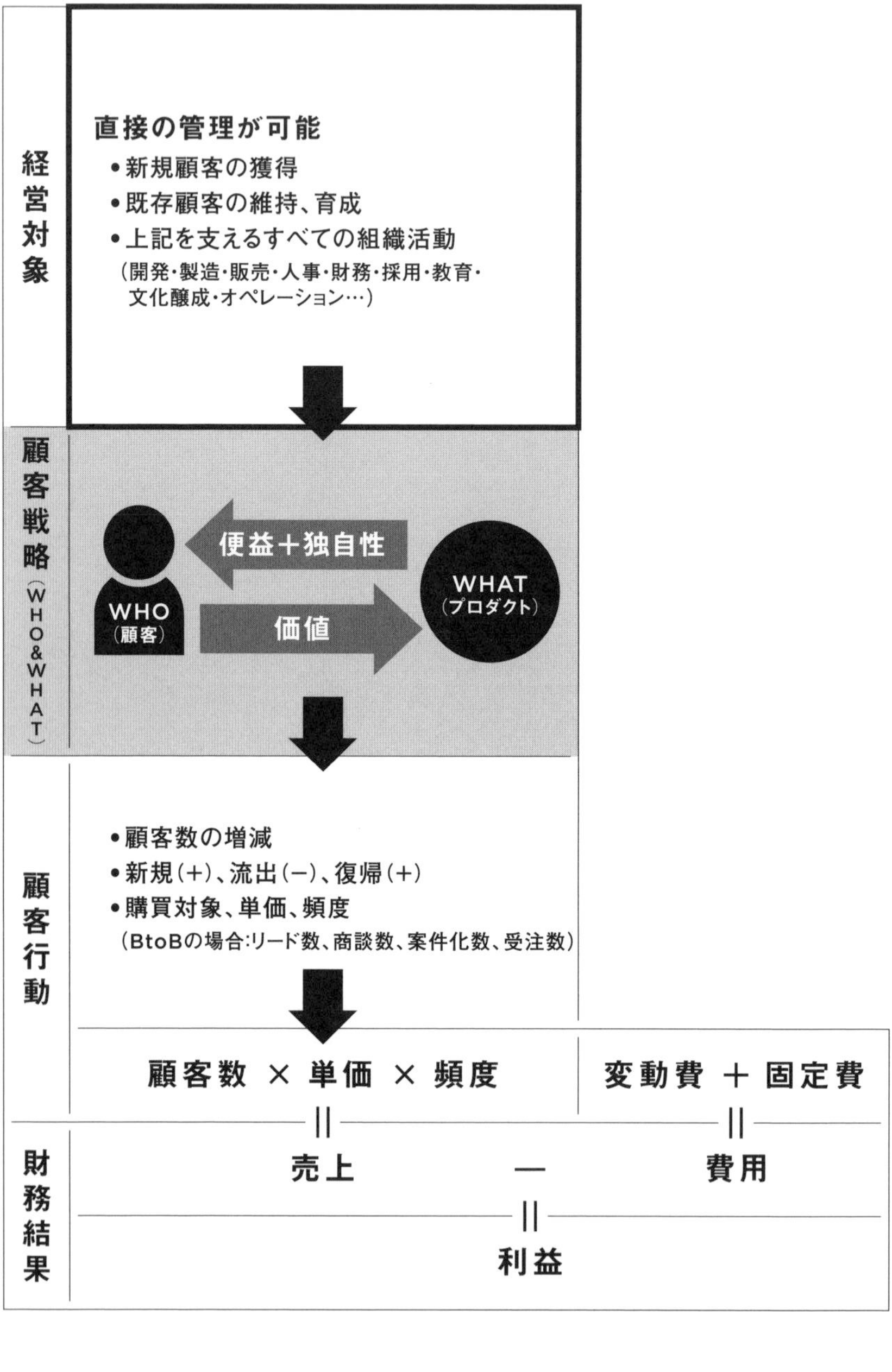

仮にうまくいったとしても、誰がなぜ買ったのか、つまりどんな顧客戦略が成立したのかを振り返ることができないので、再現性がなく、投資対効果を引き上げることができません。WHOとWHATが明確になっていたら、個別に見直すことで、顧客へのリーチ方法の精度向上や提供する便益や独自性の強化も可能ですが、それもかないません。

つまり、顧客戦略からプランニングを始めれば、経営対象の各種の手段手法との間でPDCAサイクルを回していくことができますが、顧客戦略なしに手段手法ありきで施策を打った場合、PDCAで効果を改善することはできないのです。

したがって、経営におけるPDCAとは、顧客戦略（WHO＆WHAT）とそれを実現する手段手法（HOW）をセットで評価しなければならないのです（次頁図3－7）。

「ビジネスにとってWHYが重要である」との話もよく聞きます。筆者も同意ですが、それは「なぜそのビジネスをするのか」という問いが、そのビジネスを通じて世の中に意義ある新しい価値を生み出すかどうかを問うものだからです。顧客が価値を見いだす便益と独自性を、自社プロダクトが提供しうるのかどうか。つまり顧客戦略（WHO＆WHAT）が成立するのか、そしてその顧客戦略は、世の中にとって意義ある価値を生み出しうるものなのかどうかを問うという意味で、重要だと考えています。

図3-7　経営対象と顧客戦略の接続（再掲）

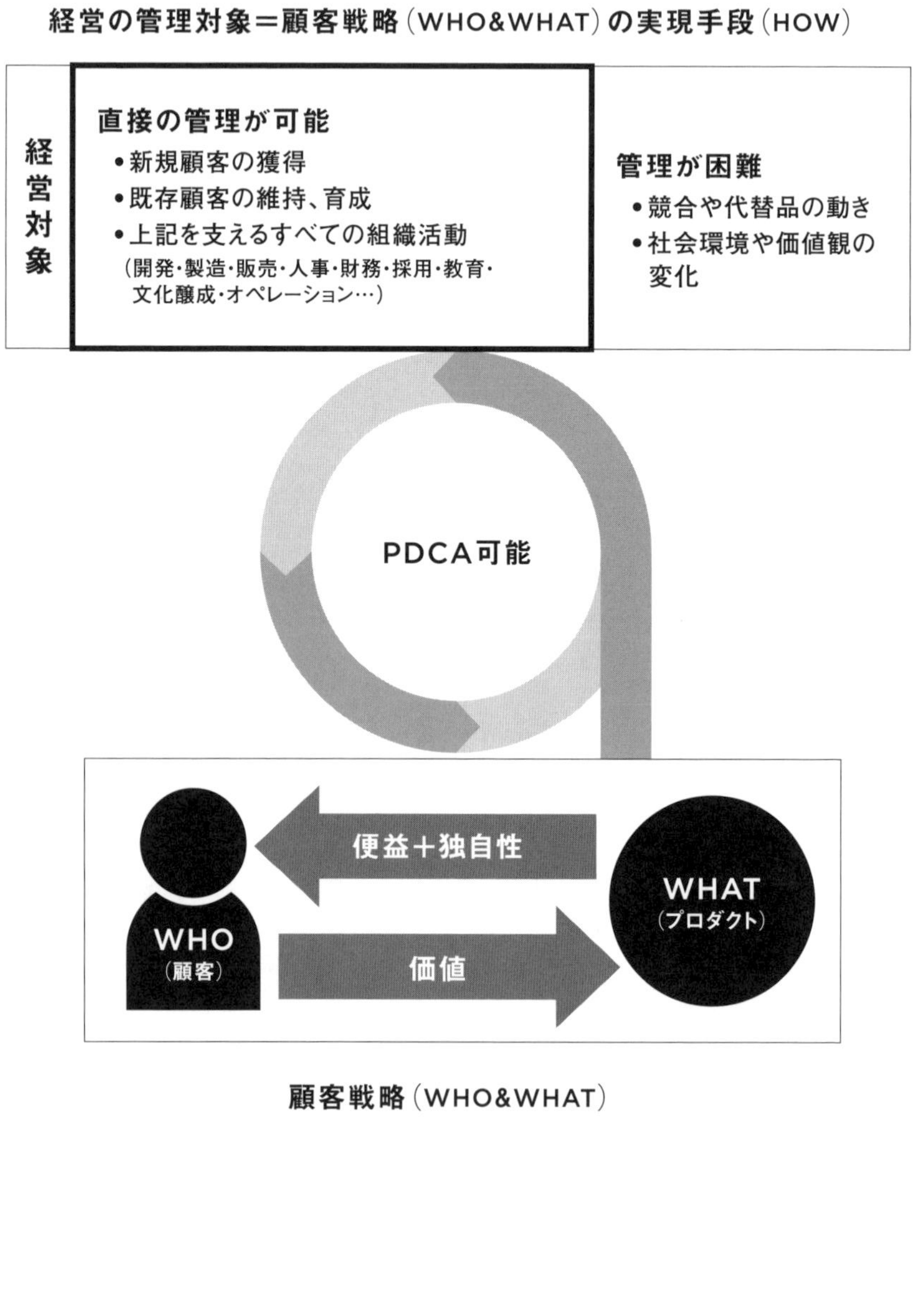

経営の管理対象＝顧客戦略（WHO&WHAT）の実現手段（HOW）
経営対象
直接の管理が可能
•新規顧客の獲得
•既存顧客の維持、育成
•上記を支えるすべての組織活動
（開発・製造・販売・人事・財務・採用・教育・文化醸成・オペレーション…）
管理が困難
•競合や代替品の動き
•社会環境や価値観の変化
PDCA可能
便益＋独自性
価値
WHO
（顧客）
WHAT
（プロダクト）
顧客戦略（WHO&WHAT）

顧客戦略は全戦略の上位概念

　ここまで顧客戦略というフレームワークを解説してきましたが、その本質は筆者が考案したわけではありません。先達に敬意を込めて紹介させていただくと、経営学者のピーター・ドラッカー氏は「企業と使命と日的を定義するとき、出発点は一つしかない。顧客である」（『現代の経営』ダイヤモンド社）と洞察しています。また、マイケル・ポーター氏も「競争の本質は競合他社を打ち負かすことではなく、価値を創造することである」（『マイケル・ポーターの競争戦略』早川書房）と語り、「戦略の目的は、あらゆる顧客を幸せにすることではありません。戦略を立てるからには、対象とする顧客とニーズを定めなくてはならない」（「ハーバードビジネスレビュー」インタビュー・2011年より）と強調しています。そして、そもそものWHO・WHAT・HOWのコンセプトは、筆者の解釈を加えているものの、筆者が在籍したP＆Gが1990年代に開発し世界中で実践しているものです。

　また、ポーター氏が「対象とする顧客とニーズを定めるべし」と繰り返し述べていますが、これは、まさに顧客（WHO）と、その顧客が価値を見いだすプロダクトの便益と独自性（WHAT）を定めることです。

　日本には〝ものづくり信仰〟ともいえる、プロダクトを磨き上げる文化が根強く、それによって昭和の成長を実現しました。それ自体は現在においても誇るべき強みだと思いますが、一方で「プロダクトそのものが価値を持つのだ」という考え方に縛られている部分が強いと思います。プロダクト自体が価値であると考えている限り、競合に顧客を奪われたときに取りうる策は「プロダクトを強化する／機能を追加する」ことしかなくなり、打ち出し方やWHOを転換することで拡販の余地があったとしても、それらを獲得することはできません。顧客が見えなくなるのです。

ここまで強調してきた「誰に対してどんな便益と独自性を提供して価値を生み出すのか」という顧客戦略は、開発戦略、営業戦略、マーケティング戦略を含む経営上の戦略議論の上位概念になります。

組織の形態、開発戦略、営業戦略、人材戦略、生産調達戦略、そしてマーケティングやカスタマーサービスも、すべては、新しい価値の実現、すなわち顧客戦略の実現手段です。そもそも顧客戦略が明確になっておらず、組織内に共有されていないと、顧客と顧客に提供すべきことの優先順位を正しくつけることができません。すると各部門は、それぞれの専門性や機能を突き詰めることしかできず、縦割り化、サイロ化が進みます。その状態のまま組織が肥大化し続ければ、全体としてまとまりません。この問題は組織課題として扱われますが、顧客戦略を組織内で可視化、共有化することで解決できるのです。

3-3 複数の顧客戦略を把握する

顧客戦略は複数存在する

ここまで、不特定多数のマスマーケットをＴＡＭ顧客数で把握して5分類（5 segs）する方法と、その5分類で継続的に収益拡大するための顧客戦略（ＷＨＯ＆ＷＨＡＴ）の構築、そして顧客戦略の実現手段（ＨＯＷ）としての経営対象との関係を解説しました。これで1対1と1対マスの間をどのように捉えるべきか、ブラックボックスである顧客をどのように経営対象に結び付ければよいかを理解していただけたのではないかと思います。

本項では、顧客の多様性を捉えて事業を伸ばすために実現すべき顧客戦略は、一つではなく複数成立しうる事実を解説します。顧客心理の深い理解から導く顧客戦略は、どのような業種やカテゴリーでも複数存在しています。

顧客起点の経営構造のフレームワークで考えると、複数の異なる組み合わせがそれぞれ顧客行動につながり、その「顧客数×単価×頻度」の合算が自社プロダクトの合計売上となります。

例えば、地域で不動産業を営んでいる場合を考えてみます。不動産業のWHO&WHATは多様で、①小さな子供のいる若いご夫婦&庭がある郊外一戸建て、②子供のいないご夫婦&駅に近い利便性のあるマンション、③子育てを終えてリタイアされたご夫婦&医療や小売の環境が整った総合マンション、など複数の顧客戦略によって売上がもたらされています。年間の案件成立数が100件、顧客数100組として、顧客と購入された物件（プロダクト）の組み合わせを分類すると、1種類でも100種類でもなく必ず数種から10種程度までの組み合わせで売上の80％程度が構成されています。いわゆるパレートの法則※が、必ずあてはまります。

この法則に関して、筆者が直接関わった様々なビジネスで検証してきましたが、およそ1年以上の期間で見た場合、すべての事業において上位集中が発生していました。そして、それぞれの全体顧客のうち1－3割が、それぞれの売上6－9割を構成していました。BtoBにおいても同様で、美容室向けへのヘアケア商材の製造販売業、オフィス向け家具の販売業、建築業向けの重機のレンタル業、病院の売上など様々なビジネスで顧客の集中が起きています。

つまり、上位集中する複数の顧客戦略を洞察し、その組み合わせへの経営の優先順位を上げることで、顧客数の増加、顧客単価の増加、購買頻度の増加といった顧客行動への投資効率を向上させるのです。

※パレートの法則（80：20の法則、ばらつきの法則）
イタリアの経済学者ヴィルフレド・パレートが発見した法則であり、経済において、全体の数値の大部分は、全体を構成するうちの一部の要素が生み出しているとした。ビジネスにおいて、売上の8割は全顧客の2割が生み出しているとして使用される法則。

「特定の顧客層」の意味

次頁の図3－8で、上から2つ目の枠に注目してください。ここまでの図で顧客心理としていた部分を「複数の顧客戦略（WHO&WHAT）」に置き替えました。ここに顧客戦略A、B、Cと記載したように、顧客は一様ではありません。顧客心理を見なければいけないと理解したところで、プロダクトの顧客を一律に捉えていたら、その心理を知ることはできません。ただ1種類の顧客層にのみ受け入れられ、ビジネスが成り立っているプロダクトはほとんどありません。

顧客層が違えば、「購入したい」と思っていただけるプロダクトの便益と独自性は変わってきます。駅前の飲食店の場合、買い物ついでのお母様層ならば「子連れでも気兼ねなく過ごせること」になりますし、仕事の移動途中のビジネスパーソンのお一人様なら「休憩しながら少し作業もできること」になるでしょう。

顧客戦略が複数あれば、図中の顧客行動に記した「顧客数×単価×頻度」は、その数だけ別々に成り立っています。合算された数字の「顧客数×単価×頻度」は顧客起点にはなっておらず、本来は顧客層の実態に即して個別に捉えられるべきです。

売上目標達成のために「顧客数を20％伸ばせ」と指示しても、現場は機能しません。誰を顧客（WHO）と呼ぶべきかが定義できなければ、その顧客を呼ぶために何を提案（WHAT）すべきかが決まらないからです。顧客になっていただきたい方々を特定することで、投資対効果の向上が期待

図3-8　顧客起点の経営構造と複数の顧客戦略

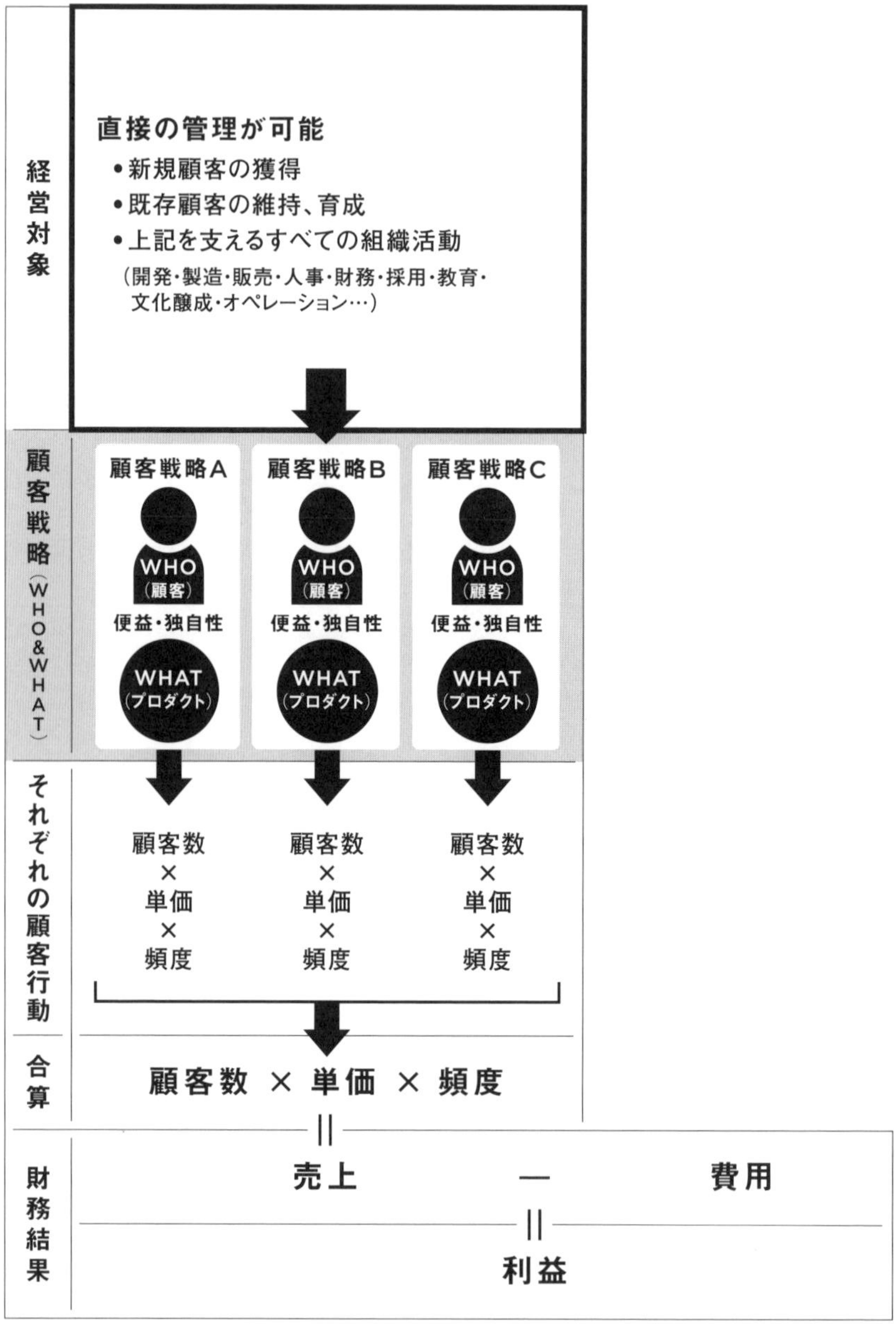

できるのです。

複数の顧客戦略に投資し、それぞれの顧客行動の結果としての「顧客数×単価×頻度」が合算されて利益に結び付いていきます。そして次頁の図3－9のように、手段手法（HOW）への投資は、必ずそれぞれの顧客戦略の成立を見越して決定されるべきです。

スマートニュースの複数の顧客戦略

前項で、スマートニュースの顧客戦略としてクーポンの一例を紹介しましたが、実は同時期に、また異なる便益と独自性で複数の顧客戦略（WHO&WHAT）を実行していました（p119図3－10）。

顧客戦略①のクーポンに加え、顧客戦略の②や③に記した異なる顧客層に対し、それぞれの顧客層が価値を見いだす便益と独自性の組み合わせを並行して実現していたのです。②の「ねこチャンネル」は、猫好きの方々に強い「価値」を、③の「英語ニュースチャンネル」は英語の勉強に興味のある方に強い「価値」を生み出し、それぞれ新規顧客の獲得につながりました。比較すると、①のクーポンが最も多くの顧客層に価値を見いだしてもらえることが見えたので、テレビCMなどの大規模な投資は①に振り分けましたが、②や③も各顧客層にリーチできるデジタルマーケティングや、猫関連商品や英語教育関連サービスとのコラボレーションといった手段で、それぞれに新規顧客を獲得していました。

図3-9 複数の顧客戦略（WHO&WHAT）と
手段手法（HOW）の関係

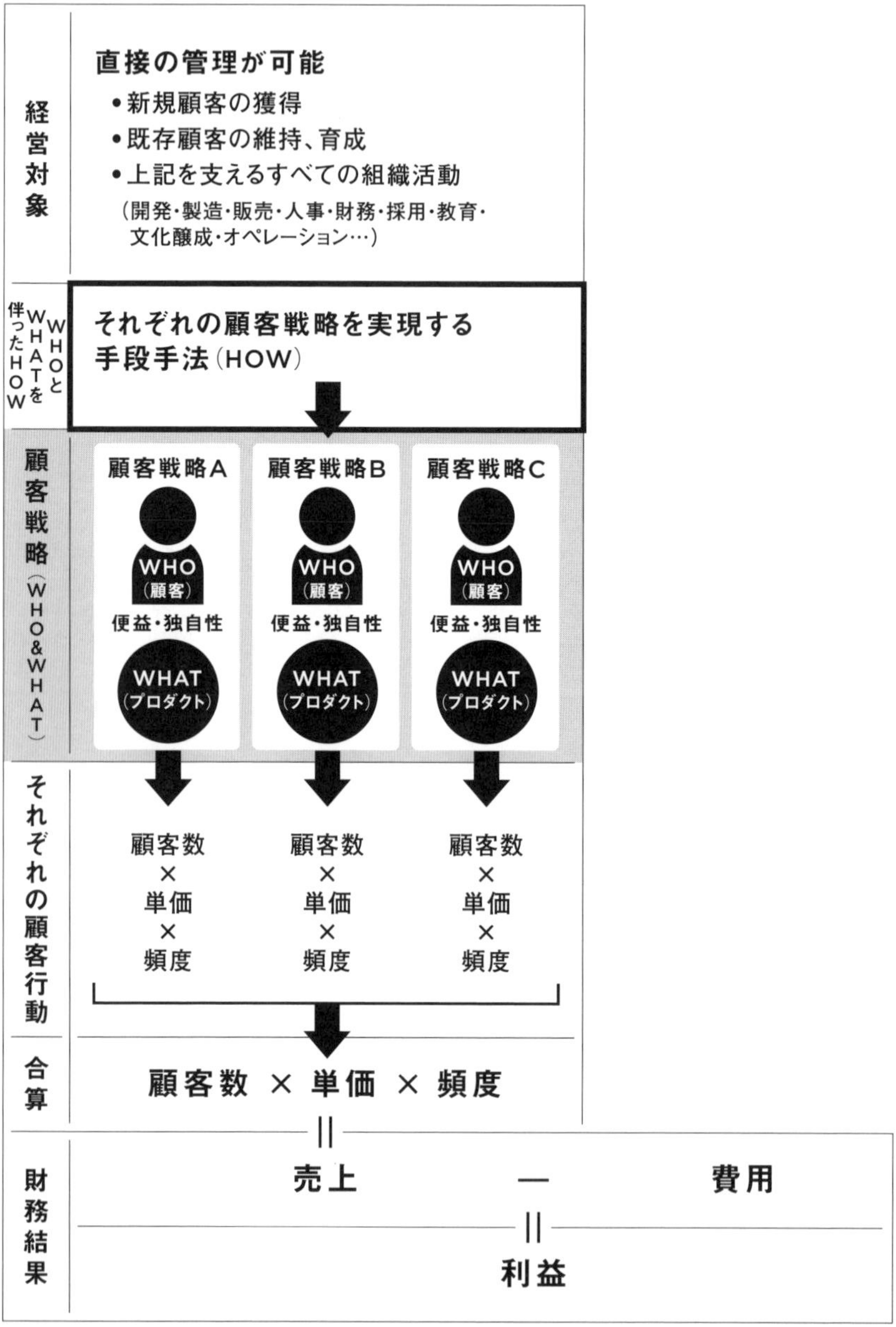

図3-10　スマートニュース 顧客戦略（WHO&WHAT）＋実現手段（HOW）

顧客戦略❶	WHO:	外食する社会人・学生・主婦
	WHAT:	マクドナルドやガストのクーポンでランチがお得に
	HOW:	ランチ検索・テレビCM・参加チェーンのメディア露出・新聞チラシ（郊外に住む主婦向け）
顧客戦略❷	WHO:	猫好き・猫をペットにする人・おもしろ動画好きな人
	WHAT:	可愛い猫の情報を集めた「ねこチャンネル」で癒やされる
	HOW:	猫・ペット関連デジタルメディア露出・ペットフードブランドとのコラボ
顧客戦略❸	WHO:	英語の勉強に興味を持っている人
	WHAT:	原文の「英語ニュースチャンネル」で英語の勉強ができる
	HOW:	英語学習に関するデジタルメディアや記事での露出
顧客戦略❹		プレビューチャンネル（Netflix、Amazon Prime、ABEMAなどの15万本以上の動画の予告編・ダイジェストをまとめてチェック）
		都道府県別チャンネル（47都道府県ごとの最新ニュースやお得な情報が見られる）
		天気・災害チャンネル（毎日の天気情報だけでなく、身近に迫った災害の情報もリアルタイムに確認できる）

その後、天気・災害チャンネル、47都道府県別チャンネル、動画メディアのプレビューチャンネルなどをWHATとして開発し、それぞれ性別・年齢・趣味嗜好が異なる顧客層、つまりWHOとの組み合わせで新たな価値の成立を重ね、新規顧客の獲得と、既存顧客のロイヤル化を実現していたのです。

このように、複数の顧客戦略を常に3－5種類ほど実現しつつ、翌年や翌々年に投資すべき新たな顧客戦略を開発し、検証し続けることで、一度も成長鈍化することなく2年以上継続して右肩上がりの成長が達成できたのです。

経営活動の効果検証と再現性 ――PDCA

必ず顧客戦略ありきで実現手段を検討すること、そうでなければ施策の検証ができずPDCAサイクルを回すことができないと述べました。ここで大きなテーマになるのは、再現性です。

購買の総合計である財務結果や、購買行動の総数を分解しただけの「顧客数×単価×頻度」の把握と分析だけでは、投資対効果は高まりません。それらが首尾よく増加したとしても、その増加がどこから生まれたのか、誰がもたらしたのか、プロダクトの何が評価されたのかを理解することはできず、成功の再拡大はかないません。

顧客数や単価や頻度が減少したとすれば、より深刻です。その減少が誰によってもたらされたのか、プロダクトの何が評価されていないのかが見えない限り、取りうる手段は費用削減か、さらなる努力という名の労力の投入です。何を優先すべきかが見えないために削減すべき対象も労力を追加すべき対象も分からず、効果がない投資を続けるだけでなく、効果がある投資も削られ、効果につながらない労力はさらに増え、企業の収益性を毀損していきます。

大部分の売上をもたらす複数の顧客戦略を洞察し、経営対象をHOWとして捉えれば、投資や組織に関わる経営の意志決定は、特定のWHO（どのような顧客に）、WHAT（どのようなプロダクトを提案し）、HOW（そのWHOとWHATをどのような手段手法で結び付けるか）となり、検証可能となります。

多くの企業が、定例報告会や財務業績の振り返り、顧客獲得や商談進捗レビュー、プロダクトの開発会議など、いわゆるPDCA（Plan：計画、Do：実行、Check：評価、Action：改善）を実行しています。しかしそこで行われているのは、HOWとして実行した投資活動や組織活動の財務的評価が主体で、そもそもどんな顧客を獲得するために、それらの手段手法が計画されたのか、またその活動を通じてプロダクトの何が訴求され体験されたのかが定義されないまま進行していることが多いと思います。

ＰＤＣＡを実行しても成果が出ないといった声も聞かれますが、問題の本質は、ＨＯＷだけの検証になっていることにあります。仮説であっても顧客戦略を定義し、社内共有することで、ＰＤＣＡサイクルは健全に回り始めます（次頁図３－11）。

経営活動として行った投資活動や組織活動（ＨＯＷ）に関して、ＷＨＯが適切だったのか、ＷＨＡＴが適切だったのか、その２つを結び付けるためのＨＯＷが適切だったのかの検証が可能になることが重要です。そうなれば、拡大すべきこと、避けるべきこと、強化改善すべきことが具体的に見えてきます。

例えば、ＢｔｏＢ事業でリード顧客（商談対象となる潜在顧客）を増加させるために、無料セミナーを実施して集客したとします。この新規顧客獲得を目指した結果の振り返りは、どのような顧客を集客すべきか（ＷＨＯ）、その顧客が価値を見いだすプロダクト提案や訴求は何か（ＷＨＡＴ）が曖昧であれば、集客が成功したとしても成功要因が特定しにくく、再現が難しくなります。また、失敗しても、その失敗を避けるために何が必要かを特定できないのです。

顧客戦略が投資の優先順位を決める

このように複数の顧客戦略（ＷＨＯ&ＷＨＡＴ）を開発し実現するにあたって、その投資優先順位は、それぞれに特有な次の３つの要素によって決めることができます。

図3-11　個別の顧客戦略への投資と手段方法はPDCA可能

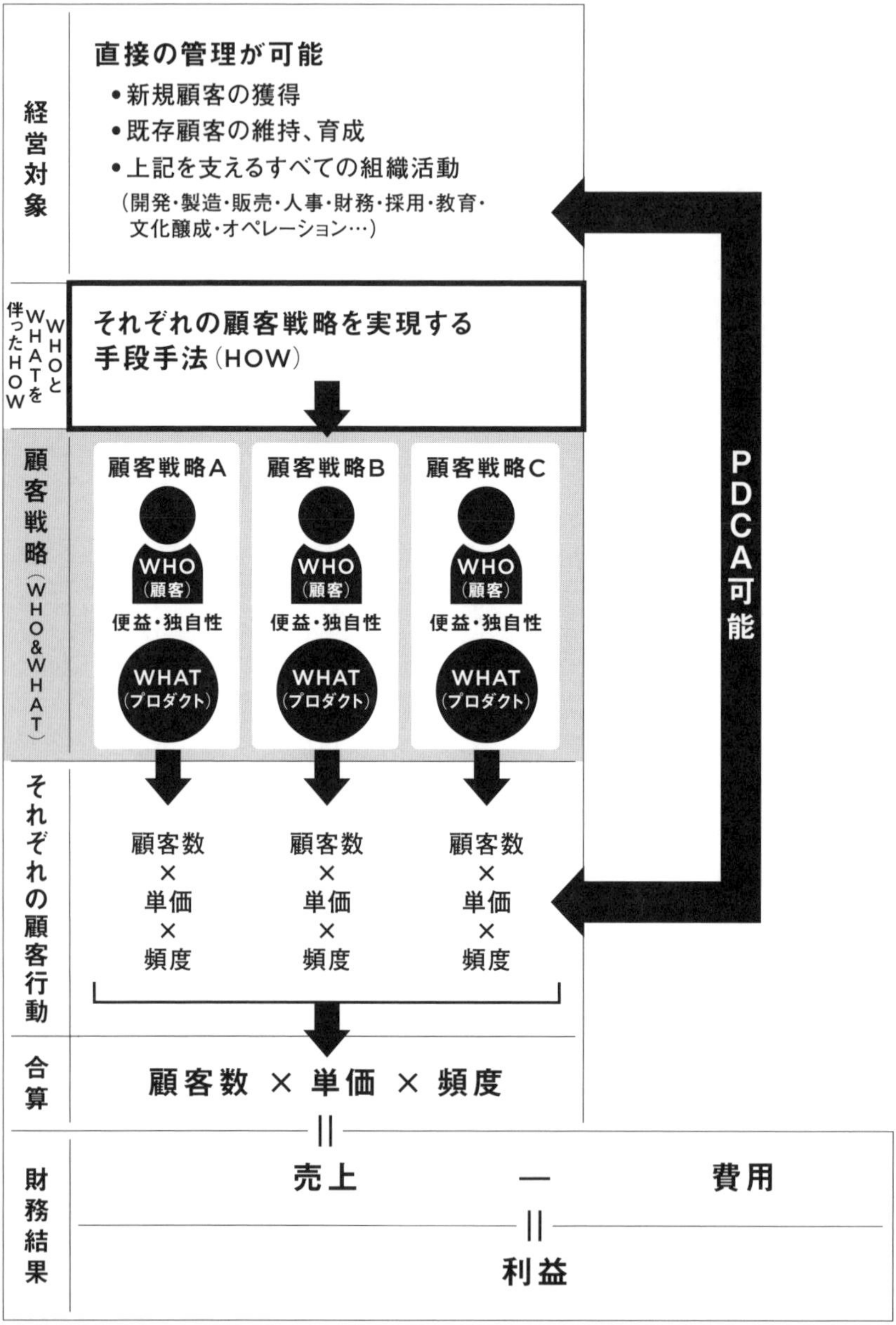

その顧客戦略の、

1 潜在的規模 ― 達成可能な最大顧客数（獲得可能な顧客数）

2 LTV※と実現速度 ― LTVの大きさとその実現期間（顧客の獲得効率と、短期・中期・長期の期間収益性）

3 実現可能性 ― 手段手法（HOW）の存在と実行性

経営の投資戦略を決めるにあたっては、最低限、これらの3点を踏まえて単年度および中長期の投資戦略を組むべきです。複数の顧客戦略がそれぞれ達成可能な潜在的規模（顧客数の多さ、単価の高さ、頻度の高さ）と投資対効果（実現の確率とかかる時間）は異なるため、累計での投資回収であるLTVが異なり、またそれらは顧客戦略を実行する手段手法の存在と実行性で決まるからです。

以下、3つの中小規模企業での取り組み事例を紹介します。

事例1　温泉宿

40年以上前から運営している、老舗の温泉宿の事例です（p125図3-12）。この宿では、海沿いの立地と露天風呂、そして地元の食材の料理を売りにしていました。

宿泊業はシーズンと曜日によって稼働率が大きく異なっており、予約は春休みや夏休みのような

※LTV（Life Time Value）：顧客生涯価値。顧客が自社と取引を開始してから一定期間内に顧客がもたらす累計売上や利益。

いわゆるハイシーズン、また休祝前日に集中します。この稼働が高い繁忙期日程を中心に、様々な料理のコースや縁日や花火などのイベントを提供し、高い単価で運営していました。ただ、費用もかなりかさんでおり、収益性が課題でした。

実際の顧客の利用実態を見ると、売上は行楽シーズンや休祝前日に偏るのですが、利益率は平日と同程度でした。ハイシーズンの時期によっては人件費が高くなるので、顧客あたりの利益額は高いものの、利益率としては平日を下回るときもありました。ここが一つの課題でしたが、繁忙期の売上を上げるために、単価アップを優先していました。

収益性を高める顧客戦略を見いだすため、顧客台帳を元に顧客ごとに3カ年のLTVを計算してみました。すると、主に平日に利用している年配層の来館頻度（リピート率）が高く、結果として3カ年の累計収益であるLTVが圧倒的に高い（売上ベースでも利益ベースでも）ことが分かりました。また、行楽シーズンや休祝前日に来られる家族連れや友人同士の顧客は単価が高いものの、その多くが1回の来館に留まり、3カ年ではLTVが高くありませんでした。この宿は顧客からのクレームは少ないものの、休祝前日の価格設定が高すぎることも、リピート率に影響しているだろうと推察できました。

これを元に、稼働率が100％に近い繁忙期に来られる家族連れを主とした顧客には、人件費がかかる過剰なイベント開催や食事を見直し、人件費と単価を抑えたバイキング料理と大食堂でのお祭り感の演出提案に切り替えました。併せて来館時、次は平日も検討してもらえるよう、平日に利用可能なクーポンを提供しました。

図3-12　事例 温泉宿の顧客戦略

元々の施策	WHO:　ハイシーズン・休祝前日の繁忙期に来られる家族連れ WHAT:　景色と温泉に、単価の高い料理コースや縁日や花火などのイベント 売上を目的に高付加価値・高単価を提案していたが、収益性は低く、リピート率も低かった （そもそも、高付加価値だと認知されず「高い」との印象を持たれていた可能性が大きい）
顧客戦略❶	WHO:　ハイシーズン・休祝前日の繁忙期に来られる家族連れ WHAT:　景色と温泉に、楽しいバイキング料理とお祭り感 （＋平日利用可能なクーポンと会員割引） “付加価値”の仮説を見直し、人件費のかかるイベントや食事を見直して、お祭り感を提供し、 リピート促進で収益性を向上
顧客戦略❷	WHO:　60歳を超えた年配層のご友人との平日の宿泊 WHAT:　気軽な温泉宿泊付きの宴会で、季節感のあるバイキング料理 （＋平日利用可能なクーポンと会員割引） 特別なサービスや演出は簡素化し、 気軽にリピート利用できる温泉宿泊付きのシーズン宴会の提案で稼働率と収益性を向上

一方で平日は年配層を主顧客に、同様のバイキング提案に加えて、季節感を強調した平日だけのシーズンメニューを押し出しました。また、提携する旅行代理店での平日プランの露出を増やし、旅行ではなく、気軽な「温泉宿泊付きの宴会」提案でリピートを促進しました。

この2軸を運用することで、収益性が向上していきました。温泉宿では珍しい、リピート利用促進のためのポイント会員割引の仕組みも導入しました。それらによって、①繁忙期は単価ではなく利益率を高め（＝家族連れ向けの既存提案のコスト削減）、②平日は稼働率を上げて利益率の高い売上を獲得し（＝年配層向けの便益強化によるリピート率向上）、全体として売上を落とさず収益性を向上させています。

事例2　通販コスメ

自分の肌悩みに合うコスメを開発するために創業された通販コスメブランド会社の事例です（図3－13）。毎年、様々なスキンケアとメイクアップ商品を幅広く提供し、継続的に成長していましたが、収益性に課題がありました。

顧客が何を買っているかを調べると、スキンケアとメイクアップで複数の顧客戦略が成立していることが分かりました。

まず、それぞれの新規顧客の獲得状況とそのコストを比較しました。メイクアップの新商品は常に評判が高く、多くの新規顧客を獲得しており、新規顧客の獲得コストは低い状況でした。一方、スキンケア商品は新規顧客の獲得コストがメイクアップ商品よりもはるかに高いので、新規獲得への投資はメイクアップ新商品へ傾注していました。

次にそれぞれの顧客の2年間でのLTVで評価したところ、メイクアップ商品の顧客は、その大半が半年で離脱しており、実はメイクアップ商品での新規獲得に要した投資が回収できていませんでした。一方、スキンケア商品の顧客は新規獲得コストは非常に高いのですが、継続購買率が高く、2年間のLTVで評価するとメイクアップ商品よりもはるかに高かったのです。2年間で初期投資は回収され、3年目から高い利益を生み出す実態が見えました。

これらの事実から、新規顧客の獲得数を落とすことなく収益性を高めるために、①メイクアップ

図3-13　事例　通販コスメの顧客戦略

元々の施策	WHO:　肌悩みのある人 WHAT:　肌悩みに応える様々なスキンケア商品とメイクアップ商品 スキンケア商品の顧客とメイクアップ商品の顧客のリピートの違いに気付いていなかったため、短期売上は見込めるがLTVが高まらないメイクアップ商品に過剰投資となっていた
顧客戦略❶	WHO:　肌悩みがあるが、新しいメイクアップ商品の興味の高い人（購入前） WHAT:　メイクアップ商品とスキンケア商品の小さいサイズを組み合わせたセット
顧客戦略❷	WHO:　肌悩みがあり、より肌に合う新しいスキンケア商品を求める人（購入前） WHAT:　具体的な肌悩みに合う、新しいスキンケア単品での提案
顧客戦略❸	WHO:　新しいメイクアップ単品を購入された顧客（購入後） WHAT:　スキンケア商品のお試しセットの提案
顧客戦略❹	WHO:　すでに何らかの商品を購入されている既存顧客 WHAT:　まだ認知が低いが、高い満足度が期待できる既存商品を提案

に興味を持つ顧客に新しいメイクアップ単品を提案するのではなく、スキンケア商品の小さいサイズとの組み合わせキットをメインに提供していきました。一方で、②これまで通りのスキンケアに興味のある顧客にはスキンケア商品の提案、そして、③メイクアップ単品の購入者には、スキンケア商品のお試しセットをすぐに提案するという、3つの顧客戦略の組み合わせに切り替え、売上を落とさず収益性を高めていったのです。

さらに調べると、過去にメイクアップ商品を購入し、その後も継続購入している顧客層の多くが、最も売れているスキンケア商品の存在自体を知らず、それを紹介すると強く興味を示すことが分かりました。多くの新商品を継続的に試してきた既存顧客は、たくさん商品があることは感じていても、何があるのかまでは理解できなくなり、機会損失が生まれていたのです。これを受けて、メイクアップ商品とスキンケア商品それぞれの既存顧客に対し、まだ認知すらされていない売れ筋の既存商品を提案する顧客戦略も導入しました。一方そもそも大きな投資が必要な新商品の投入量を絞ることで、収益性を高めていきました。

事例3　BtoB学習サービス

マーケティング業務をスマートフォンアプリで学べる、学習サービスの事例です。「自己肯定感のある社会をつくる」というミッションの下、マーケティング学習のアプリ「コラーニング」を提供するスタートアップの株式会社グロースX（代表取締役社長 津下本耕太郎さん）の顧客戦略を紹介します。筆者も社外取締役として関わっていますが、プロダクトの開発から提供まで、具体的な顧客像を可視化して徹底的に絞り込んだ便益と独自性を提案しています。

プロダクトは、デジタルマーケティングの人材育成に必要なすべてをワンストップで提供するために、大きく2つの要素から成り立っています。一つは、マーケティングに必要な知識を体系化し、1日15分でスマートフォンで手軽に学習できる独自のチャット形式の仕組み。もう一つは学習進捗の分かるダッシュボードのセットで、多人数で楽しみながら切磋琢磨しスキルを身に付けていく仕様です。

サービス提供開始からまだ2年ですが、図3－14のように、当初から3つの顧客層――①既存のマーケティングの学習、過去においてe－ラーニングなどのインターネットを使った学習が合わなかった人、②DX推進、ECの普及によって拡大しているマーケティング組織の実務者、③顧客

図3-14　グロース X 顧客戦略（WHO&WHAT）の便益と独自性

顧客戦略❶	WHO:	既存のマーケティングの学習、e-ラーニングが合わなかった人
	WHAT:	アプリ学習によるカジュアルラーニング
	便益:	いつでもどこでも使えるアプリ&楽しめるチャット小説型UI
	独自性:	ソーシャル性のあるチャット型、かつ、同僚と切磋琢磨しながら学べる
顧客戦略❷	WHO:	DX推進、ECの普及によって拡大しているマーケティング組織の実務者
	WHAT:	組織みんなで学ぶことで、ベースのそろった組織に
	便益:	知識の共通化と共通言語化による組織連携と業務推進レベルの向上
	独自性:	ワークショップ開催を含む組織ニーズに合わせた手厚いカスタマーサクセス
顧客戦略❸	WHO:	顧客のビジネス理解がより求められるようになったマーケティング支援会社
	WHAT:	事業会社側から見たマーケティングを俯瞰できる学習
	便益:	マーケティング支援会社の顧客課題解決力の向上
	独自性:	ビジネスやコンピテンシーも含む事業会社側のスキルが学べる

のビジネス理解がより求められるようになったマーケティング支援会社――に対して、3つの便益と独自性の組み合わせを設定し、右肩上がりの成長を継続しています。

定期的にこれらの顧客戦略と、それを実現する手段手法の有効性を見直して、投資対効果を向上させつつ拡大し、将来のプロダクト開発計画も練り直しながらビジネスを推進しています。公表されている実績としては、法人化から約1年で単月の粗利は3千万円を超え、半年で3倍の規模になっています。その間、この業績をただ一人の営業担当が達成し、投資対効果を最大化しています。

このように、顧客戦略は複数存在しますが、その❶**潜在的規模**も、❷**LTVと実現速度**も、❸**実現可能性**も異なります。この3点を見極めながら、複数の顧客層に対して、短期、中期、長期で複数の顧客戦略を組み合わせた投資計画が必要になります。

3-4 顧客戦略の洞察——実在する一人の顧客を深く理解する「N1分析」

化粧水「肌ラボ」におけるN1の心理把握

誰に何を提供するのか、どのような価値が成立し顧客に購入していただけるかの組み合わせが「顧客戦略（WHO&WHAT）」だと述べました。どの顧客戦略が有効か、その確実性をどう見積もるかは、セグメントを絞った上で、特定の顧客一人の心理と行動を深く掘り下げる「N1」の理解から見いだすことができます。本項ではN1の重要性に関して、ロート製薬の化粧水「肌ラボ」の事例を紹介します。前著『顧客起点マーケティング』（翔泳社）で既出の内容で恐縮ですが、多くの読者がご存じのプロダクトの事例として取り上げます。

N1とは、あくまで、マス思考を避けて一人の顧客を徹底理解することの重要性を意味するに留まります。量的調査での顧客母数や標本数を意味する「N」や「n」のような、統計学的な意味合いはありません。1対1と1対マスで前述した通り、どんなに優れたプロダクトでも、対象顧客を十把ひとからげにマスと捉えて認知獲得や購買促進の施策を計画しても、ほとんどうまくいきません。なぜなら、繰り返し述べてきたように、総体としての顧客行動は一人ひとりの心理変化の結果の集合だからです。

BtoC、BtoBにかかわらず、投資対効果を高めて収益性を引き上げる第一歩は、マスではなくN1を捉えることなのです。一人ひとり、名前のある実在の人物を観察したり、対面でしっかりインタビューをしたりすることで、何に心を動かされて認知や購買につながっているのかをつかむことができます。

筆者が過去にロート製薬で担当した化粧水『肌ラボ』極潤」は、ある一人の顧客が語った支持の理由から誰に何を提案すべきかを洞察し、顧客戦略に落とし込むことで、大きく売上を伸ばしました。

マーケティング部、商品開発部と広告制作部の共同で、実際の顧客を招いてインタビューをした際、ある顧客・Aさんが「ベタつきがいい」と話しました。ヒアルロン酸を高配合した同商品は粘性があり、これまでの顧客アンケートなどではそれにネガティブな意見もあったのですが、Aさんは商品を使いながら「手に頬がくっつくくらいベタつくのが、保湿の証拠」と力説されたのです。

ロイヤル顧客化した要因を突き止める

Aさんが顧客になり、強く支持するに至った心理変化の要因は「ベタつき＝保湿の証拠」でした。そこで、「手に頬がくっついて離れなくなるほど〝もちもち肌〟になる」という便益と独自性を提

図3-15　一人ひとりに対して行うN1インタビュー

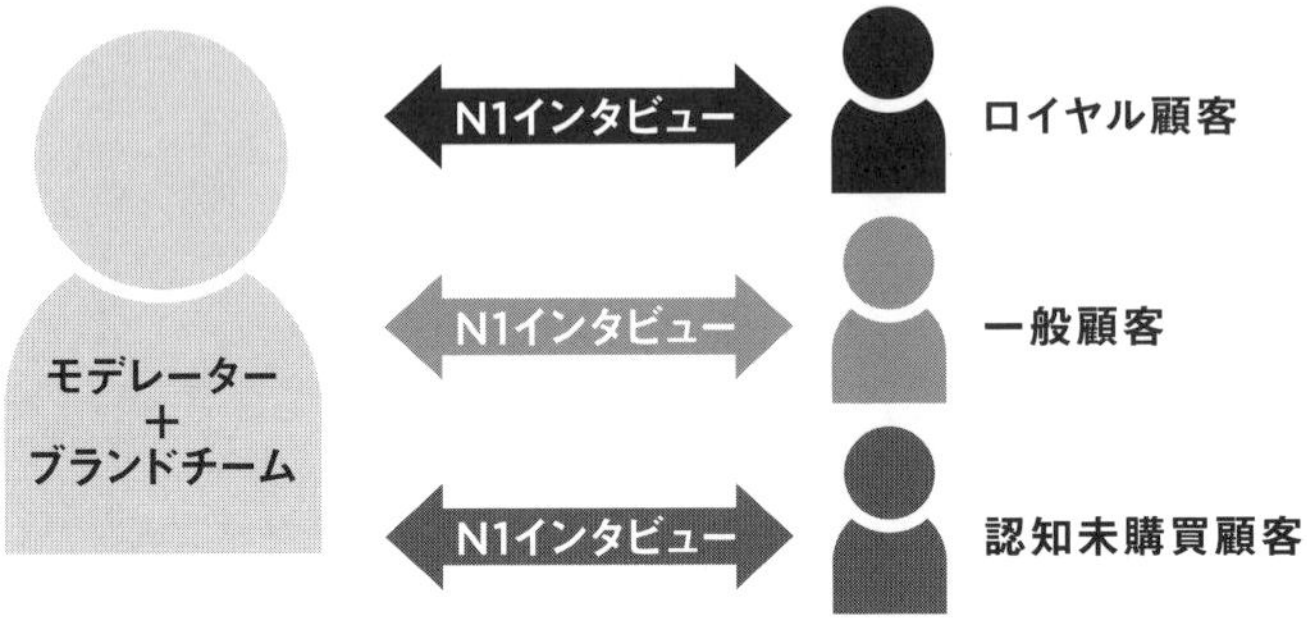

案し、さらなるインタビューや小規模なテスト販売をしました。その結果、この提案に対して、非常に多くの潜在的な新規顧客層が存在し、顧客化した後の継続購買率が高いという手応えがあったので、継続的に大規模投資して事業成長を実現しました。

より高い保湿を求めて競合商品を使用している顧客に対して、手が頬にくっつくほどの保湿力という便益と独自性が、顧客戦略として成立したというわけです。①潜在的規模が大きく、②高い継続率から高いＬＴＶが早期に期待でき、③テレビＣＭやＰＲ投資での認知拡大で一気に顧客戦略を実現できる可能性がある、ということが見えたのです。

このように一人の特殊とも思える顧客の話は軽視されがちですが、当時のチームは見逃しませんでした。その理由は、このAさんは明らかに、同商品を高頻度で使用しているロイヤル顧客だった

図3-16　5segs（再掲）

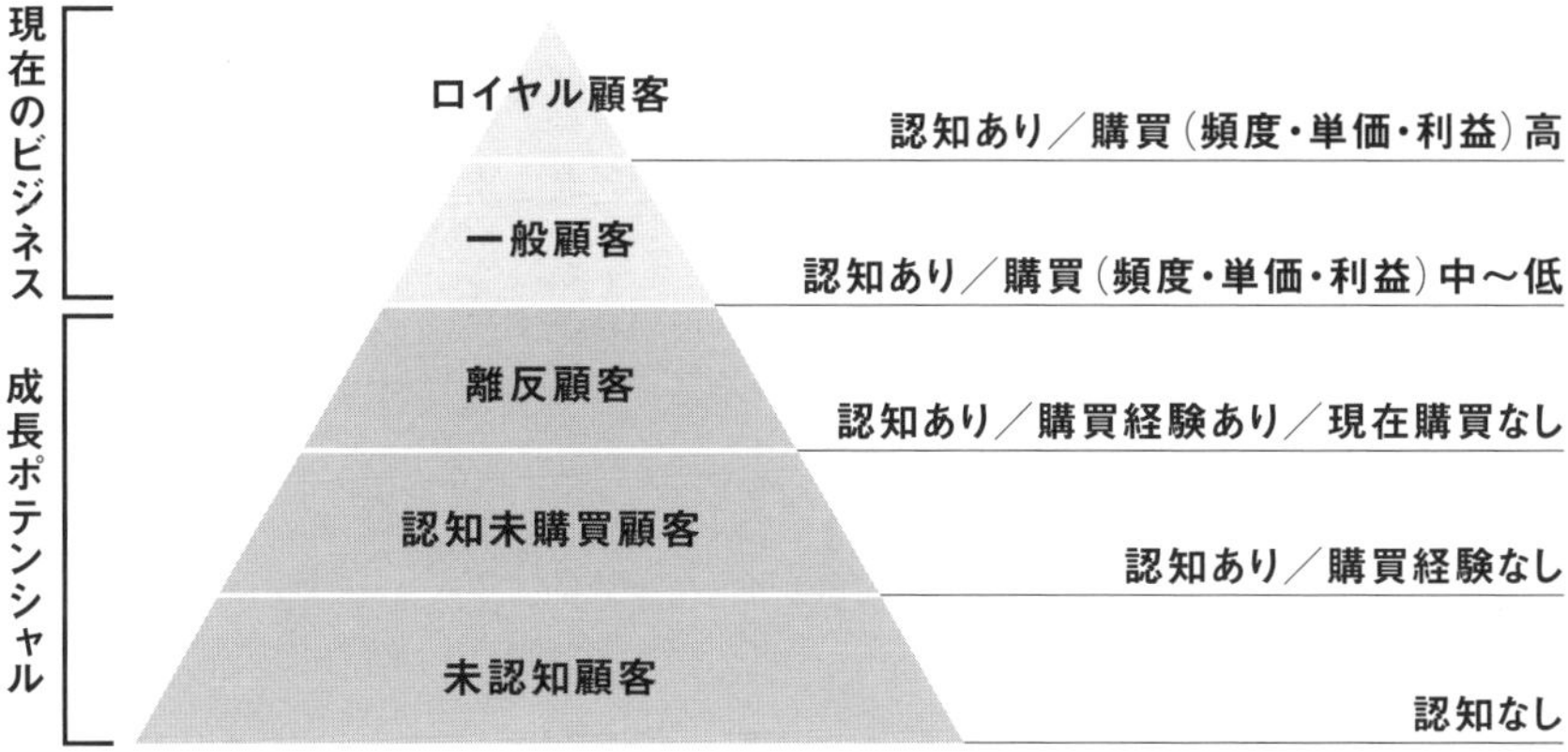

からです。我々は図３－15における、ロイヤル顧客の方の心理を探るＮ１インタビューを行ったことになります。

その結果、一般顧客からロイヤル顧客への「ロイヤル化要因」が「ベタつくほどの保湿」であると仮説を立てることができました。加えて、まだ購買したことのない層も含めて「保湿に課題を感じている方＝ＷＨＯ」＆「ベタつくほど保湿された肌＝ＷＨＡＴ」という顧客戦略を見いだしたわけです。

顧客をひとくくりにしていたら、前述のようにベタつきはネガティブな意見として片付けてしまい、それを逆手に取って独自性のある便益として大きく打ち出す戦略は生まれなかったと思います。そのＮ１での顧客戦略構築からすでに15年になりますが、「肌ラボ」を支える顧客戦略の一つとして現在も継続されています。

5セグズの各セグメントごとのN1分析

N1を理解するには、ただ闇雲にインタビューしても役に立ちません。必ず、相手が5セグズ（前頁図3-16）のどのセグメントに該当するのかを確認してから、一人ひとりの話を丁寧に聞いて心理を把握していきます。対象セグメントごとに明確な目的を設定し、10人以上にヒアリングして分析すれば、その顧客が価値を見いだす自社プロダクトの提案（便益と独自性）の可能性は必ず見つかります。

重要なのは、N1の目的を「その一人の顧客が価値を見いだす可能性のあるWHAT（自社プロダクトが提供し得る、訴求し得る便益と独自性）を見つける」と定めることです。ロイヤル顧客はなぜロイヤルなのか、その理由となった便益と独自性を見つけ出し、さらにロイヤルになっていただくために、自社プロダクトが提案・訴求できる便益と独自性は何かを探らなければなりません。一般顧客であれば、ロイヤル化していただくには何が必要か。離反顧客であれば復帰していただくには、認知未購買顧客や未認知顧客であれば初購入していただくには、といった形でセグメントごとに明確な目的を持ってヒアリングすることが最重要です。

顧客の話を聞きつつ、この一人の顧客が価値を見出すWHAT（自社プロダクトが提供しうる、訴求しうる便益と独自性）の仮説を頭の中で考えつつ、それを会話の中で提案して反応を見る。そしてさらに仮説を立てて、顧客戦略として考え、会話の中でまた顧客に提案としてあててみて反応を見て、何が顧客にとって便益と独自性となる価値を創る可能性があるかを探り続けることが重要です。この繰り返しの中で、WHATの仮説設定能力とWHOの理解能力が高まり、20人ほどインタビューを終えるころには、必ず複数の顧客戦略が見つかります。

これが、1対1と1対マスの間、経営対象と財務結果をつなぐ具体的な顧客戦略になっていくのです。このプロセスなしに、不特定多数の〝マス〟を見ていても、財務諸表を眺めていても、継続的に収益性を高めるのに有効な顧客戦略にたどり着くことはありません。

「顧客の話は聞くな」の誤り

「顧客に何がほしいかを聞いていたら、彼らは『もっと速い馬がほしい』と答えただろう」という、自動車王と呼ばれたヘンリー・フォード氏の名言があります。このエピソードを例に挙げ、顧客に聞いても答えはない、顧客に聞いているようであればイノベーションも起きない、顧客の声は聞くべきでない、といった声もあります。しかし、そう考えるのはやや短絡的かと感じます。これは、顧客の声をどう受け止め、その心理をどう理解するかという聞き手側の洞察の問題なのです。

フォード氏のエピソードで出てくる顧客の言葉そのものを〝便益〟とすると、それに応えるには「もっと速い馬を提供しよう」となります。サラブレッドのような競走用に品種改良された軽種馬を提供すれば、一部の顧客に高い価値を生むかもしれません。

しかし、顧客の言葉そのものを便益とせず、この便益は何らかの上位目的のための手段だと捉えるとどうでしょうか。顧客の上位目的は「馬よりも速く移動したい」ことだと理解すると、フォード氏のように四輪の車の開発製造を〝答え〟として、より多くの顧客に高い価値を生み出せるのです。実際に、サラブレッドは非常に高価でありケガもしやすく、日常での移動手段にはなりませんでした。

このように、顧客の言葉に対してそのまま答えを出そうとするのか、その言葉の裏側にある心理と上位目的を洞察して「馬よりも速く移動したい」ことを便益として答えを探るのかで、その答えが生み出せる価値が大きく変わるのです。顧客は答えは知りませんが、経営者が答えをつかむのに必要な〝ヒント〟は教えてくれます。ここにN1分析の意味があるのです。

経営が見失っている顧客の心理、多様性、変化に対し、心理と多様性を経営の視界に捉えるために「顧客起点の経営構造」と「顧客戦略（WHO&WHAT）」のフレームワークの活用を解説してきました。

次章では、TAMを構成する顧客全体と自社プロダクトの顧客の変化を捉え、顧客戦略を柔軟に運用するための「顧客動態（カスタマーダイナミクス）」フレームワークを解説します。

■第3章のまとめ

- あらゆる事業、あらゆるプロダクトにおいて、TAM顧客数は5つのセグメントに分けられる。認知の有無、購買経験の有無、購買頻度の3つの基準で「未認知顧客」「認知未購買顧客」「離反顧客」「一般顧客」「ロイヤル顧客」に5分類できる。

・顧客戦略（ＷＨＯ＆ＷＨＡＴ）とは、経営が目指すべき投資戦略である。価値を生み出す顧客戦略を明確にし、組織内で部門横断で共有することで、組織全体の活動に一貫性と効率性をもたらす「顧客起点の経営」の実装が可能になる。
・顧客になっていただきたい方々に対して、自社プロダクトが提供する便益と独自性を磨き上げ、その方々に正確に伝えて体感していただくことで、顧客との間に高い「価値」が生まれる。結果、コモディティ化による価格競争を避け、継続的な購買を実現できる。

第4章

基礎編

継続的に収益を高める「カスタマーダイナミクス」

顧客の変化を捉える

顧客の行動には、その理由となる心理があります。
また顧客は一種類ではなく多様で、固定せず変化し続けています。
つまり顧客戦略も固定化せず、常に変え続けなければなりません。
本章では、マーケットを顧客の動態として捉え、
可視化し、組織内で共有する
「カスタマーダイナミクス」フレームワークを解説します。

4-1 顧客は動態である

あらゆるマーケットは多様な顧客の動態である

第2章と第3章で、顧客心理の多様性の理解が重要であることを解説してきました。多くの組織において、顧客は固定しているものとして扱われています。昨日まで効果的だった施策を今日も同様に繰り返し、明日も同様に繰り返す状態に、危機感を持つことはあまりないのではないでしょうか。しかし、顧客の心理は常に変化し続け、結果として行動は変化し、自社のプロダクトの財務結果に影響を与えます。

日々の業務の中で意識されにくい顧客の心理と行動の変化を可視化し、組織全体の意識を顧客の変化に向けるために、「カスタマーダイナミクス」フレームワークを活用します。具体的には「5segs（ファイブセグズ）」の各セグメント間を顧客がどのように動いているか、時系列で5セグズを追いかけることで把握し、施策の評価に活かします。

「顧客が変化している」とはどういうことか、少しひも解いてみます。

今日、初めて自社プロダクトを購入した人は、その瞬間に顧客化しました。ほんの1分前に知り合いから薦められて「買ってみよう」と意志決定していたとしたら、その瞬間に心理が変わったことになります。あるいは前日にインターネットの広告に接触して認知し、購入しようと興味を持ったものの、口コミを確認すると否定的なコメントが多かったので「買うのは見送ろう」と意志決定していたかもしれません。

このように、顧客の心理状態やその結果としての行動は常に変化しています。しかし経営の現場で見る数字やデータ、多種多様な分析報告は、行動結果としての一瞬を切り取っただけの静止画像であり、既に存在しない過去であることは意識されません。

購買サイクルが長い業界などであれば、変化のギャップは大きな問題として見えないかもしれませんが、デジタル上のサービスや消費サイクルが速いカテゴリーでは、この変化と対応の間に生じる時間のギャップが死活問題となります。逆に言えば、競合に先んじて顧客の変化を捉えて顧客戦略（WHO&WHAT）を素早く変化させていけば、競合よりも早く顧客への価値創造が可能になります。

しかし、多くの企業では無意識にマーケットが固定されていることが前提となり、投資活動も組織構造も人事も採用も固定化しています。経営が継続的に投資対効果を最大化し、高い収益性を達成するためには、マーケットを顧客の動態で捉え、経営活動自体を柔軟に変化させ続けることが重要なのです。一般的にいわれるアジリティと同義です。

複数の企業に見る顧客戦略の変遷

顧客を動態で捉え、価値を生み出す「顧客と自社プロダクトの組み合わせ」、つまり顧客戦略（WHO&WHAT）を常に見直し、それを実現する手段手法（HOW）の健全性を刷新している企業や事業は、多く存在します。強靭な組織と人員を備えた大企業として別格扱いされがちなトヨタ自動車、ソニー、任天堂、京セラ、キーエンス、リクルート、ホンダ、ユニクロ（ファーストリテイリング）、ニトリなどが挙げられます。これらの企業は、その創業時から、強靭な組織と人員を備えていたわけではありません。

筆者が在籍していたロート製薬、P&Gも同様ですが、長年にわたって継続的に成長し収益を生み出す企業は、その創業から現時点までの事業の歴史を調べれば、顧客戦略を固定していないことが分かります。事業の中心となるカテゴリー構成や収益を生み出している産業自体が変化していることは、珍しくないのです。創業時に、顧客が価値を見いだしたプロダクトにひも付く顧客戦略は当然ありますが、顧客の変化を継続的に素早く読み取り、プロダクト提案を変え続け、事業を営むカテゴリーや産業自体も見直して、顧客が常に何らかの価値を見いだすために顧客戦略自体を変化させてきたことで成長しています。

トヨタが自動織機の製造から創業し、その鋳造機械加工技術を活かしてトラックの製造から乗用車製造にカテゴリー自体を変化させてきたことは有名な話です。決して、最初から潤沢な人材、資金、調査があったわけでなく、顧客の変化から社会の変化を読み取って、収益を生み出す顧客戦略へと変化させてきたのです。

ソニーは創業者の井深大さんがラジオの修理と改造から創業し、盛田昭夫さんと出会い、電気炊飯器の失敗を越えて、真空管電圧計そして電気座布団で初期の事業を拡大しました。その後、テープレコーダー、トランジスタラジオ、テレビ、ビデオテープレコーダーなどを開発し、いくつもの失敗を重ねながら事業の中心を変化させてきています。

任天堂は花札の製造販売からトランプへ、そしてコンピュータゲーム機へ。リクルートは、東京大学の学生新聞の広告代理店事業を発端に、数々の新しい価値を生む顧客戦略を実現しています。ロート製薬は胃腸薬の製造販売から、Ｐ＆Ｇはろうそくと石けんの製造販売から、それぞれ創業し、数千人、数万人の組織で何千億、何兆円という規模に成長しています。

これら各社は現状を見ると強靭な大企業ですが、一つの自社プロダクトを一人の顧客に届けて価値を生み出すことを発端に、継続的に成長して今の姿があります。各社の歴史に関する文献はたくさんありますので、ぜひお読みいただければと思います。最初の顧客が生まれた創業のときから、自社ができる新しい価値の創出を追求してきた一貫性を、すべての企業に見いだせると思います。決して、思い付きや流行や幸運に乗ったのではなく、顧客にとって新しい価値となる便益と独自性をどう創るか、自社が実現できる顧客戦略（ＷＨＯ＆ＷＨＡＴ）の組み合わせを変化させてきた結果なのです。

プロダクトの潜在力に関して「ニッチかどうか」を議論することも多いですが、その議論には意味はなく有害ですらあります。すべての大事業や大企業は最初から存在しているわけではなく、ニッチからスタートしている事実を強調しておきたいと思います。すべての事業は、一人の顧客が、これまでにない価値を見いだす便益と独自性を提供するプロダクトと出会うことから始まります。そのプロダクトに同様の価値を見いだす顧客が増えていく初期段階をニッチと呼んでいるだけで、その後、どこまで顧客が増えて規模拡大するかは分かりません。あるプロダクトがニッチかどうかは、あくまで結果論としてしかいえないのです。つまり、初期段階で「ニッチだ」として切り捨ててしまうのは、ビジネスの芽を摘むことになると考えます。

顧客の動態を生み出すことで、収益は向上する

顧客は動態だという事実に無自覚であることは、中長期において収益性を高めることが困難になる大きな理由の一つです。ＢｔｏＣ、ＢｔｏＢにかかわらず、すべてのマーケットは、個別の顧客の行動を合算した一瞬を、静止画像として切り取っているにすぎません。つまり、マーケットは常に変化し続ける「顧客の心理と行動の動態」と捉えて経営すべきなのです。

収益の向上を目指す経営が実現すべきは、新しい顧客を創造することです。すなわち、自社プロダクトを継続的に支持していただける顧客の動態を生み出し続けることです。

図4-1　5segs（再掲）

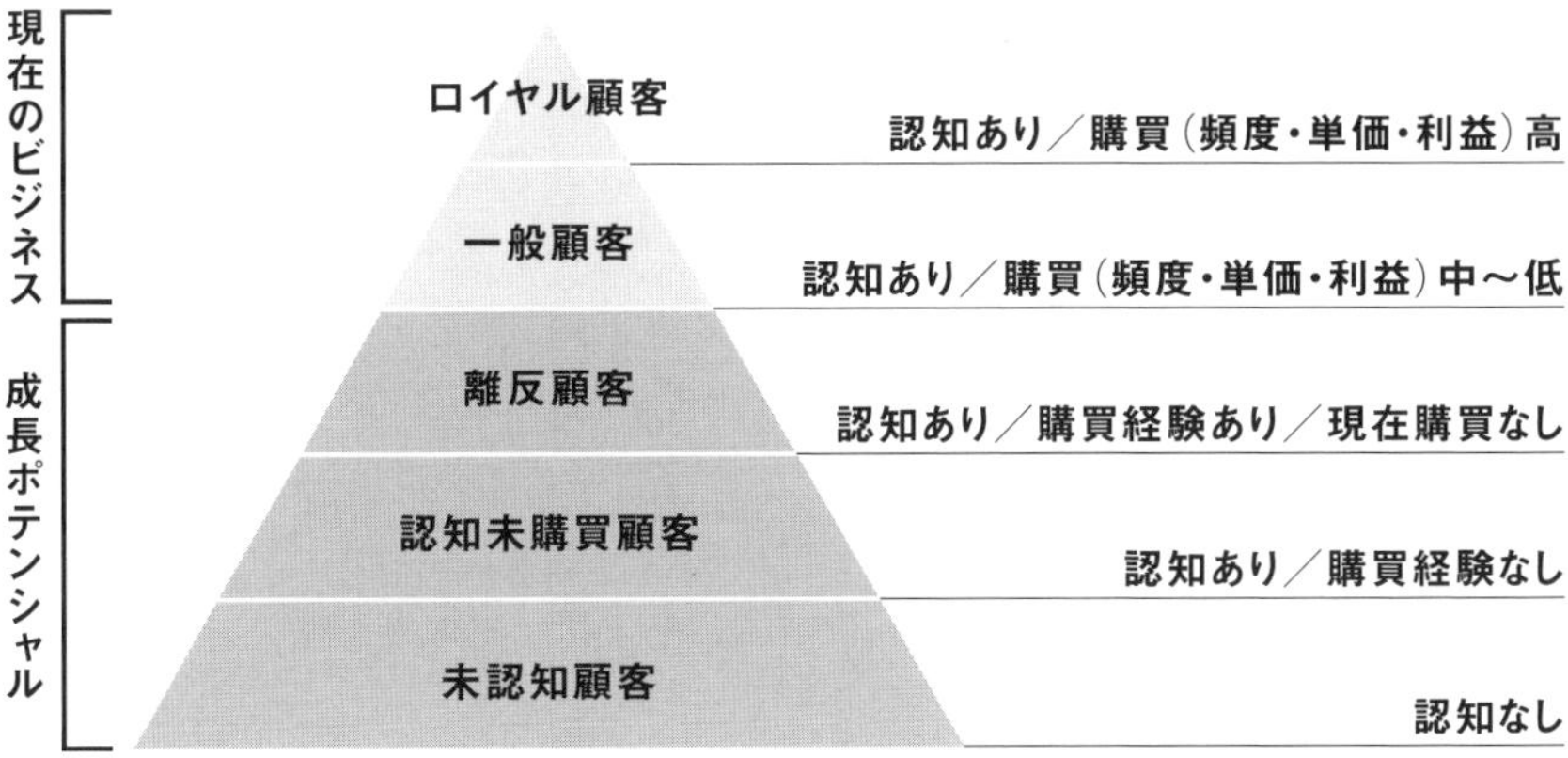

5セグズで把握するカスタマーダイナミクス

では、どのような業態でも活用できる基礎的な「5セグズ カスタマーダイナミクス」で、顧客動態を考えてみます。

BtoCもBtoBも含めてどんなマーケットでも、発売時は全員が自社プロダクトの未認知顧客です。そこから認知が広がると、認知しながらも未購買の顧客が増えます。その後、初めて購買していただくと顧客になりますが、購買の頻度や単価に差異が出てきて、平均的な一般顧客と、頻度や単価の高いロイヤル顧客に分かれます（図4-1）。

この動態は、定量的なアンケート調査で把握できます。第3章p96で解説したように、市場の顧客数やクライアント数を試算するのが一見難しくても、ある程度は捉えられます。その上で定期的な調査を通して各セグメントの推移を把握すれば、顧客動態を追っていくことができます。一度作成すれば、継続的にその検証と議論を通じて、精度を高めていけばいいのです。

小規模な事業や、ＢｔｏＢなどでは、自社プロダクトをまだ知らない、リード顧客にもなっていない未認知層は多くなると思います。この未認知顧客へ、何をどのように訴求するかが大きな課題です。

一方で、車や住宅などの大型の消費財などの場合は未認知層は小さく、認知ありの未購買顧客が多いかもしれません。その中でも、特に自社プロダクトに価値を見いだしてくれる顧客層に絞り込んで新規顧客獲得への投資をするのか、そもそも価値を見いだしていただけるような便益と独自性をプロダクトが訴求し切れていないのであればその開発を急ぐのか、検討する必要があります。

4-2 カスタマーダイナミクスの運用——理解すべき4つの顧客動態

セグメント間の顧客の動きを可視化する

5セグズの中に発生している基本的な動態を考えてみます。

この5つの分類を1年間で考えた場合、その1年間の収益のほぼすべては上位2層から成り立っています。定期的な会費や事前支払いのビジネスは、離反顧客からも収益が得られる場合もありますが、そうでなければ上位2層からの売上と利益で、下位3層への投資、すなわち新規顧客の獲得や離反顧客の復帰への活動すべてを賄っています。

このような活動の結果として、この5層の割合が増減し売上と利益が生まれるわけですが、重要なのは、顧客は変化し続け、この5層の間を動き続けているという事実です。顧客はまさに動態であり、この動態を視野に入れて成長戦略と収益性の向上を目指すのが「5セグズ カスタマーダイナミクス」フレームワークの役割です。

4種類の顧客動態

では、上位4層の中に発生している次の4種類の顧客動態を解説します。❶と❸が成長（Growth）ルート、❷が復帰（Recovery）ルート、❹が失敗（Failure）ルートです（図4－2）。

❶一般顧客のロイヤル化、ロイヤル顧客のさらなるロイヤル化―潜在的なロイヤル化顧客

現在のビジネスを支えるロイヤル層や一般層の中には、さらに高い購買頻度や購買単価に向かう積極的な心理状態の「潜在的なロイヤル化顧客」が一定の割合で存在します。この潜在層が、自社プロダクトの何に高い価値を見いだしているか（自分にとって必要であると高く評価している便益と独自性は何か）を読み解き、ここですでに成立している顧客戦略（ＷＨＯ&ＷＨＡＴ）が分かれば、自社プロダクトのロイヤル顧客を今後育成するための手段手法（ＨＯＷ）の開発と拡大展開につなげることができます。

この潜在的なロイヤル化顧客の顧客動態に関しては、現在購入していただいている自社プロダクトの購買の頻度や単価を向上させる可能性だけでなく、新プロダクトの提案で、さらに新しい価値を創出する可能性も視野に入ります。カテゴリーをまたいだ複数のプロダクトを購入していただく、いわゆるクロスセリングの促進です。

この層は、自社プロダクトを提供している販売者からの新しい提案に関して、受容度が高い状態

図4-2　5segs カスタマーダイナミクス（再掲）

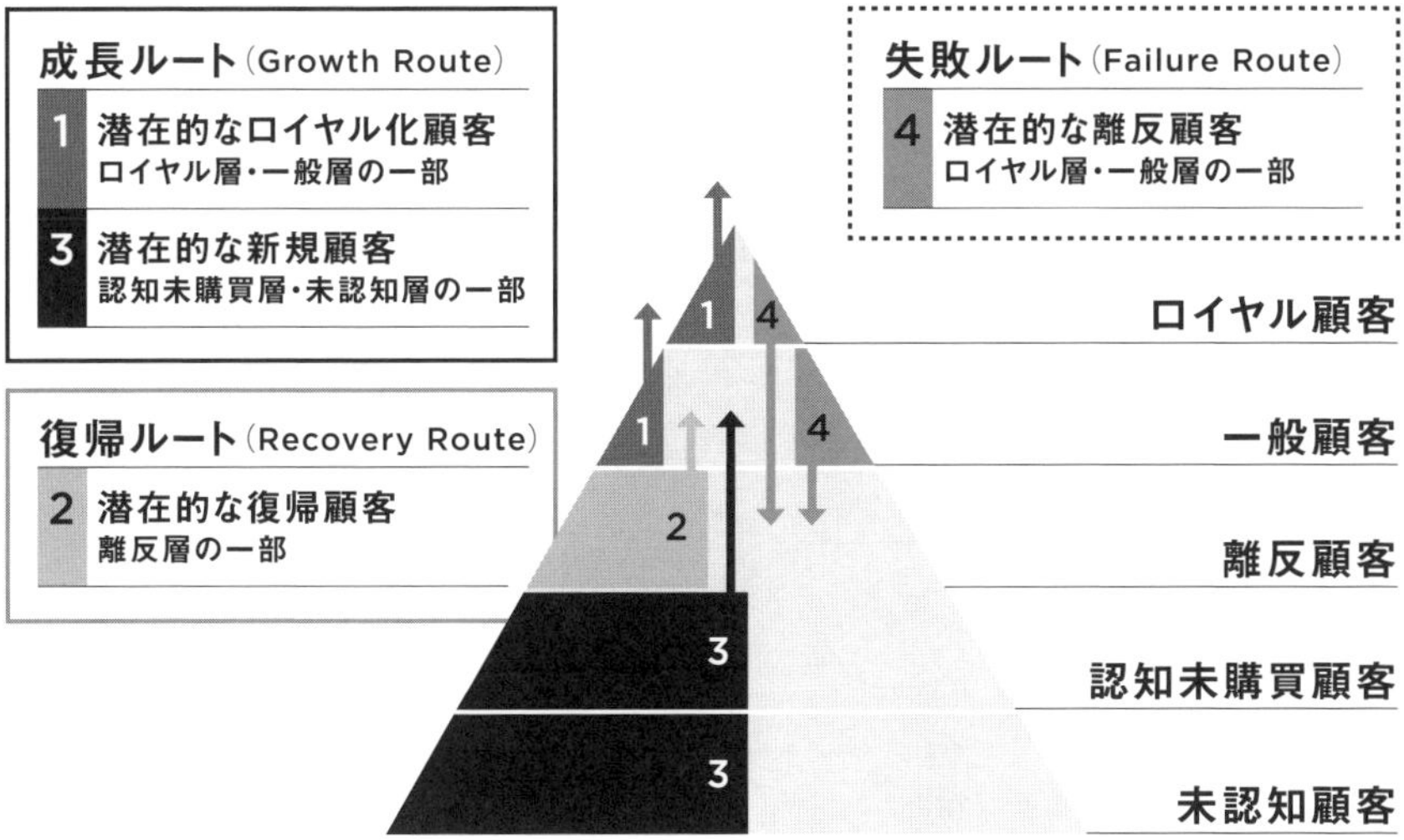

です。例えば、機械加工会社が提供するサービスの潜在的なロイヤル化顧客は、同じ機械加工会社からの異なる機械メンテナンスサービスの提案を受け入れやすいのです。同じ顧客にメンテナンスサービスを認知してもらうことも、低コストで実現できます。

ある温泉宿を何度か訪れている一般顧客のうち潜在的なロイヤル化顧客は、その温泉宿が提供するお土産品や近隣への観光体験パッケージを受け入れやすいですし、自宅の購入を斡旋してくれた不動産会社に対しては潜在的なロイヤル化顧客になりやすいため、その不動産会社からのリノベーションの提案や別荘販売の提案を受け入れやすくなっています。

つまり、潜在的なロイヤル化顧客がもたらしている自社プロダクトの売上＝「顧客数×単価×頻度」における単価と頻度は、同じプロダクトだけでなく、同じ販売者からの新しいプロダクトの提案＝クロスセリングの提案でも向上させることができるのです。同じ潜在的なロイヤル化顧客に対して、異なるプロダクトでの顧客戦略で新しい価値を創出すること、つまり「同一のＷＨＯ」＆「異なるＷＨＡＴ」を成り立たせることも可能なのです。

いわゆる「顧客のファン化」の本質は、ここにあります。一つのプロダクトだけでは、顧客の単価と頻度はいずれ限界に達します。潜在的なロイヤル化顧客へ、そのプロダクトの単価と頻度を向上させる提案をしつつ、異なる新しいプロダクト提案で新しい価値を創出することが「ファン化」の本質です。そして、さらなる収益につなげていきます。

これをグローバルレベルで徹底的に実行した企業の例が、Amazon や Apple です。どちらもトヨタ自動車やソニーと同様に、小規模で創業し、成長鈍化の時期があり、決して最初から巨大企業ではありませんでした。その変遷をカスタマーダイナミクスと顧客戦略で読み解くことで、創業から間もない企業やまだ成長途中の企業にとっても多くの示唆が得られるので、本章後半で解説します。

2 離反顧客の復帰―潜在的な復帰顧客

一定期間、購買がなくなった離反顧客層の中にも、一定割合で顧客へ復帰する直前の「潜在的な復帰顧客」が存在します。何らかの理由があって、もしくは何となく離反していたが、そのプロダクトへのニーズが完全消滅していたわけではない顧客層です。ここに成立している顧客戦略を洞察することで、それを実現する手段手法を開発し、復帰を促進する投資が見えてきます。同時に、そもそも、現在の顧客のさらなる離反を防ぐ顧客戦略と手段手法につながる可能性も高いです。

3 認知未購買顧客の新規顧客化、未認知顧客の新規顧客化―潜在的な新規顧客

認知未購買層にも、潜在的な新規顧客層が必ず存在します。認知未購買層は、初めての購買行動の直前か、あと少しのきっかけで購買行動に移る心理状態の顧客層です。この層は未認知の顧客よりは購買の意志決定は促しやすく、顧客化への投資効率は良くなります。

ただし、同じ「現在の購買がない」状態でも離反顧客とは違い、認知はしていても実使用体験がないので、プロダクトの便益や独自性の理解や認知は弱い状態です。プロダクトへの心理状態は、離反顧客とは大きく異なるので、2の「潜在的な復帰顧客」に有効なプロダクト提案（WHAT）とは異なる顧客戦略が必要な可能性が高いです。その点を洞察すれば、あとはこの顧客層に向けて、どのように顧客戦略を実現するかの手段手法を開発するだけです。

未認知層にも潜在的な新規顧客層が存在する可能性は高いですが、まだ認知すらない状態なので、実務上、この層をターゲットとして特定することは困難です。そのため、この層に向けた新規獲得の投資対効果は悪くなります。

4 一般顧客、ロイヤル顧客の離反―潜在的な離反顧客

一方で、ロイヤル顧客層や一般層の中には、潜在的な離反顧客が必ず存在します。何年も自社プロダクトを購入している顧客であっても、一定割合で必ず離反は起こります。自社のプロダクトのロイヤル顧客、もしくはVIP顧客の定義があれば、過去数年の変遷を調べてみてください。必ず

離反した顧客が見つかります。

比較的、離反の少ないカテゴリーである金融サービスの銀行口座顧客でも、数年単位で見れば、いわゆる上顧客の数%は離反しています。競争が激しくコモディティ化の激しい日用品や、模倣されるスピードが速いデジタル系のサービスでは、その割合が50%を超える場合もあります。つまり、第1の層のロイヤル顧客層でも、一定割合で離反していく顧客、離反直前の顧客がいるのです。

この潜在的な離反顧客（WHO）の理解を深め、離反を防ぐプロダクト提案（WHAT）とその手段手法（HOW）を洞察することは、プロダクトの収益と成長に大きな影響を与えます。4から生じる離反率が大きいプロダクトは、当然のことながら、いかに効率よく新規顧客を獲得できても中長期的にはその投資対効果が天井を打ち、収益性を悪化させていきます。この場合は、新規顧客獲得への投資を止めて、プロダクト自体を見直すことが必要です。

4種の顧客動態に成り立つ複数の顧客戦略

このように、カスタマーダイナミクスを活用した潜在的な新規顧客や復帰顧客の獲得、ロイヤルや一般顧客の離反防止を目的とした顧客戦略の洞察は、今後のプロダクト改良や新しいプロダクト開発の軸にもなります。どのようなプロダクトであっても、改良、新機能の追加、並行して新プロダクトの追加などの開発が行われますが、それらはカスタマーダイナミクスで可視化できる具体的な「潜在的な顧客層の心理と行動」にひも付くべきです。

図4-3　異なる顧客動態に対応する顧客戦略（WHO&WHAT）

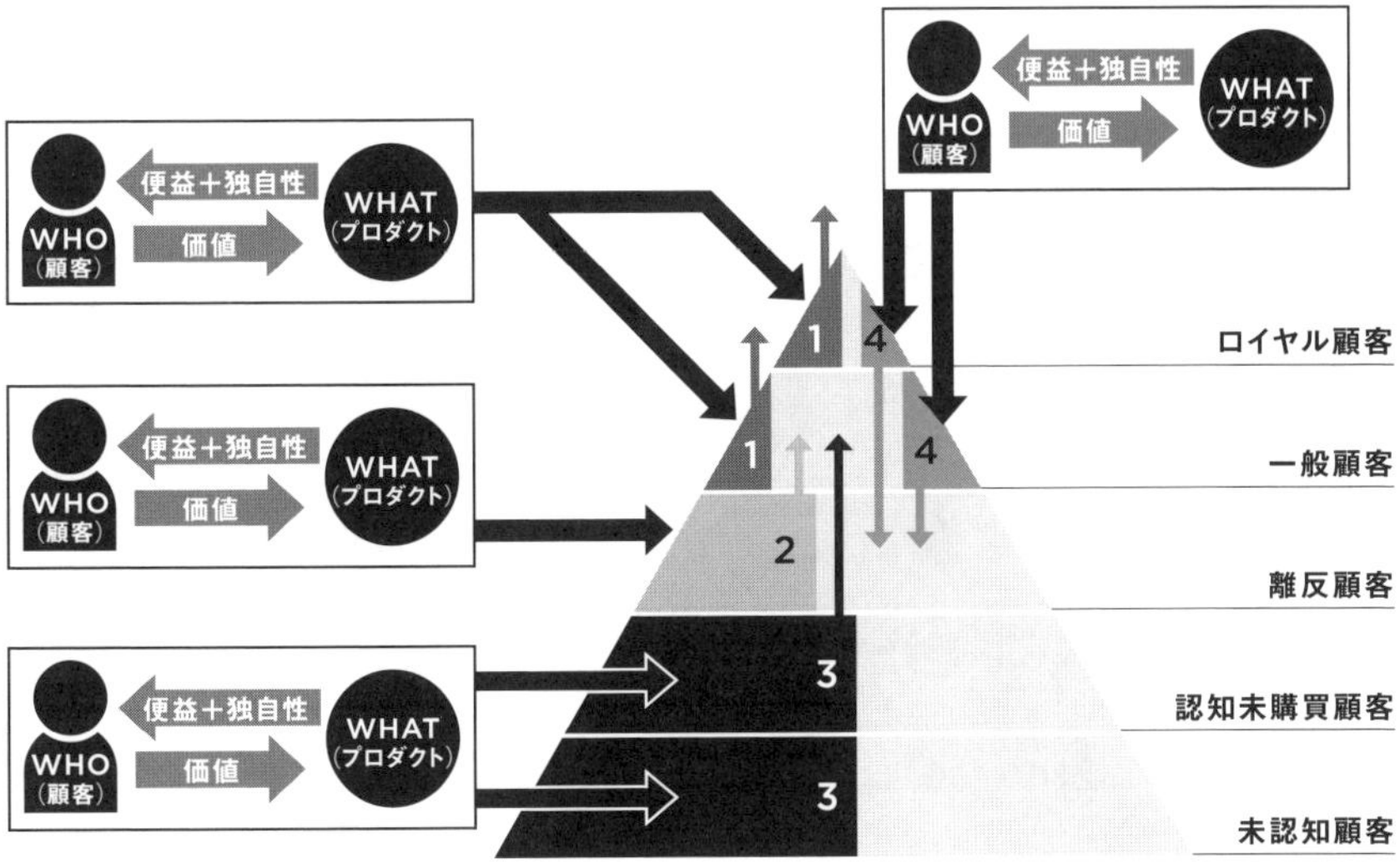

マーケット全体と自社プロダクトとの関係において、5つの顧客セグメントと4つの動態というシンプルな共通理解を組織内に作ることで、顧客戦略とカスタマーダイナミクスが、異なる部門間をつらぬく横串になるのです。

顧客の❶**ロイヤル化およびさらなるロイヤル化**、❷**離反復帰**、❸**新規獲得**、❹**離反防止**は、それぞれ並行して投資対効果を高め続ける必要があります。そのためにも、経営がカスタマーダイナミクスの可視化を主導し、各々異なる顧客動態に対応する顧客戦略（WHO&WHAT）を洞察することが重要です（図4－3）。そしてその手段手法（HOW）を企画、部門横断で共有し、それぞれの部門・担当の業務を通じてカスタマーダイナミクス全体への投資対効果を高めて、収益性を強化していくのです。

これを表したのが、次頁の図4－4です。4種類のルートにおいて、それぞれどのような顧

図4-4　マス思考と顧客戦略の接続

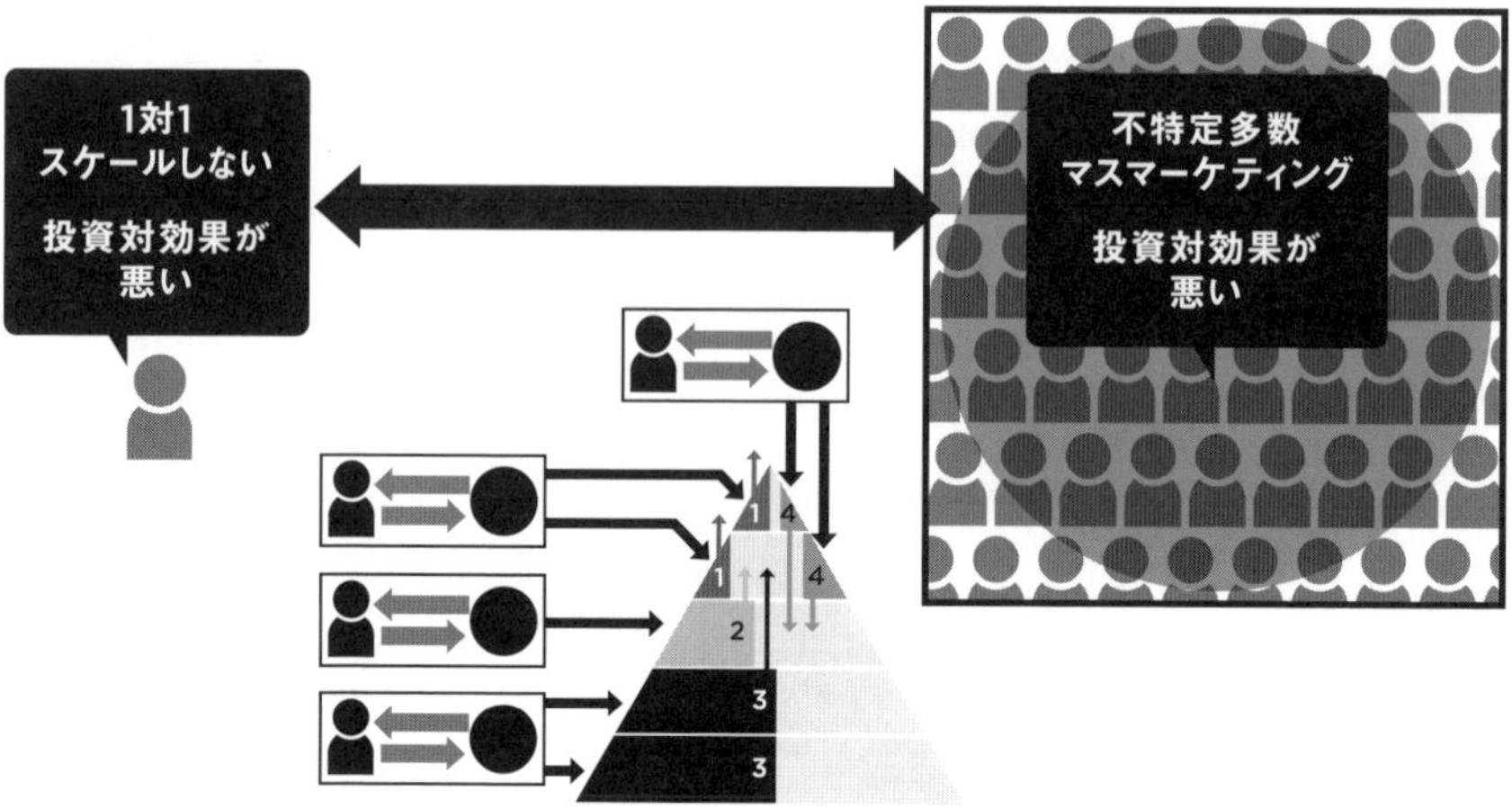

客戦略（ＷＨＯ＆ＷＨＡＴ）が成り立っているのかを把握し、その動態を常に捉えて次の提案に反映するのが、カスタマーダイナミクスの運用です。

さらに、この考え方を第1章で紹介した「マス思考」（ｐ43）にひも付けて考えてみます。1対1も、不特定多数を対象とする1対マスも、どの顧客にも提案が最適化されておらず、投資が無駄打ちになりがちです。この間で最適なＷＨＯとＷＨＡＴの組み合わせを見つけるのが、5セグズ分類でのカスタマーダイナミクスと顧客戦略です。不特定多数のマスを「プロダクトが対象とする人は誰か」で定義し、母数を算出して（＝ＴＡＭ顧客数）、顧客の行動（認知／購買経験／購買頻度）によって分類する（＝5セグズ）。そして、どのような人に何を提案しうるかの顧客戦略を追求して、一人でもマスでもない、アプローチすべき顧客層を特定していきます。

4-3 様々な業界の顧客戦略

ロクシタンの顧客動態と３種類の顧客戦略

どのような業種や業界であっても、単年度の利益貢献度の高いロイヤル顧客は一定割合で離反するので、この離反を補う顧客獲得が必要です。しかしロイヤル顧客の売上と利益貢献度は高いので、ロイヤル顧客一人が離反すると、より多くの新規獲得が必要です。また新規獲得へのコスト（投資）は多くの場合、単年度では回収が難しく、２－３年、あるいはＢｔｏＢで大規模な設備投資が必要な業種などでは10年、20年といった単位での回収が前提になります。このように短期と長期を見据えて継続的な売上と収益性を高めるために、カスタマーダイナミクスで４種の顧客動態を可視化し、それぞれに顧客戦略を構築することが重要なのです。

筆者が代表を務めたコスメブランドのロクシタンでは、１年で見た場合、売上の60％が顧客数（購買者数）の16％（ロイヤル顧客）に上位集中していました。さらに利益の集中で見ると、最終利益の100％がこの16％のロイヤル顧客から生み出されていました。残りの84％の顧客となる一般顧客の維持、離反顧客の復帰、新規顧客の獲得への投資は単年度では赤字であり、3年で回収する構造でした。当然、上位16％からも毎年数％が離反していました。

このカスタマーダイナミクスを強化し（上位引上げと離反最小化）、売上を落とさず収益性を高めるには、まず上位16％顧客の単価と頻度を上げつつ、離反率を低下させることで、上位層への投資対効果を高めることが必要でした。並行して下位84％の顧客への投資対効果を高めるため、すなわち単年度赤字の回収期間を3年以下に短くするための離反防止、離反顧客の復帰、新規顧客の獲得への投資対効果を高める顧客戦略を構築する必要があったのです。カスタマーダイナミクス上のそれぞれの顧客分析の結果、3種類の顧客戦略を実現することで売上を落とさず短期間に収益性を回復させることができたのです（図4－5）。

ロクシタンは、ハンドクリームなどのボディ関連商品が強かったのですが、分析の結果、顔に使うフェイスケア商品が購買頻度を向上させることが明確になりました。そこで、一つ目の顧客戦略として「フェイスケア商品を中心としたスキンケア」を上位の既存顧客へ提案し、「単価」と「頻度」を最大化しました。以前はフェイスケア商品もハンドクリームやボディ関連商品と同様にすべての顧客に提案しており、フェイスケア商品は店舗では売りにくい商品と位置付けられ、店舗スタッフも力が入っていませんでしたが、ロイヤル顧客になればなるほど受け入れやすいと分かったのです。

2つ目の顧客戦略は、ロクシタンの誕生の地であるプロヴァンスをテーマにした新商品、企画品、プロモーションの提案です。これは長年実行していたのですが、新規顧客の獲得だけでなく、既存顧客の離反防止にも効果がありました。そこで、購買頻度が落ちてきた既存顧客（潜在的な離反顧客）

図4-5　ロクシタンのカスタマーダイナミクス

TAM＝高品質なライフスタイルを求める人

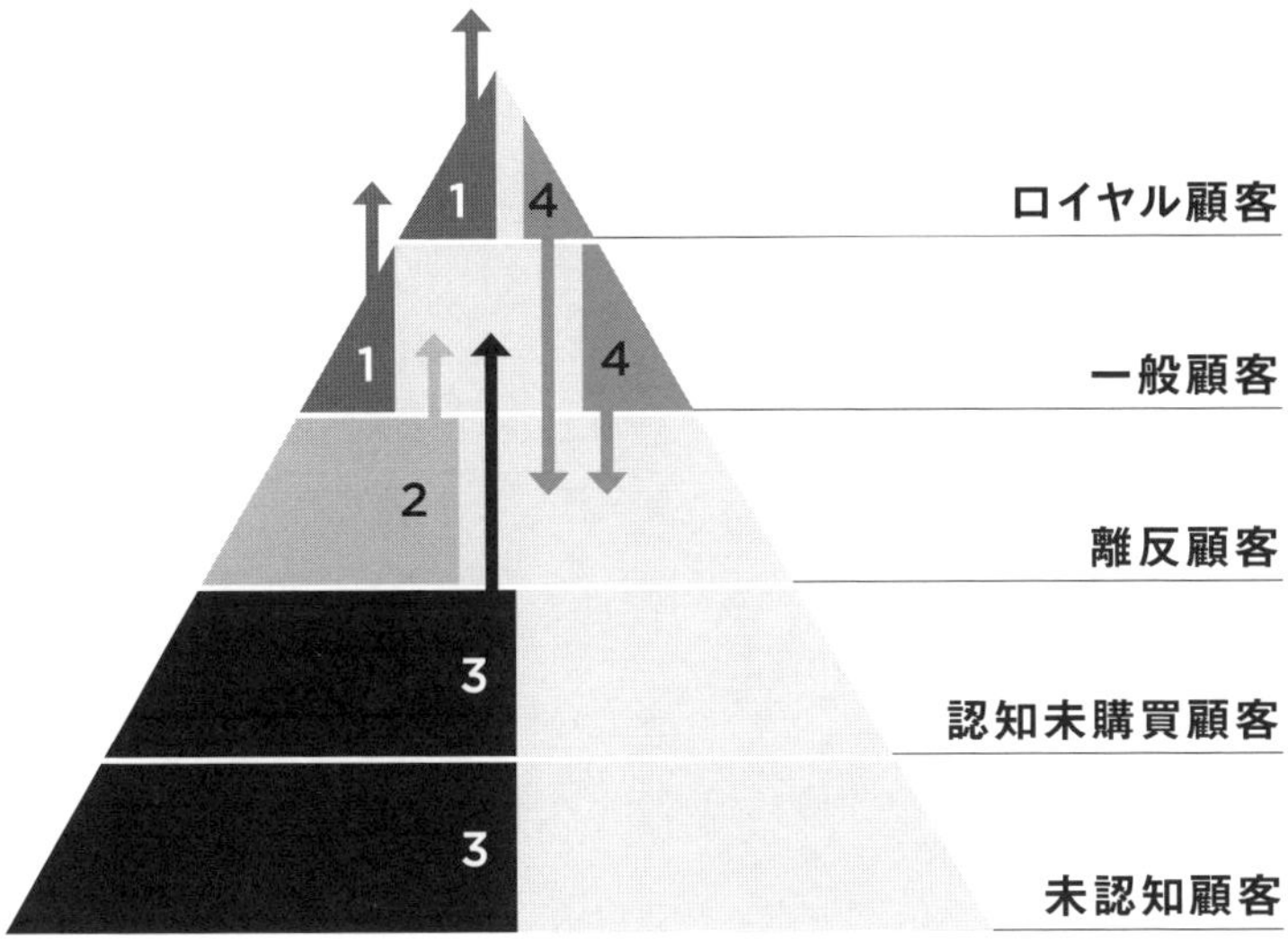

4つの顧客動態に対する3種類の顧客戦略（A、B、C）

1	ロクシタンの自然系スキンケア提案で **単価と頻度を最大化**	A
2	非日常的で贅沢感があり、確実に喜ばれるギフト提案で **離反顧客の復帰**	C
3	❶プロヴァンスに関連する毎月の新商品、企画品、プロモーション提案で **新規顧客を獲得**	B
	❷非日常的で贅沢感があり、確実に喜ばれるギフト提案で **新規顧客を獲得**	C
4	プロヴァンスに関連する毎月の新商品、企画品、プロモーション提案で **離反の防止**	B

に積極的に提案することで、離反を最小化しました。

3つ目の顧客戦略は、他人に贈るためのギフト提案です。これは、大量に存在していた離反顧客の急速な復帰につながり、また自分向けには購入をためらっていた潜在的な新規顧客層を大きく獲得し、2つ目の顧客戦略と相まって、新規獲得に大きく貢献しました。

この3つの戦略をそれぞれの顧客層において実現することで、売上を伸ばすとともに無駄な投資を避け、効果が高い投資に集中して短期間で収益性（利益率）を改善できたのです。

自社プロダクト以外の顧客理解——レストランチェーンの事例

カスタマーダイナミクスを活用した顧客戦略の構築は、自社プロダクトだけでなく競合プロダクトに関しても、さらに自社が参入していない業界の戦略分析にも活用することができます。

外食チェーンカテゴリーに関して、男女15－69歳を対象に、コロナ禍直前の2019年に筆者の会社で実施した調査（5千サンプル）を使って活用の仕方を紹介します。ここではロイヤル顧客の定義を「月1回以上の来店」、一般顧客を「月1回未満の来店」、1年以上来店がない顧客は離反顧客として5セグズに分解してみました。

筆者のクライアントではありませんが、5セグズで、レストランチェーンのロイヤルホストと、業界最大手のハンバーガーチェーンであるマクドナルドの当時の数字を比較しました。ロイヤルホストは全国で200店強、マクドナルドは約2千900店と15倍ほど差があるため、当然それぞれ

図4-6　飲食チェーン2社の5segs（2019年）

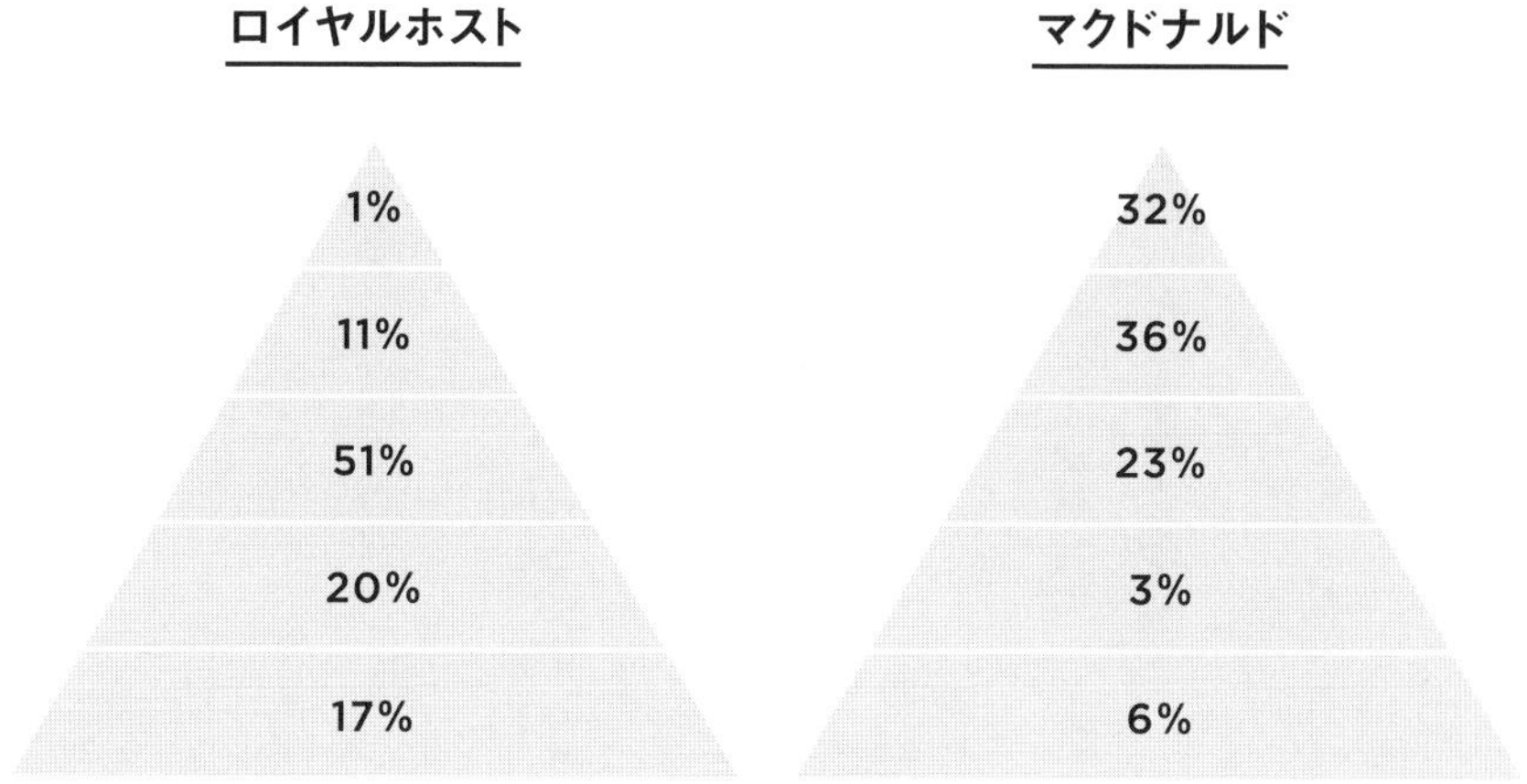

の総顧客数は異なりますが、まずロイヤルホストは離反層が大きいことが特徴として見て取れました。

カスタマーダイナミクスを読み解くために並べてみると、既存顧客に対する離反顧客の比率は、ロイヤルホストは51%÷12%（1%＋11%）＝4・25、マクドナルドは23%÷68%（32%＋36%）＝0・34であり、圧倒的な差があります。一方で、ロイヤルホスト社の当時（2019年度）の業績はほぼ横ばいだったので、既存顧客の流出と新規や離反顧客の流入がほぼ拮抗していることが想像できます。一定の割合で既存顧客が離反し、離反顧客が顧客化し、認知未購買や未認知顧客が顧客化する顧客動態になっている可能性が示唆されました（図4-6）。

そこで、ロイヤルホストのそれぞれの顧客層の特徴をアンケート調査から調べると、実は離反顧客の多くはロイヤルホストを避けているわけではなく、むしろ好意的な顧客が多いことが分かりました。単に何となくしばらく来店していないだけで、「食べたい新しいメニューが出てくれれば利用したい」との意向を示していたのです。とはいえ、ロイヤルホスト社は新メニューを毎月提案しており、マクドナルド社に負けない多様な提案をしていました。ただし、どうやらそれが離反顧客に認知されていないため来店に結び付かず、離反顧客が多い実態が見えてきました。

複数の顧客層がそれぞれ期待する内容を提案する

この状態と、先の4種類の顧客動態を照らし合わせてみます。

❶一般顧客のロイヤル化、ロイヤル顧客のさらなるロイヤル化
❷離反顧客の復帰
❸認知未購買顧客の新規顧客化、未認知顧客の新規顧客化
❹一般顧客、ロイヤル顧客の離反

すると、❷の離反からの復帰ポテンシャルが非常に大きいと考察できます。この離反している顧客層へのメニュー認知を強化すること、すなわち「ロイヤルホストに来店したことがあるが、現在の来店頻度は低く、新しいメニュー提案を期待している顧客層（WHO）」に対して、「毎月の具体的な新メニュー提案（WHAT）」という組み合わせの顧客戦略が見えるのです。

さらにその顧客層の理解を深めると、顧客の性別や子供の有無によってWHOが複数に分かれ、それぞれが価値を見いだす便益と独自性が異なる実態がつかめました。WHATとして、新しいメニューの豊富さ、ハンバーグ系のメニューの充実、ドリンクバーの充実、などと異なる顧客層との組み合わせで、離反顧客の復帰最大化が可能であることが見えてきました。このように、それぞれの顧客層に、それぞれが好む提案をクーポンなどの販売促進策も付加して定期的に行えば、離反層は顧客化すると期待できます（次頁図4－7）。

筆者はロイヤルホストもマクドナルドもビジネスに直接関与した経験はなく、部外者ですが、この程度の分析は可能です。自社プロダクトでなくとも、まったく未知の業界であっても、5セグズを使ったカスタマーダイナミクスで可視化すれば、どこに成長機会と課題があり、どのような戦略を取りうるかの検証が可能なのです。

便益や独自性が「知られていない」状況の解消

重要なのは、マーケット全体となるTAM顧客数を可視化し、顧客動態を考え、「価値を創る可能性のある便益と独自性」と「その価値を見いだす顧客」の組み合わせによって成長への機会や課題を見極めることです。そのために、それぞれの顧客の心理と行動の関係を深く理解することです（WHOの理解）。そして、便益と独自性として何を提案できるのかを見極めることです。

図4-7　ロイヤルホストの顧客戦略 ── 離反顧客の復帰

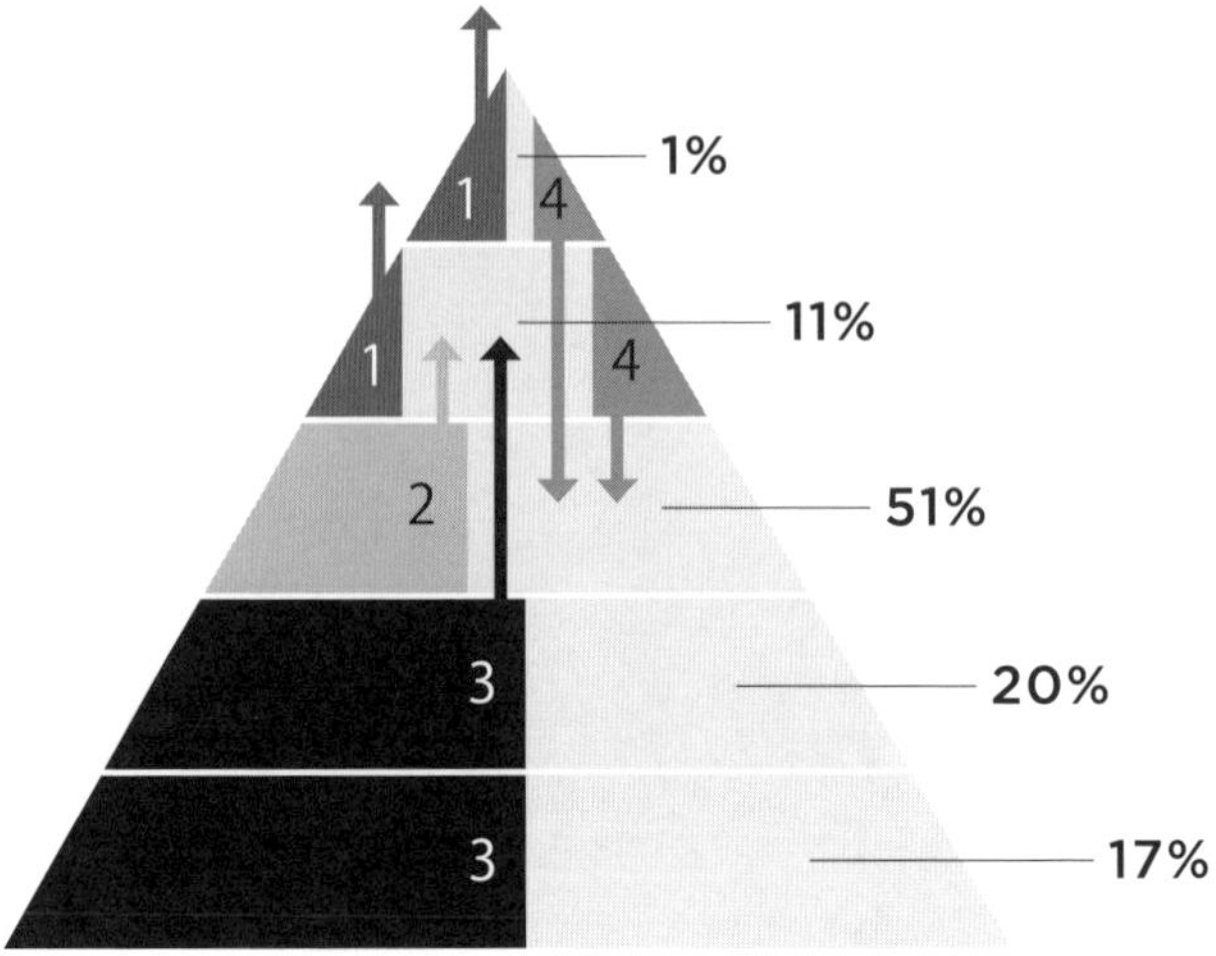

新たにプロダクトを開発せずとも、すでに自社が保有しているプロダクトが提案できる便益や独自性が、そこに価値を見いだす顧客に認知されていない場合も多いです（ＷＨＡＴの検討）。自社が現時点ですでに創出しうる価値を見つけて、潜在顧客とその顧客への提案として顧客戦略を見いだすことで、新たな顧客、単価、頻度の増加を実現し、収益の改善につなげることができます。

余談になりますが、過去にマクドナルドは、値段の安さや健康志向の提案（ＷＨＡＴ）をした時期に業績を悪化させました。ですがこの数年は、安さや健康にとらわれずに、新メニューや既存メニューを連続的に提案し（ＷＨＡＴ）、大きく業績を回復しました。値段の安さや健康を便益として重要視する層よりも、新メニューを便益とする顧客層を捉える顧客戦略にシフトしています。

この顧客戦略が、ｐ１５９図４－６で見える32％のロイヤル顧客と36％の一般顧客の来店頻度や単価に貢献しているだけでなく、巨大な離反層の中にいる潜在的な復帰顧客に成立していると考えられます。コロナ禍以降においても、新メニュー提案は変更せず、その手段手法（HOW）である店頭お持ち帰り、デリバリー、スマホ注文の仕組みを強化して好調な業績を継続しています。顧客戦略が成立しているからこそ、その実現手段に思い切った投資をしていると考えられます。

ロイヤルホストは、コロナ禍の影響で2020年以降は業績を落としましたが、コロナ禍以前のカスタマーダイナミクスで見えていたメニュー提案を用いた前述の顧客戦略に軸足を移すことで、業績を強化できると考えられます（図4－7）。

たった一人の動態から考える「サントリー天然水」の顧客戦略

5セグズでのカスタマーダイナミクスは、調査アンケートの数字がなくても活用可能です。事例として、勝手ながらサントリーのボトル入りウォーター「サントリー天然水〈南アルプス〉」の担当になったつもりで、顧客戦略をそのカスタマーダイナミクスで考えてみます。

少し前、知人が東京都内から長野県に引越し、ボトル入りウォーターを買わなくなった、と聞きました。彼はコーヒー好きで、そのためにコンビニで手に入る「サントリー天然水」のような有名な銘柄のボトル入りウォーターを買っていましたが、引越し後はそれらの商品から離反していました。

顧客が離反顧客に移行する場合、同じカテゴリーの競合に奪われる場合もありますが、競合とも考えていなかった代替品に移行する場合があります。彼の場合、水のおいしい地域に引越したので水道水でいい、ボトル入りの水を買う必要がなくなったということで、ボトル入りウォーターカテゴリー自体からの離反になります。5セグズで見れば、引越し先のエリアで水道水のおいしさを経験することで、前述4（p151）の潜在的な離反顧客となり、実際に離反してしまったのです。

ただ、彼を「サントリー天然水」に戻せないと考えるのは、早計かもしれません。

ここで視野に入れるべきは、競合のボトル入りウォーターではなく安価でおいしい水道水であり、現在の彼の心理状態です。彼は現在、ボトル入りウォーターの離反顧客ですが、その商品自体に便益が見いだせなくなったのではありません。おいしいコーヒーを淹れるのに良いとしていた便益が、長野の水道水で手に入ると分かったので、便益がコモディティ化し、いつでも水道から手に入るという副次的な便益が水道水の独自性となり、結果として商品から離反しているのです。ボトル入りウォーターに、そのエリアの水道水を超える便益や独自性が見いだせなくなっているだけ、ともいえます。

購買理由を失った顧客に新たな理由を提案する

彼に、再び「サントリー天然水」を買ってもらう便益と独自性（WHAT）を考えてみます。

例えば、おいしいとはいえ水道水なので、塩素消毒されています。それらを突き詰めると、ボトル入りウォーターには「おいしさ」以外の健康面での便益にチャンスがあるかもしれません。

また、ミネラル分１２０mg／ℓ以上が硬水とされていますが、彼の住む地域の水は大量のミネラル分（カルシウムやマグネシウム）を含み、硬度が１５０‐２００mg／ℓもある硬水で、そもそもコーヒーや肉の煮込み料理に合うそうです。逆に、軟水が適している日本茶や出汁《だし》を使う和食には、合っていないそうです。

サントリー天然水の硬度は、公式サイトによると約10‐80mg／ℓで軟水です。東京の水道水の硬度は60mg／ℓ前後で軟水、エビアンの硬度は３０４mg／ℓなので硬水です。そうすると、彼の住む地域のように水道水が硬水の地域では、和食やお茶は水道水より「軟水（独自性）の『サントリー天然水』を使う方がおいしい」と便益（ＷＨＡＴ）を変えることで、より大きな需要を創造できる可能性があります。

あるいは、コーヒーの消費自体に新たな価値提案のチャンスはないでしょうか。全日本コーヒー協会の調査によると、12歳から79歳までの調査対象者の１週間あたりのコーヒー飲用回数は平均11回前後、調査会社マイボイスコムの２０２０年の自主調査では、10‐70代の調査対象者の半数以上がコーヒーを飲む習慣があり、その場所は9割が自宅だそうです。皆さん、どんな水を使ってコーヒーを楽しんでいるのでしょうか？　コーヒーの需要は非常に大きいので、コーヒー専用の硬水の天然水を発売することが選択肢に入ります。

サントリー天然水に限らず、ほとんどの市販のボトル入りウォーターは、そのまま飲用する水としてのおいしさを便益として、テレビＣＭなどのイメージ訴求に大きな投資をして競っています。同じ便益の差分競争であり、価格競争からの収益率低下は避けられません。

一方で、このように、あくまで少数の特殊事例として片付けられそうな一人の離反顧客の心理を深く理解し、プロダクトが潜在的に提供できる便益と独自性の組み合わせを想像することで、和食やお茶に合う軟水としての顧客戦略、さらには、コーヒーをおいしく淹れられる硬水としての顧客戦略のチャンスが浮かび上がってきます。もちろん、それぞれの顧客戦略に価値を見いだす潜在的な顧客数がどれだけ存在するのか、LTVはどれくらいか、またその顧客戦略の実現のために必要な商品開発を含む手段手法（HOW）を考え、投資対効果が合うのかどうかの検討は必要ですが、同質化の価格競争を超えた新しい収益を探れるでしょう。

マーケット全体をカスタマーダイナミクスで捉え、顧客起点でその心理を読み解くことで、既存プロダクトだけでなく、新規プロダクトや事業の可能性が見えてくるのです。

4-4 AmazonとiPhoneのカスタマーダイナミクス

カスタマーダイナミクスで戦略の陳腐化を避ける

マーケットは顧客動態であるという前提に立つと、あらゆる「戦略」「施策・アクション」そして「組織」は陳腐化します。ロイヤル顧客のさらなるロイヤル化を目的に立案した戦略は、顧客行動データの精密な分析結果を元にしていても、昨日までに起こった過去の顧客行動が前提であり、ましてや、行動の原因である心理変化の把握はほぼできません。この状態で企画した施策を実行する直前に、競合が新しい戦略を実行すると、それを認知した自社プロダクトの顧客心理は変化し、次の行動も変化します。

まだ獲得していない顧客も、その顧客が競合を認知すると変化します。つまり、顧客行動データを軸にした企画は、競合や社会環境の動きによって常に陳腐化されていくのです。できることは、このような過去の顧客行動データに基づいて判断した企画は素早く実行することです。社内や外部を巻き込んで分析し、議論し、熟考し、時間をかければかけるほどに陳腐化し、的外れになります。

それよりも、本質的で持続性のある事業成長につながる戦略として目指すべきは、今、目の前のマーケットの顧客の心理と行動を理解し、素早く顧客戦略を構築し、それを実現する手段手法を企画・実施し、ＰＤＣＡサイクルを回していくことです。そして、この一連が実現可能な体制を組織に内製化することです。これが、顧客起点の経営改革です。

そのために、マーケット全体をＴＡＭ顧客数で定義し、ＴＡＭ内の顧客がどう動いているか、カスタマーダイナミクスで常に把握していくことが重要なのです。経営が課題としている収益性の向上を解決するには、「顧客起点の経営構造」フレームワークにおけるブラックボックスである顧客の心理と行動の関係と変化をカスタマーダイナミクスで可視化し、顧客が見いだす価値を高め続ける顧客戦略（ＷＨＯ＆ＷＨＡＴ）を洞察し、それを実現する手段手法（ＨＯＷ）の改善強化（ＰＤＣＡ）を継続すればいいのです。

Ａｍａｚｏｎで考えるカスタマーダイナミクスと顧客戦略

ＴＡＭ顧客数を戦略的に捉え直し、継続的に事業拡大を実現している事例としてAmazonを考察します。Amazonに関しては様々な書籍や分析が出ていますが、それはAmazonこそが、言葉は違えど明確な最大マーケット（ＴＡＭ）を定義し、そのカスタマーダイナミクスと顧客を徹底的に理解し、顧客戦略をうまく活用している企業だからだと考えます。

Amazonの創業は１９９４年で、当時Ｐ＆Ｇで働いていた筆者にとってはリアルタイムにパラダイム変化を体験する機会となりました。当時、Ｐ＆Ｇの同僚だったジャスパー・チャン氏（現Amazonジャパン代表）が２０００年にAmazonに転職した際に、「なぜ、そんな小さな企業に行くのか」と質問したことを未だに恥ずかしく思い出します。

ジェフ・ベゾス氏の書籍『Invent & Wander』（ダイヤモンド社）によると、創業のきっかけは１９９４年当時、年率2千３００％で成長しているインターネットを見て「カタログによる通信販売のデジタル版」のようなものを創りたいという構想だったそうです。米国のカタログ販売の歴史は長く、生鮮食品以外はほとんど扱われていたので、この構想はすなわち「カタログ販売や物理的な小売店で販売可能な商品とサービスすべて」をＴＡＭとして選択することであり、カタログや小売店を代替することでもありました。恐ろしく巨大なターゲット定義ですが、後から見れば、この巨大なＴＡＭに対して、最初に選んだ顧客戦略が投資対効果を最大化するカスタマーダイナミクスを作り上げたといえます。

Amazonの立ち上げにおいて、ベゾス氏はオンラインで扱える20カテゴリーの商品のリストを作成し、マーケットの需要や価格性、商品のバラエティなどを加味して最初に扱うカテゴリー候補を音楽CD、PC本体、ＰCソフト、ビデオ、書籍の5つに絞った上で、書籍を選定しています。最初の顧客戦略は「書籍を買う顧客（ＷＨＯ）」＆「あらゆる書籍が書店に行かずに手に入ること（ＷＨＡＴ）」です。当時、市場の一般向けの書籍はおよそ２００万タイトルあり、Amazonでも到底すべてそろえることはかなわず、オーダーごとに在庫をそろえる自転車操業だったようですが、多くの顧客が高い価値を見いだし、顧客数を急速に伸ばして、１９９７年にはＮＡＳＤＡＱに上場しました。赤字のまま書籍販売の拡大を継続しつつ、音楽CD、PC本体、PCソフト、ビデオへカテゴリーを拡大し、その後の躍進は周知の事実です。

書籍のEC体験で「潜在的なロイヤル化顧客」を最大化

なぜ、書籍を選んだことが鍵だったといえるかを考えてみます。その理由は、何らかの書籍を読む顧客数は、候補カテゴリーの中で最大だったことにあります。雑誌やマンガ、写真集なども含めると、書籍は老若男女、宗教や地域性にかかわらず国民のほとんどに購入される、浸透率の高いカテゴリーです。

この巨大な顧客層に安価で便利な書籍販売を通じて、心理的なハードルの高いインターネット販売へのID登録とネット決済という面倒な初めての体験をしてもらい、ネット販売（EC）は便利であるという便益の認知を勝ち取ったことが重要なのです。この結果、あらゆる商品とサービスの販売という巨大なカスタマーダイナミクスへの入り口が開いた、すなわち「潜在的なロイヤル化顧客」を最大化したのだと読み解けます。端的に言えば、長年の赤字を土台に、ネット販売（EC）の価値（便益と独自性）をAmazonの価値として、書籍販売を通じて多数の顧客に広げたのです。

ネットでの書籍購入体験を通し、ECに対して「潜在的なロイヤル化顧客」となった層に他のカテゴリー商品を販売するのは、そうでないEC未体験の顧客に販売するよりもはるかに容易です。その後に展開した音楽CD、PC本体、PCソフト、ビデオは、それぞれ「すでにAmazonで書籍購入経験がある顧客で潜在的なＥＣ顧客」をＷＨＯとして提案しており、「潜在的なロイヤル化顧客」からの売上の単価と頻度を継続的に向上させているのです。つまり、書籍で「潜在的なロイヤル化顧客」を獲得し、その顧客に他のカテゴリー商品やサービスを届けて、クロスセルで単価と頻度を向上させ続ける……といったカスタマーダイナミクスを作り上げたのです（ｐ１７３図４‐８）。

最初の顧客戦略が、音楽好きの顧客へのＣＤ提案であれば、その後の Amazon の投資対効果は低くなります。書籍を購入する層の中に音楽ＣＤを購入する層は多いですが、その逆は小さいのでもし、２００万タイトルもある書籍を選ばず、もっと小さなカテゴリーから始めるほうが容易です。だからと異なるカテゴリーを選んでいたら、今の Amazon は存在し得なかったでしょう。トイザらスのおもちゃＥＣ、靴のザッポスなど、特定カテゴリーのＥＣが最終的に Amazon に勝てなかった理由は、最初の顧客基盤をどのカテゴリーで作るかの違いにあったといえます。各カテゴリー購入者の関係をｐ１７３図４‐９のように概念的なベン図で描けば、意味合いは明確です。

Amazon の成功の中でよく語られる、購買データを使った個別提案（レコメンデーション機能）は、書籍の購入者を第一のＷＨＯとし、その中から音楽ＣＤの購入者、電化製品の購入者、といった形でＷＨＯを絞り込んでいく顧客戦略にひも付けることで、投資対効果を最大化しているのです。最初のＥＣでの購買体験を、書籍というおよそＥＣで購入する商品として最大の顧客数がいるであろうカテゴリーを通じて獲得したことが、分岐点だったといえます。そう考えると、Amazon が、利益性がなかった電子書籍の Kindle を早くから投入し投資を続けた理由も理解できます。

次に説明するように、Amazon は販売する商品カテゴリーと商品数を拡大し、ＴＡＭ内の全体顧客数を拡大する中、単純なカテゴリー拡大とは別軸のサービスを次々と打ち出すことで、ロイヤル顧客のロイヤル化（購買単価と頻度の上昇）、離反の最小化、離反の復帰を一気に強化しています。

2003年に、第三者の販売者が新商品だけでなく中古品も販売することができるAmazonマーケットプレイスを導入し、自社在庫を増やさずに販売商品を増やし、主要なカテゴリーに中古品という新しい選択肢を取り込みました。次いで2005年には、送料無料かつすぐ届くAmazon Primeを導入し、すべての顧客にとっての心理的負担であった送料問題を解決し、購買頻度と単価を大きく向上させて顧客のロイヤル化を強化しています。そして2007年にはオンラインで本が読めるKindleデバイスを販売し、顧客数で最大のカテゴリーである書籍に利便性を提供することでロイヤル化（購買単価、頻度の向上）と離反防止を強化しています。

2015年に入ると、動画見放題サービスPrime Video、音楽配信サービスPrime Music、商品を1時間以内に配送するPrime Nowなどを打ち出し、さらにロイヤル顧客化を進めて、顧客数、単価、頻度のすべてを強化し続けています。

つまり、様々な顧客層に対応する販売対象商品の拡大で新規顧客を増やし（新規獲得・離反復帰への顧客戦略）、既存顧客の購買単価と頻度を、販売対象商品の拡大とその購買や使用を促進する数々のサービスの組み合わせで増加させ（既存顧客のロイヤル化・離反防止の顧客戦略）、TAM全体を広げながら磐石にしているのです。

p97で触れましたが、TAMを広げることは、顧客の創造にほかなりません。Amazonは、TAMの見直しで顧客を広げていると読み解けます。

図4-8　Amazonの顧客戦略（WHO&WHAT）

顧客戦略❶	WHO: 書籍の購入者 WHAT:あらゆる書籍が手に入る（書店に行く必要がない）
顧客戦略❷	WHO: 音楽CD・PC本体・PCソフト・ビデオの購入者 WHAT:あらゆる商品が手に入る（店舗に行く必要がない）
顧客戦略❸	WHO: 電化製品・玩具・スポーツ用品・家具・日用品の購入者 WHAT:あらゆる商品が手に入る（店舗に行く必要がない）
今後の可能性	WHO: 生鮮食品・住宅・高級ファッション・園芸用品・薬品や、融資・物流・決済・保険などのサービスの購入者 WHAT:あらゆる（商品）が手に入る（店舗に行く必要がない）
今後の可能性	WHO: 流通可能なすべての商品とサービスの購入者 WHAT:あらゆる商品やサービスが手に入る（店舗に行く必要がない）

図4-9　Amazon初期の顧客戦略（WHO&WHAT）

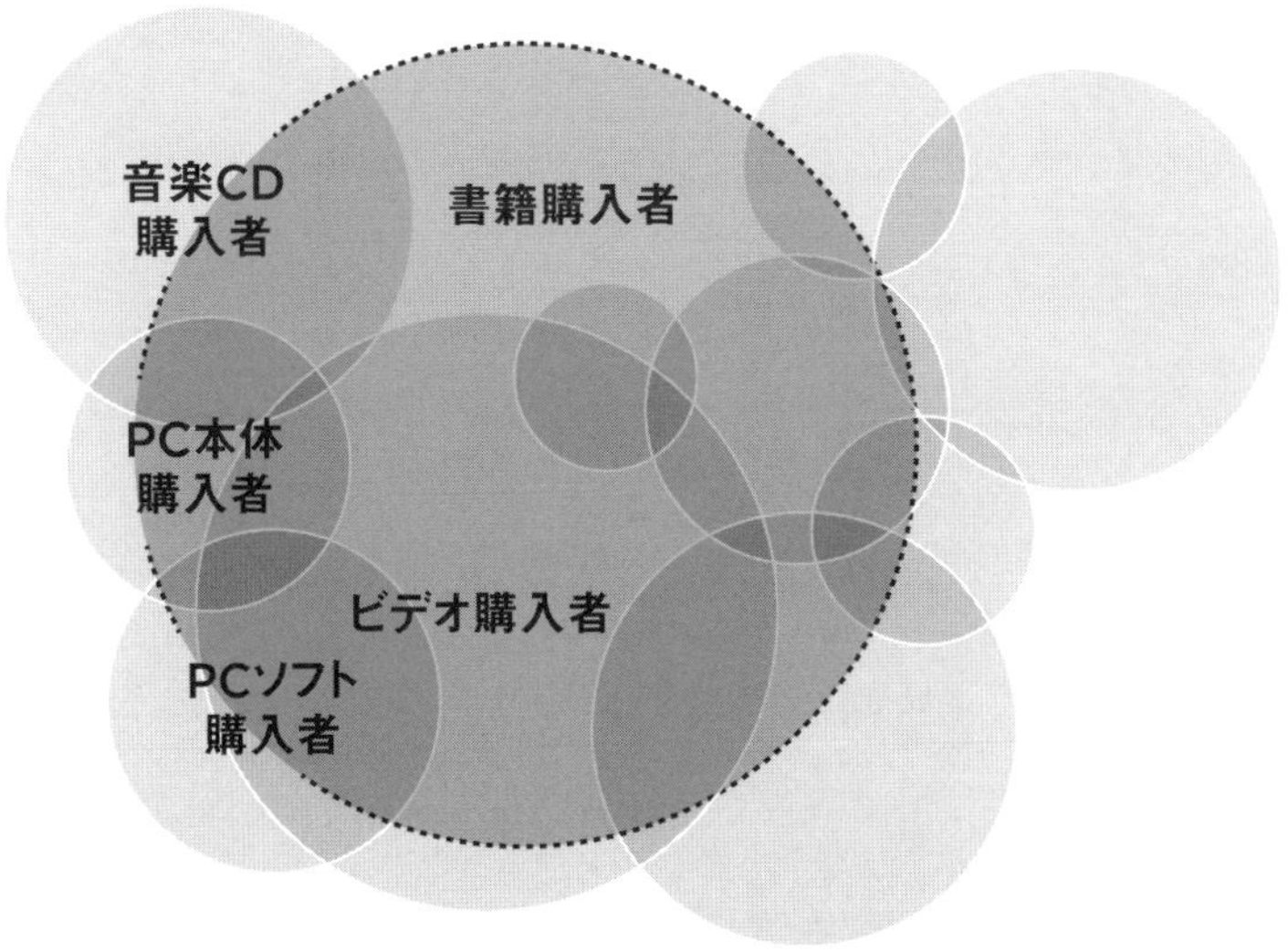

Amazonの成長期におけるカスタマーダイナミクス

TAMは、流通可能なすべての商品とサービス

Amazonの成長初期におけるカスタマーダイナミクスは、図4－10のように可視化できます。ここには、次の4種類の顧客戦略が成り立っていると読み解けます。

1. 書籍購入者の「潜在的なロイヤル化顧客層」へ、異なる興味あるカテゴリーを提案して、単価と頻度を向上させる
2. 書籍の購入が減った「潜在的な復帰顧客」へ、異なる興味あるカテゴリーを提案して、復帰を促す
3. 書籍中心に様々なカテゴリーの「潜在的な新規顧客」へ、それぞれのカテゴリーを提案して、新規顧客を獲得する
4. 書籍などの購入が減りつつある「潜在的な離反顧客」へ、異なる興味あるカテゴリーの提案で離反を防止する

Amazonはこの4つの顧客戦略を支えるために、顧客の購買データを元にしたレコメンデーショ

図4-10　Amazonの初期のカスタマーダイナミクス

TAM＝流通可能なすべての商品とサービスの購入者

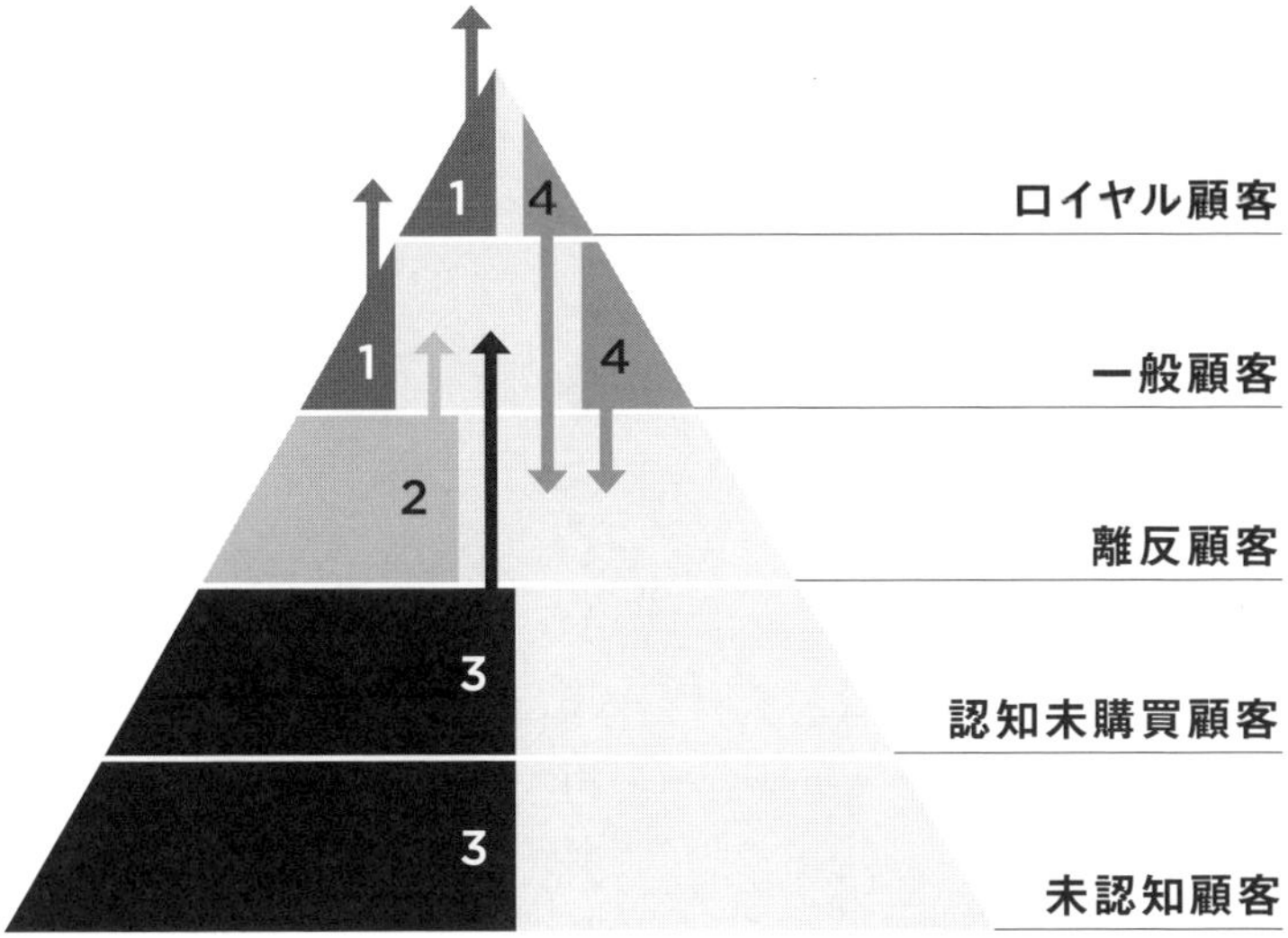

1	Amazonでの書籍購入者へ、異なる興味あるカテゴリー提案で **「単価」と「頻度」を最大化**
2	書籍の購入が減った離反顧客へ、異なる興味あるカテゴリー提案で **離反顧客の復帰**
3	書籍中心に様々なカテゴリー購入者へ、それぞれのカテゴリー提案で **新規顧客の獲得**
4	書籍などの購入が減りつつある顧客へ、異なる興味あるカテゴリー提案で **離反の防止**

・マーケットプレイスで中古品も対象に
・Amazon Primeで送料負担を下げる
・Kindleで読書の時間と場所を拡大

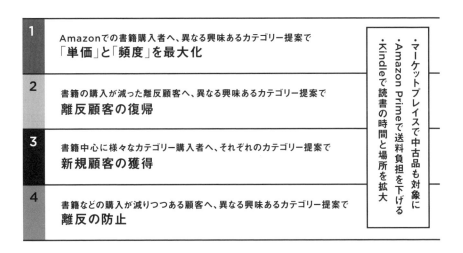

ン機能を強化し、「潜在的なロイヤル化顧客」育成のために、ネット販売（ＥＣ）に関する物流機能からすべての顧客体験の向上に投資してきたと捉えることができます。すべての投資活動が、顧客にとっての価値を追加し高め続けるカスタマーダーナミクスの構築にひも付いているのです。

２０２０年末、ビジネス分析プラットフォームのCB Insightsは〝Amazonが破壊するであろう9つの業界〟についてレポートを発表し、提携する日経新聞でも取り上げられていました。それをなぞるように、今後もAmazonは着々と「潜在的なロイヤル化顧客」に向けてさらに様々な商品とサービスを展開し続けるでしょう。顧客数も売上もすでに巨大化しているので、成長率自体は落としながらも、継続的に伸長していくと予想できます。

カスタマーダイナミクスで新規事業・多角化を考える

マーケット全体を定義し、カスタマーダイナミクスおよび顧客と現在のプロダクトの関係を捉えた上で、投資活動や商品開発、新規事業開発を考える。それがいかに重要であるか、なじみのある企業の例を通して理解していただけたのではないかと思います。

一方で、昭和の時代から、様々な企業がすばらしいプロダクトを開発し成長する中で、事業を多角化し、利益性を毀損して成長できなくなったケースが多くあります。そのほとんどは、伸びている産業へ資金と人員を投入して後発参入したものの、利益性が高まらず停滞・撤退、場合によっては本業の収益性も毀損してしまった事例です。

Amazonをケースとして取り上げた理由の一つは、新規事業の立ち上げや多角化は、まず自社の潜在的なロイヤル化顧客にとっての価値の創出と結び付けて考えるべきだからです。まずは、自社の既存顧客にとってどんな価値を創ることができるか。その上で、それは自社だけで提供できるのか、自社以外の力を使うことでできるのかを考えることで、マーケットに埋もれている新しい価値を顧客に見いだしてもらうことが可能です。

電話の再発明からスタートしたｉＰｈｏｎｅ

次に、Amazon同様に、その誕生から現在までを筆者が観察できたiPhoneを、複数の顧客戦略（WHO&WHAT）を活用して圧倒的な成長を遂げた例として取り上げてみます。iPhoneは、顧客に提供しうる価値を最大化するために、自社の能力だけでなく第三者の能力を活用して圧倒的な成長を実現しています。

iPhoneは、誕生からわずか15年で世界的なプロダクトになりました。しかしAppleは秘密主義を貫いており、将来的な計画などはほとんど公開せず、新商品や新事業も公式発表会でしか明かされていません。ただ、歴史をひも解くことで、どんな目的でどんな戦略を展開したかを理解することができます。

Appleが、顧客戦略（WHO&WHAT）という言葉を使っていたとは思いませんが、ここまでの変遷を見れば、決して単一の顧客戦略を想定していたわけではないことが分かります。iPhoneと

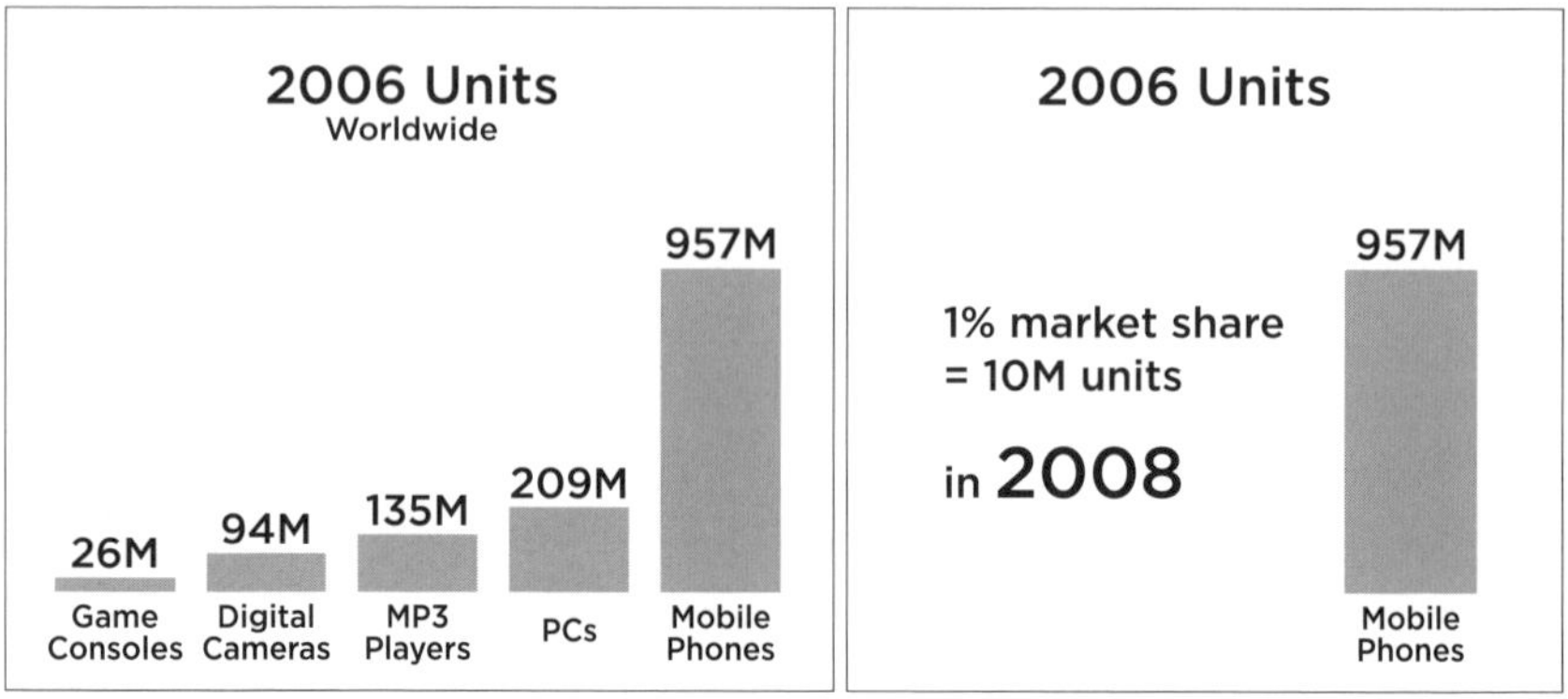

2007年「MacWorld」スティーブ・ジョブズ氏のプレゼンテーションを元に作成

いうプロダクトの導入と育成に関して、当初から複数の顧客層と便益・独自性の組み合わせ戦略を土台に、商品開発、機能開発、アップグレード、ラインアップの拡張を行ってきたことは明らかです。それはこの業界にありがちな、総花的な機能提案型のプロダクトアウトの事業ではありません。

iPhoneを世界的なプロダクトに押し上げ、スマートフォンで世界を変えた戦略の起点は、2007年1月9日の「MacWorld」でのスティーブ・ジョブズ氏のプレゼンテーションの中に見ることができます。ジョブズ氏は、iPod、Phone、インターネットが一緒になった「電話の再発明」としてiPhoneを紹介しました。インターネットの機能として紹介されたのは、メール機能、Google Map（GPS機能はなかった）、天気予報程度で、この時点では「電話とiPodの音楽再生が一緒になった」ことがジョブズ氏の主たる訴求でした。

そしてプレゼンテーション後半で、iPhone の販売目標として「携帯電話の２００６年時点での世界販売台数９億５千７００万台の１％にあたる、１千万台を２００８年に販売する」と発表しています。実際に宣言通り、iPhone は２００７年に３３０万台、２００８年に１千１４１万台を販売し、目標を達成しています。これ自体すごいことなのですが、振り返ると発表スライドの１枚目にあった各カテゴリーの市場規模を比較したグラフに、当時ジョブズ氏が見据えていたＴＡＭと初期の顧客戦略である iPhone と顧客の関係（ＷＨＯ＆ＷＨＡＴ）が見て取れます。

ｉＰｈｏｎｅのプロダクト提案から顧客戦略を読み解く

このスライドには、２００６年の世界販売台数として携帯電話の９億５千７００万台と同時に、ゲーム機２千６００万台、デジタルカメラ９千４００万台、ＭＰ３プレーヤー（デジタル音楽再生機）１億３千５００万台、ＰＣ２億９００万台が掲載されており、ジョブズ氏は「携帯電話は圧倒的に多いから成長余地がある」としています。この直後に、Apple Computer, Inc. という社名から Computer を外し、Apple, Inc. となる社名変更の発表が続きます。コンピューターはＴＡＭではなくなったということです。

この時点で、ＴＡＭは当時の10億台の携帯電話を所有している顧客だと確認できますし、この時期に２桁伸長していましたので、数年後には20億、遠くない将来には30億となる巨大なＴＡＭが視野にあったということでしょう。

2021年に2億3千790万台を販売するまで成長したiPhoneの機能投入、新商品、新サービスの歴史を振り返れば、2007年の時点で、このスライドにあるすべてのカテゴリーを視野に入れて、それぞれのニーズに対するiPhone機能開発の顧客戦略が存在していたことが分かります。

Amazonが、流通可能なすべての商品やサービスの顧客をTAMとして捉え、その最初のカテゴリーとして浸透率が高く最も顧客数が多い書籍を選んだ事実と、ジョブズ氏がゲーム、デジタルカメラ、MP3プレーヤーとPCの顧客を取り込むべく、顧客数の最も高い電話を選んだ事実は同じ発想によるものです。iPhoneを電話として投入して多くの顧客を獲得し、その単価と使用頻度、購買頻度を最大化したといえます。違いは、外部の力の利用にあったと考えられます。

ではiPhoneは2006年以降、それまでの携帯電話が取り込んでこなかった様々な顧客層を、それぞれに対するプロダクト便益と独自性でどのように獲得していったのか。その主要なプロダクト提案を振り返ります。

■2007年　音楽が聴ける電話の拡大

導入初期の1年は、狙い通り「iPodの音楽再生が可能な電話」としての便益と独自性に価値を見いだす顧客層を中心に取り込んでいきます。ただしこの時点では、携帯電話ユーザーの大部分は、iPhoneを「値段の高い、特殊な、iPodの延長にある音楽好き向けのプロダクト」として見ていました。つまり、電話機能に付加されたiPod音楽再生に強い興味がなければ、既存の携帯電話で十分だと考えていたのです。その意味で、当初の計画の携帯電話出荷数の1%という目標は、野心的ながらも合理的だったといえます。

iPhone の戦略が、異なる複数の顧客ニーズを視野に入れて、異なる顧客層ごとに機能開発と実装を進めることだったと分かるのが、この後の展開です。

■２００８年　App Storeの導入

２代目となる２００８年の iPhone 3G では、多様な顧客ニーズを取り込むことを可能にするアプリストア（App Store）が、Apple 以外の第三者が作成した５００種のアプリとともに導入されました。これが後に、ゲームや音楽やデジカメだけでなく、動画やニュース、ＳＮＳなどありとあらゆる情報やエンターテインメントを取り込んでいく入り口になります。まさに電話の再発明への機能実装でした。これによって、Apple は自らのリソースや強みでは実現できない価値の創出を、第三者の力を借りて提案できる状態になったのです。

■２００９年～　課金によるアプリ産業の発展

２００９年には、アプリ内での課金機能が導入され、アプリ開発者が多額の報酬を得られるようになります。iPhone は当初の電話の再発明を実現し、文字通り「スマートフォン」を生み出し、世界中の様々な開発者から様々なアイデアを取り込む「アプリ産業」を生み出し、Twitter、Facebook に始まり、後の Instagram、Uber などの事業が確立する一助になりました。Amazon すら、この入り口を使わざるを得ません。

iPhoneの独自性の一部でもあった、自社の音楽再生機能のiPod機能（後のApple Music）にすらこだわらず、後に競合となるSpotifyやAmazon MusicにもiPhoneでのサービスを可能とし、顧客への価値提案を優先するプラットフォームになりました。ソニーでさえ、過去にビデオ録画技術やデジタルの音楽配信で自社フォーマットにこだわりすぎて停滞したように、多くの企業が顧客にとっての価値創出を自社技術の制約で妥協してきました。Appleは、iPhoneにおいてその選択をせず、他社の力を使って顧客への価値最大化を実現しながら、収益の一部を得るというアプリストアを拡大したのです。まさにこれは、顧客起点での大発明だといえます。

２０１０年のiPhone 4までには、それまではなかったコピー＆ペースト機能、複数アプリを動かすマルチタスク機能、解像度の高いRetinaディスプレイなどを実装し、パソコンとの併用を促進し始めました。

■２０１２年～　廉価版による顧客層拡大

２０１２年のiPhone 5までの高速化、グラフィック機能やカメラ性能の強化、バッテリー機能の強化、様々なセンサーの搭載で、それまで異なるカテゴリーに存在していた多様なニーズと顧客を取り込むスマートフォン提案は完成していたといえます。２００７年のiPhone発表時に視野に入れていた、携帯電話、音楽（ＭＰ３プレーヤー）、ＰＣ、ゲーム、デジタルカメラの顧客それぞれに顧客戦略を設定する意味が薄れてきています。

この年に、iPhoneは顧客戦略の大きな転換を行っていることが見て取れます。iPhoneの大成功で、競合参入が激しくなり、各社がiPhoneと同質的な機能追随かつ価格競争を仕掛けてきました。結果として「iPhoneは高機能だが高い」とのイメージが強まりつつありました。そこで翌年iPhone 5cという、機能を制限して嗜好性の高い5色のカラーバリエーションを加えた廉価版を投入し、新たな顧客戦略を開始しました。

この狙いは、大きく成功しました。以降の商品展開は、①パソコンなどでの仕事の延長で使えるビジネス関連の便益、②音楽・映像・SNSなどのエンタメ便益、③エントリー層への機能と価格バランス便益、の3つの顧客戦略（WHO&WHAT）が軸となっています。

iPhone 5cの発売時、ティム・クック氏は「低価格の電話を売ることを目標にしたつもりはない」と述べました。これはiPhoneが目指していた顧客戦略を理解する上で、非常に重要なコメントです。エントリー層（WHO）へのプロダクト提案は、この層にとって必要十分に絞り込んだ高機能便益をそれに見合う価格で提供しただけであって、競合が仕掛けている低価格に見合う低機能提案ではないのです。iPhone 6以降、2021年のiPhone 12、iPhone 13での商品構成を見れば、それは明らかです。

■2015年　自動車、金融……新たな顧客戦略

前述の①②③の主たる顧客戦略が、大きくiPhoneの事業を伸長させ、年間2億3千万台以上の販売を支えています。同時に、今後新たな大規模投資の対象となる顧客戦略の兆しも見えています。

臆測のニュースが増えてきていますが、Appleが2013年時点でのiPhoneへのCarPlay（自動

車連携）の導入で、自動車カテゴリー参入への顧客戦略を模索し始めたことは明らかです。CarPlayは、ドライバーに対する比較的小さな顧客戦略でしたが、その先には当然、自動車業界の土台である「移動」の再定義という大きな顧客戦略を視野に入れているはずです。

2014年のiPhone 6での、Apple Payの実装（日本では2016年から）も同様です。目先のペイメントだけでなく、金融関連カテゴリー全体を見据えたプロダクト開発を目指した顧客戦略を模索しているのは間違いないでしょう。

■2015～2021年　ウェアラブルデバイスの浸透

さらに、iPhoneと連動するウェアラブルデバイスが拡大していきます。Apple Watchは2015年から、AirPodsは2016年から発売されましたが、ウェアラブルデバイス全体で2021年に1億台以上販売する予測が同年内に出されていました。販売台数で見るとiPhoneの販売台数の約40％に相当し年間300億ドルのビジネスとなります。今後さらに、AR／VRヘッドセットやメガネを導入し、物理的世界をスマートフォン内に取り込んでいくのは確実です。

iPhoneは発売から15年程度で、当初の電話の再発明から大きく変化しています。電話、音楽プレーヤー、ビジネスコンピューター、カメラ、GPS端末ナビ、動画プレーヤー、コミュニケーションツール、旅行計画ツール、出会いツール、カーナビ連携、決済ツール、時計、ヘッドフォン……生活に関する機能便益の多くを、iPhoneは今カバーしています。2007年1月9日の「MacWorld」で、スティーブ・ジョブズ氏のプレゼンスライドに入っていた全カテゴリー（ニーズ）

が再定義され、すべてiPhoneに入っているのです。

愚直を極めた顧客起点の戦略構築

これらの一連が、スティーブ・ジョブズ氏という天才のなせる技だと結論付けるのは簡単ですが、2011年にジョブズ氏が亡くなった後も続くiPhoneの強さは何でしょうか？　さらに、iPhoneに実装されてきた部品や技術の大部分は自社開発ではなく外部調達であるとの事実は、どう見ればよいでしょうか？　自社技術があるからプロダクトを出しているのではありません。顧客起点で顧客への価値創造が社内に根付いているからこそ、そのために必要な技術やパートナーを外部からも調達しているのです。

ｐ187図4－12、13、ｐ188図4－14に、成長初期段階におけるiPhoneのカスタマーダイナミクスと主な顧客戦略の推測をまとめました。iPhone誕生から2021年までの変遷を一つひとつ、顧客とプロダクト提案の関係で読み解いて分かるのは、Appleの強みは顧客の潜在ニーズと顕在ニーズを大きなTAMとして捉えて、価値となる便益と独自性を愚直にプロダクトに実装し、開発し、第三者も巻き込んで、顧客に提案し続けていることです。それは、単純に顧客が口にする明らかなニーズに応えるマーケットインでも、事業主が創りたい機能を提供するプロダクトアウトでもありません。顧客が価値を見いだすかどうかに判断軸があるのです。

同社は「顧客が、その生活において、大きな価値を見いだす便益と独自性は何か？　それを提供できるプロダクトは何か？」を真摯に考え、開発し、提供してきたと断言できます。言い換えるとそれは、顧客に自社プロダクトが提案しうる便益と独自性を考え、顧客が価値を見いだせる便益と独自性の組み合わせを時系列で構築しているのです。この愚直を極めた顧客起点の戦略構築がジョブズ氏のいないAppleで実践されている事実を見れば、多くの企業においても、その本質は実装可能であると確信します。

ここまで、顧客起点の経営改革を実装するための3つの基本フレームワーク「顧客起点の経営構造」「顧客戦略（WHO＆WHAT）」「顧客動態（カスタマーダイナミクス）」の考え方と、それぞれの活用方法を解説してきました。次章の第5章は応用編として、量的なアンケート調査などが可能な場合にTAMを5分類から9分類に増やし、より精緻に顧客動態を捉える方法を紹介します。顧客の分類に「NPI（次回購買意向／Next Purchase Intention）」という指標を新たに加えた、「9 segs（ナインセグズ）カスタマーダイナミクス」の活用です。

当面、アンケート調査の予定はない読者の皆さんにはいったん読み飛ばしていただいて、第6章の「顧客起点の経営改革とビジョン」に進み、明日からどのように顧客起点の経営を実装するか、具体的な手順とその先に目指したい顧客起点の経営ビジョンをお読みいただければと思います。その後、第5章の応用編に戻り、「カスタマーダイナミクス」を突き詰めると何が可能になるかを理解していただければと思います。

図4-12　iPhoneの顧客戦略（WHO&WHAT）

顧客戦略❶	WHO: 携帯電話の購入者 WHAT:iPodの音楽再生が可能な携帯電話（電話とiPodが一つに）
顧客戦略❷	WHO: ゲーム・デジタルカメラの使用者・購入者 WHAT:iPhoneだけでゲームや写真撮影ができる
顧客戦略❸	WHO: 様々なゲーム・音楽・カメラ・PC機能・動画再生・SNS・ECの使用者や購入者 WHAT:iPhoneのアプリで上記を楽しめる（アプリで必要な便益を自分で選べる）
顧客戦略❹	WHO: 時計とヘッドフォン・イヤフォン・ナビゲーションを日常的に使用している顧客層 WHAT:Apple Watch・AirPods・CarPlayのiPhone連動で 複数の便益を同時に実現する利便性
今後の可能性	WHO: 自動車の購入者・移動を必要とする顧客・物理世界の便益の購入者 WHAT:iPhone連動で、AR／VR機器・Apple Car・家や街の一部を代替する利便性 物理世界にはない、デジタル上での新しい便益体験（メタバース）

図4-13　iPhone初期のTAM

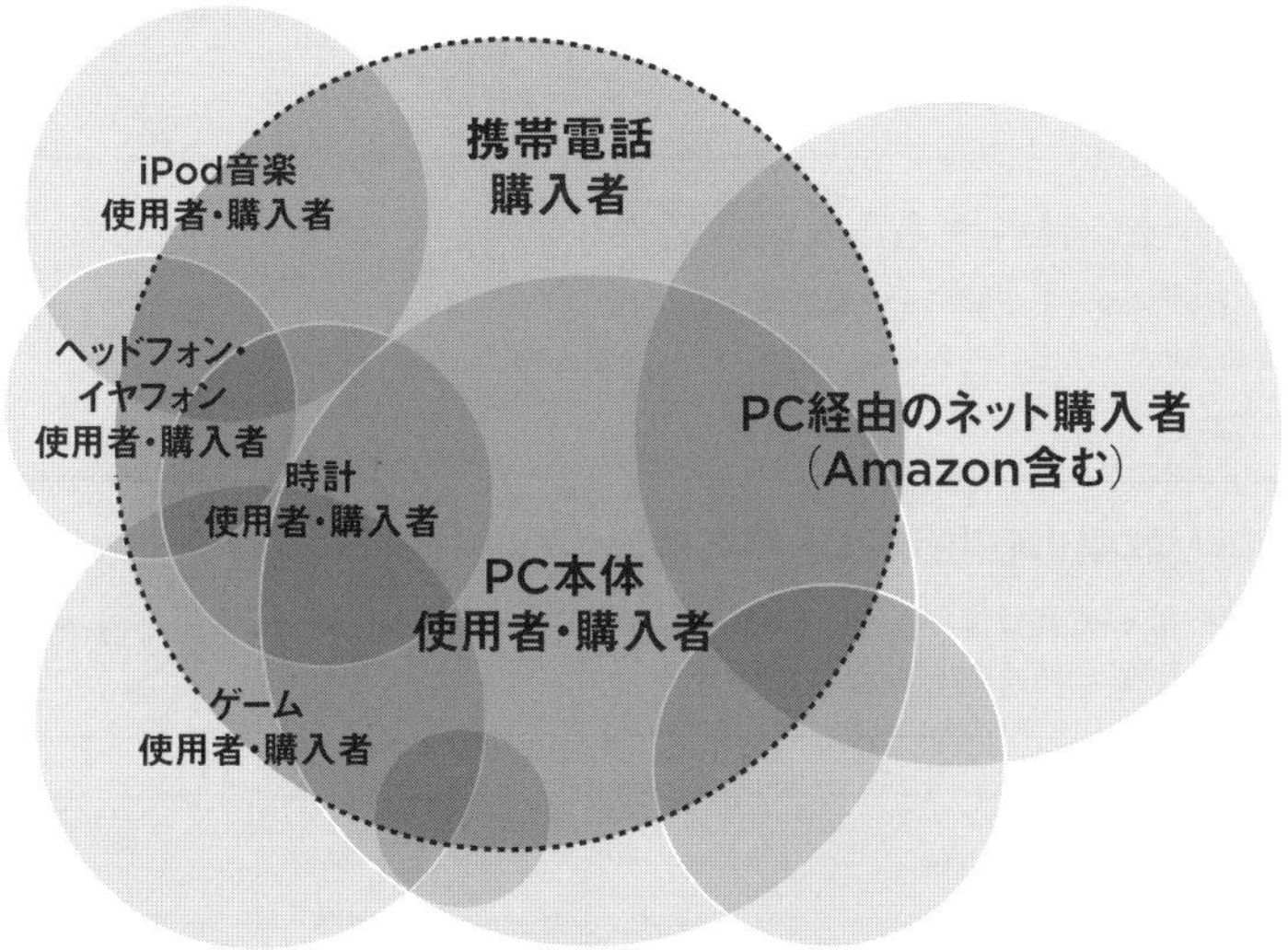

図4-14　iPhoneの初期のカスタマーダイナミクス

TAM　＝　携帯電話の購入者

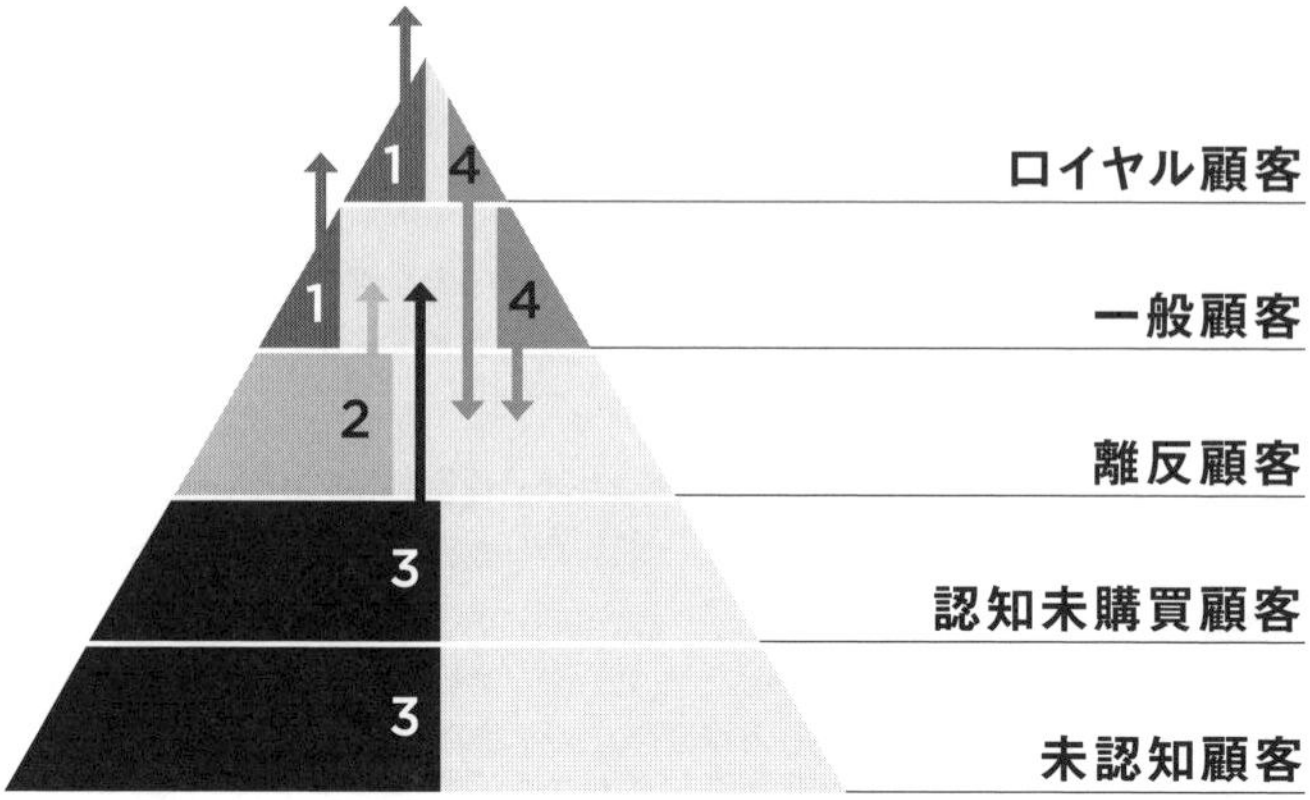

1	**iPhone購入者へ** ・機能追加でPC代替性の強いハイエンド版 ・電話と音楽以外の独自機能追加、アプリ ・Apple WatchやAirPodsなど連動機器の提案	▶「単価」と「頻度」を最大化
2	**他の携帯やスマートフォンに乗り換えた顧客へ** ・機能追加でPC代替性の強いハイエンド版と、機能を絞った廉価版 ・電話と音楽以外の独自機能追加、アプリ ・Apple WatchやAirPodsなど連動機器の提案	▶離反顧客の復帰
3	**iPhoneに興味がある未購入者へ** ・iPodの音楽再生が可能な携帯電話 ・機能追加でPC代替性の強いハイエンド版と、機能を絞った廉価版	▶新規顧客を獲得
4	**電話と音楽の使用が減る顧客へ** ・機能追加でPC代替性の強いハイエンド版と、機能を絞った廉価版 ・電話と音楽以外の独自機能追加、アプリ ・Apple WatchやAirPodsなど連動機器の提案	▶離反の防止

事例　顧客戦略によるスタートアップの成長

顧客に向き合い、コロナ禍の影響を乗り越える

現在、筆者が実際に支援している2つの事例を、それぞれ承諾をいただいて紹介します。アソビューとライフイズテックはいずれも、独自性のある便益の提案で顧客に受け入れられ、事業を伸ばしてきました。

ですが、成長スピードの速いスタートアップだけに、短期間に様々な課題に直面することもあります。特にこの2年ほどはコロナ禍の影響が大きく、両社とも困難がありましたが、常に顧客理解に努めて地道に施策へと転換したことで回復し、さらなる進化を遂げています。

CASE1　アソビュー

■前年同月比95％減の大打撃

「生きるに、遊びを。」をミッションとするスタートアップ、アソビュー株式会社（代表取締役CEO山野智久さん）が実践した顧客起点の経営改革を紹介します。アソビューは、観光・レジャーなどの遊びの予約サイトを手がけるBtoCの側面と、観光・レジャー産業向けにSaaS（Software as a Service）の予約システムなどを提供するBtoBの側面があります。著者の投資先でもあり2019年から支援していますが、山野代表が率先して徹底的な顧客起点をつらぬく中で、コロナ禍での危機的な売上消滅も乗り越え、2021年12月23日に総額30億円の資金調達を経て大幅な事業成長を継続しています。

様々な議論や分析を経て、顧客起点の経営改革を実践してきましたが、ここでは顧客戦略（WHO&WHAT）の変遷を中心に説明します。

事業の改革議論を始めた2018年の時点では明示されていなかったものの、20代の男女（WHO）に対して多種多様な週末の遊びを提供していました（p192図4-15）。主にスキューバダイビングやパラグライダーなどのアウトドア体験や、陶芸・ガラス工芸などの伝統体験で、いつもと違うお出かけ・観光をWHATとして、デジタルメディアやPRなどの手段手法（HOW）を通じ

レジャー予約サイト「アソビュー！」https://www.asoview.com

た顧客戦略を実現し、事業を伸ばしていました。

この時点では、実際の顧客の予約データや購買データを顧客別に分析してはいなかったので、実践している顧客戦略が正しいのかどうかは確かめられていませんでした。そこで、それ以外の収益性拡大の可能性の検証も含めて分析を行ったところ、実は予約と購買の大部分は20代男女ではなく、子供のいるファミリー層のリピートに支えられていることが分かりました。登録されている顧客人数としては20代男女は多いのですが、頻度を見ればまったく異なる顧客戦略が成立していることに気付きました。

このあと、山野代表が率先して組織全体で地道なN1インタビューを繰り返し、次頁の図4－16のようにファミリー層に向けた3つの顧客戦略（組み合わせ）を洞察し、2019年後半から、これまでの20代男女への顧客戦略よりも優先して、その実現に注力しました。新たに追加する多様な

図4-15　アソビューの顧客戦略（2018年）

顧客戦略①	WHO:	20代の男女
	WHAT:	多種多様な週末の"あそび"の追加
	HOW:	デジタルメディア、PR
顧客戦略❷	WHO:	20代の男女
	WHAT:	スキューバダイビングやパラグライダーなどのアウトドア体験や陶芸・ガラス工芸などの伝統体験で、いつもと違うお出かけ・観光を
	HOW:	デジタルメディア、PR

図4-16　アソビューの顧客戦略（2021年）

顧客戦略①	WHO:	週末、家族でお出かけするファミリー
	WHAT:	多種多様な週末の"あそび"の追加
	HOW:	デジタルメディア、PR
顧客戦略❷	WHO:	週末、家族でお出かけするファミリー
	WHAT:	子供と一緒に遊べるお出かけスポットが、簡単に検索できる・予約できる
	HOW:	デジタルメディア、ファミリー向け消費財ブランド（ケロッグ等）とのタイアップ
顧客戦略❸	WHO:	週末、家族でお出かけするファミリー
	WHAT:	お出かけの定番、レジャー施設や日帰り温泉がクーポンでお得に
	HOW:	デジタルメディア、メールマガジン
顧客戦略❹	WHO:	レジャー施設に遊びに行くファミリー
	WHAT:	人気のレジャー施設のチケット事前購入で、窓口に並ばず入れる
	HOW:	レジャー施設の公式ホームページやSNS公式アカウントでの情報発信
顧客戦略❺	WHO:	外（レジャー施設）に遊びに行きたいが、躊躇のあるファミリー
	WHAT:	お菓子作りやクラフト製作などの家の中での"あそび"
	HOW:	デジタルメディア、メールマガジン
顧客戦略（B向け）	WHO:	コロナ禍で、感染予防のため入場規制が必要なレジャー施設
	WHAT:	初期費用無料で日付・時間単位で来場人数を設定でき、非接触で入場手続きができる電子チケットサービスや予約・顧客管理システムの提供
	HOW:	レジャー施設への直接営業

遊びも、この層に向けて開発していきました。

結果として新規顧客数も伸び始め、ビジネスも強く伸長してきた矢先の2020年の春、コロナ禍で需要が激減してしまいました。レジャー業界全体がコロナ禍による外出自粛の影響を真正面から受け、2020年4－5月の流通金額（サービスでの取引の総額）は、前年同期比で95％減と、壊滅的な状況に落ち込んでしまったのです。

この困難を組織全体として、人事含めてどのように乗り切ったかに関しては、ぜひ山野代表の著書（『弱者の戦術　会社存亡の危機を乗り越えるために組織のリーダーは何をしたか』ダイヤモンド社）をお読みいただきたいですが、ここではその際の顧客戦略と経営陣の顧客起点の実践を説明します。

■レジャー施設の課題の解決に取り組む

経営陣は、顧客の需要が激減する中で、アソビューとしてどんな価値を創りうるのかを考えました。まず一つ目の戦略は、外出してレジャー施設に遊びに行きたいが、躊躇のある親御さんと子供たち（WHO）への、家の中でできるお菓子作りやクラフト製作の提案（WHAT）でした。このWHOは、コロナ禍で急に出現した顧客層だといえます。

そして、WHATを通した便益と独自性は、外出できず学校が休校になる中で時間を持て余している子供への「遊び体験・モノ作り体験」の楽しさ、そして家族での楽しい体験です。この時期だからこそ成立した強い価値であり、顧客戦略でした。言ってみれば簡単ですが、それまで、外遊びを前提に事業展開していたアソビューにとっては、今の顧客心理を起点にしたからこそたどり着いた顧客戦略です。自社起点で「外遊び提案」を模索し続けていたらこの発想すら浮かばず、コロナ禍が過ぎ去るのをただ待つことになっていたかもしれません。

経営陣はさらに考えました。これまで一緒に外遊びを提案していた、パートナーであるレジャー施設の皆さんは、アソビュー以上に深刻に苦しんでいたのです。多くのレジャー施設が、コロナ禍においてもお客様には来てもらい、施設内では少数に分かれて楽しんでほしいと考えていたものの、集客すると多数のお客様が同時間に集中してクラスターが発生するリスクがある、入場規制もスタッフの人数的にも困難である、というジレンマを抱えていました。これは、アソビューの営業担当者がレジャー施設さんの話を丁寧に聞く中で見えてきたジレンマです。

このジレンマは、果たしてアソビューが向き合う課題なのでしょうか？　課題に直面している事業主はアソビューではなくレジャー施設ではありますが、顧客起点で考えれば、これはアソビューの課題だと経営陣は捉えたのです。日々資金が枯渇していく中で、アソビューの経営陣はこの問題解決のために、時間ごとの入場者制限ができる、日時指定の新しい電子チケット販売の機能開発に踏み切りました。そして、もともと提供していた電子チケットサービス「ウラカタチケット」と、ネット予約・顧客管理システム「ウラカタ予約」に組み込みました。

■日時指定の電子チケットサービスが強力な便益に

驚くことに、経営陣はこれらの仕組みの初期導入費用を無償でレジャー施設に提供したのです。当時の経営陣の議論を筆者も覚えていますが、この投資に明らかな勝算があったわけではありません。あったのは、最終的な一般のお客様＝〝C〟への価値を提供するバリューチェーン（価値創り全体）の中で、ジレンマに悩むレジャー施設を「アソビューが便益を提供すべきWHO」として捉えたこと。そして、そのための顧客戦略を実行することが最終的に一般の顧客の価値となり、レジャー施設の価値となり、アソビューの価値となると理解していたことです。

この顧客戦略は、起死回生の策になりました。レジャー業界は、ディズニーやUSJ（ユニバーサル・スタジオ・ジャパン）のような超大手を除いて、まだまだITを苦手とする事業者が多く、コロナ禍にもかかわらず、日時指定の電子チケットサービスは大きな価値として受け止められたのです。このチケットサービスを通じて、一般の顧客も「安心して外出できる」と、実際の予約も目に見えて増えました。

その後、全国の有名な遊園地や水族館など数多くの大型施設に導入が広がり、もともと有償で提供していた施設向けのソリューションを含めて業績は急回復しました。２０２０年8月に流通総額は前年同期比2・3倍、そしてこのチケットサービスの導入は２０２１年11月には約２千５００施設にまで拡大しています。

現在のカスタマーダイナミクスを、次頁の図4－17にまとめました。アソビューでは顧客の行動だけでなく、心理、多様性、変化に経営が目を向け、カスタマーダイナミクスに応じて柔軟に顧客戦略を策定し実行する意味合いをよく理解している、まさに「顧客起点の経営」を実践しているといえます。同社の公開している業績としては、２０２１年10月時点で第２四半期現在における流通総額は約１３０億円を見込んでおり、通期で２３０億円の業績予想をしています。

図4-17　アソビューのカスタマーダイナミクス

TAM＝週末の“あそび”を求める人

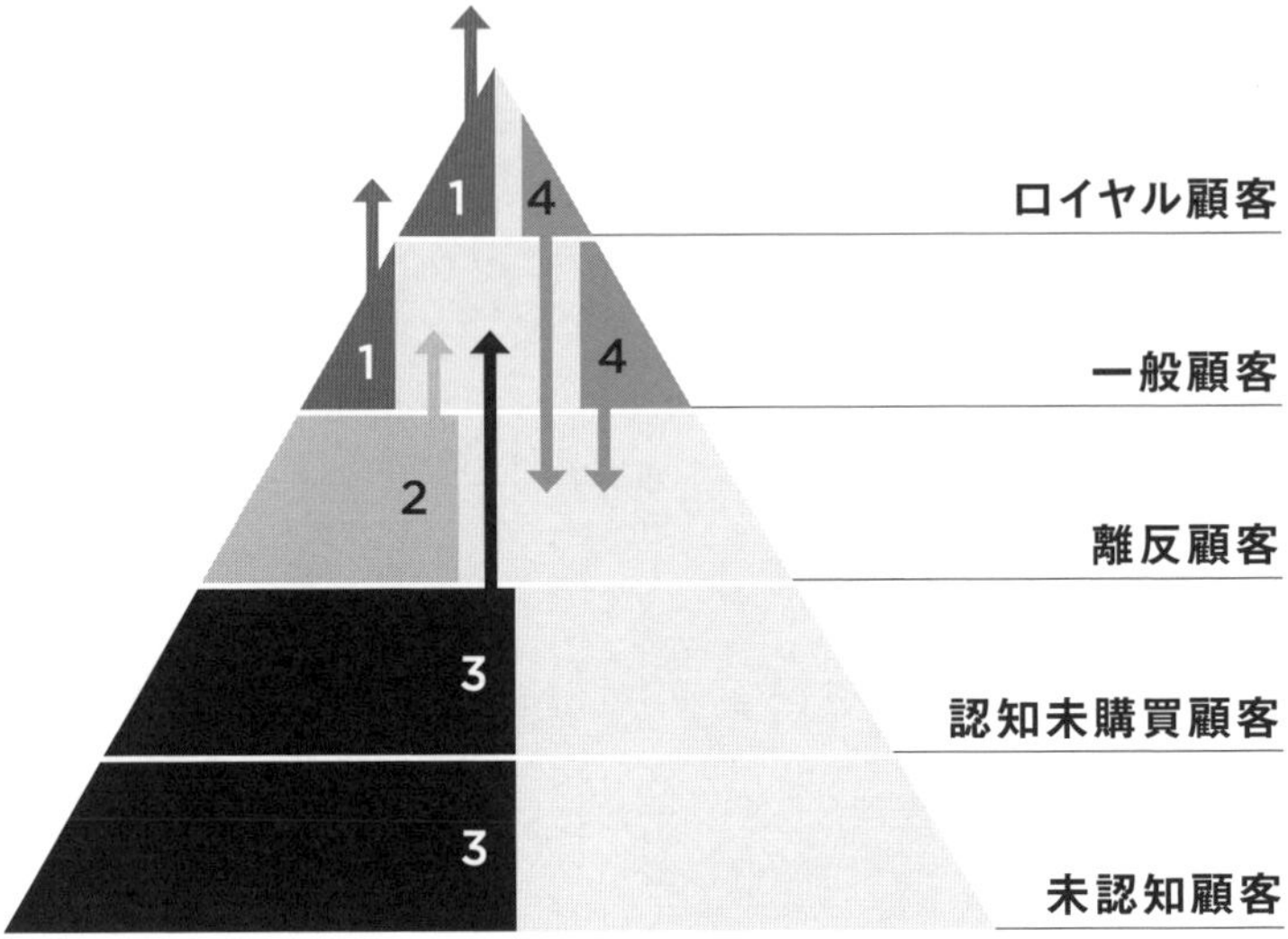

1	多種多様な週末の“あそび”提案で「**単価**」と「**頻度**」を最大化
2	お菓子作りやクラフト製作のような家の中での“あそび”提案で **外に遊びに行きたいが、躊躇のあるファミリーを獲得**
3	❶子供と一緒に遊べるお出かけスポットが、簡単に検索・予約できる提案で **新規顧客を獲得** ❷レジャー施設や日帰り温泉へのクーポン提案で **新規顧客を獲得** ❸事前購入で窓口に並ばず入れる提案で **新規顧客を獲得**
4	多種多様な週末の“あそび”提案で **離反の防止**

レジャー施設へ、電子チケットサービス・予約・顧客管理システムを提供し、
新規顧客の予約から施設体験までの満足強化

CASE2　ライフイズテック

■累計5万人以上が参加するプログラミング教室

ライフイズテック株式会社（代表取締役CEO 水野雄介さん）は、中学生・高校生のためのIT・プログラミング教育サービスの提供を軸に、2010年に創業した会社です。事業としては、春休みや夏休みに都心部の大学キャンパスを使って行うプログラミングキャンプおよびスクールの「Life is Tech !」が中心で、これまで5万人以上が参加しています。

「学ぶためには『好きになる』ことが大事である」との信念に基づき、一方通行の講義ではなく、参加者全員が一体感をもって夢中になれる工夫、演出、カリキュラム構成やイベントが企画されています。大学生の先輩たちが一人ひとりの個性に合ったサポートをするといった特徴でも、高い評判を得ていました。筆者の娘がキャンプに参加したこともご縁となり、2019年から支援しています。経営陣の了解を得て、顧客理解を土台にした改革の変遷を説明します。

2018年には、キャンプやスクールに参加できない子供たち向けに、ディズニー社とのライセンス契約で、ディズニー・プログラミング学習教材「テクノロジア魔法学校」を開発し発売しました。ディズニーの世界を題材にしたレッスンで、同社が得意とする〝楽しく学ぶ〟ために、キャラクターがまるで家庭教師のように学習をサポートする学習教材です。

発売当初はディズニーファンを中心に売れましたが、徐々に頭打ちとなっていました。ディズニーのキャラクターが教えるという独自性があり、ディズニーファンにとってはそれ自体が便益にもなっていましたが、ファン以外には、プログラミングが楽しく学べるという便益が強い価値になっていなかったのです。この時期には、米国にも進出し、本教材の英語版の販売を始めました。しかし日本と同じく、ディズニーファンには受けが良いのですが、それ以外には支持が広がらず、販売は苦戦していました。様々なイベントでPRを行っても同様で、ディズニーの魅力で集客はできても販売にはつながらない状態でした。

この頃、並行して別の事業部が、日本において中学校や高校のような公教育向けにプログラミング教材「ライフイズテック レッスン」を開発し、販売を始めました。学校でのプログラミング学習は、そのニーズの高まりに反して指導要領もまだ整っておらず、先生のスキル差が大きく、多くの先生ご自身が懸念している状態でした。そこで、学習内容に差が出ないよう開発したのです。

実は、先生も活用し生徒がプログラミングを楽しく学べるSNSとして「MOZER（マザー）」という学習サポートを2016年から提供していました。「ライフイズテック レッスン」は、この進化版として開発されたもので、徐々に全国の学校に広まっていきました。

■「仲間と一緒に学ぶ楽しさ」こそ独自の便益

「テクノロジア魔法学校」に課題を残しながらも、キャンプとスクール、そして公教育向け教材の「ライフイズテック レッスン」は順調に事業が伸びる中、2020年春のコロナ禍で同社は大きな

IT・プログラミング教育サービス「Life Is Tech！」https://life-is-tech.com/

方向転換を余儀なくされます。屋台骨であったキャンプとスクール」が開催できなくなったのです。

キャンプとスクールのオンライン化を進めたものの、参加人数は大きく減少しました。同時に、「テクノロジア魔法学校」の収益化がますます大きな課題となっていました。あれこれ悩んで議論しても簡単には打開策を見いだせず、まずは「今の顧客の理解」を徹底しました。

キャンプやスクールに来ていた中高生、そのご両親、公教育向けの事業では学校の先生や教育委員会の方々へのヒアリングを重ね、米国でも支社長が一人で「テクノロジア魔法学校」に興味を持った方やそうでない方の話をひたすら聞いていきました。苦しい状況でも、オンラインでのキャンプとスクールを小規模で行いつつ、打開策を探る状態が長らく続いていました。

筆者も他の教育業界の対応策を探ったりしましたが、即効性のある策は見つからず、できたのは

「目の前の顧客の話を聞いてチャンスを見つけよう」と繰り返すことくらいでした。そして、ライフイズテック内部で、徐々に自ら打開策を見いだしていったのです。

まず公教育向け事業では、多くの学校がオンライン授業になる中で、むしろ公教育向け教材「ライフイズテック レッスン」がオンライン授業で使いやすく、それが独自性かつ便益となり得ることに気付きました。その提案を軸に、先生方に試してもらう機会を拡大し、導入が増えていったのです。その後、コロナ禍が続く中でも強く支持され、2022年1月現在で300の自治体、1千650校の公立・私立学校を通じて約32万人に利用されるようになっています。

また、個人向け販売に苦戦していた「テクノロジア魔法学校」は、日本で法人への提供を開始しました。これにより、自治体や学校だけでなく、既存のプログラミング教育事業者や学習塾、企業などが「テクノロジア魔法学校」を教材として活用できるようになりました。併せて米国では、このプログラムを米国の中学校および高校へ提供し始めました。

この背景には、奇しくもコロナ禍によって皆が体感した「オンラインで一緒に学べる楽しさ」がありました。学習のオンライン化が進む中、個々人で学習プログラムを購入して実行するには楽しさがなく、購買に至る価値は弱い一方、学校や教育事業者を通じて複数の人数で参加して一緒に学ぶ楽しさには価値があることに気付いたのです。これこそ、ライフイズテックがもともとキャンプとスクールで発揮していた独自性であり、学習する便益を支えていたのです。つまり、「テクノロジア魔法学校」は個人使用向けではなく、塾などの一般法人に提供することで強い価値が生まれることが分かったのです。米国でも、個人向けから学校向けへの提供に切り替えることで、半年で65

校に導入されるまでに拡大しています。

■一緒に学ぶ楽しさを、企業DX支援に展開

このように「仲間と一緒に学ぶ楽しさ」こそが自社の独自の便益であると再認識したライフイズテックは、2021年7月、新たに一般企業向けの研修プログラム「DXレディネス研修」の提供を開始しました。

多くの企業がDXを進めようとしていますが、そのほとんどが苦戦しています。IT技術の導入や専門スキル人材確保だけでは難しく、全社員のデジタル対応といえる「人材のDX化」が土台であることは、数多くの中高生のIT教育にたずさわってきたからこそライフイズテックは理解していました。本プログラムは組織や役職によらず、全社員がDXに対してポジティブなマインドを持ち、DXによる課題解決を推進するベーススキルを持つ状態へと引き上げるために、ハンズオントレーニングを通じて育成する研修です。

提供開始早々から、デジタル人材育成の推進を掲げる日本電気株式会社や三菱ケミカル株式会社などの新入社員向けにも導入され、すべての企業人の基礎となるデジタル人材育成研修として評価を受け、急拡大しています。

■第4章のまとめ

・顧客は動態である。顧客の心理状態やその結果としての行動は常に変化している。競合に先んじて顧客の変化を捉えて顧客戦略（WHO&WHAT）を素早く変化させていけば、競合よりも早く顧客への価値創造が可能になる。

・マーケットは常に変化し続ける「顧客の心理と行動の動態」と捉えて経営すべきである。収益の向上を目指す経営が実現するのは、新しい顧客を創造すること。すなわち、自社プロダクトを継続的に支持していただける顧客の動態を生み出し続けること。

・本質的で持続性のある事業成長につながる戦略として目指すべきは、今、目の前のマーケットの顧客の心理と行動を理解し、素早く顧客戦略を構築し、それを実現する手段手法を企画・実施し、PDCAが可能な体制を組織に内製化すること。この一連を可能にすることが、顧客起点の経営改革である。

第 5 章

応用編

NPIを加えた「9segsカスタマーダイナミクス」

5segsに、事業成長のKPIとして有効な
「次回購買意向(NPI)」の軸を加えて9つに分類した顧客を
動態として捉えるのが「9segsカスタマーダイナミクス」です。
これを定量的かつ定期的に追いかけることで、
さらに客観的な顧客戦略の評価と投資判断が可能となり、
継続的な事業成長、収益性向上を目指すことができます。

5-1 9つの顧客分類（セグメンテーション）――9セグズ

5セグズの発展形が9セグズ

第3章と第4章を基礎編とし、事業規模やBtoC、BtoBにかかわらずすべての事業に活用できる内容をまとめました。応用編となる本章では、目安として自社プロダクトの顧客数がおよそ400人（400クライアント）以上あり調査母数が十分あること、そして顧客へのアンケート調査が可能な組織が活用する場合を想定しています。応用編では、セグメンテーションと分析がやや複雑になります。そのため本章は飛ばしていただいても、顧客起点の経営改革のおよその考え方は理解いただけるように構成していますので、必要に応じてご活用ください。

端的にいうと、名称の通り、5つだったセグメントが9つに増えます。5 segs（ファイブセグズ）（図5－1）の未認知顧客より上位の4セグメントを、次回も自社ブランドを購買する意向があるか、すなわち「次回購買意向」の有無でさらに2分割したものが、カスタマーダイナミクスの基盤となる「9 segs（ナインセグズ）」です（図5－2）。基礎編で紹介した、5セグズ カスタマーダイナミク

図5-1　5segs（再掲）

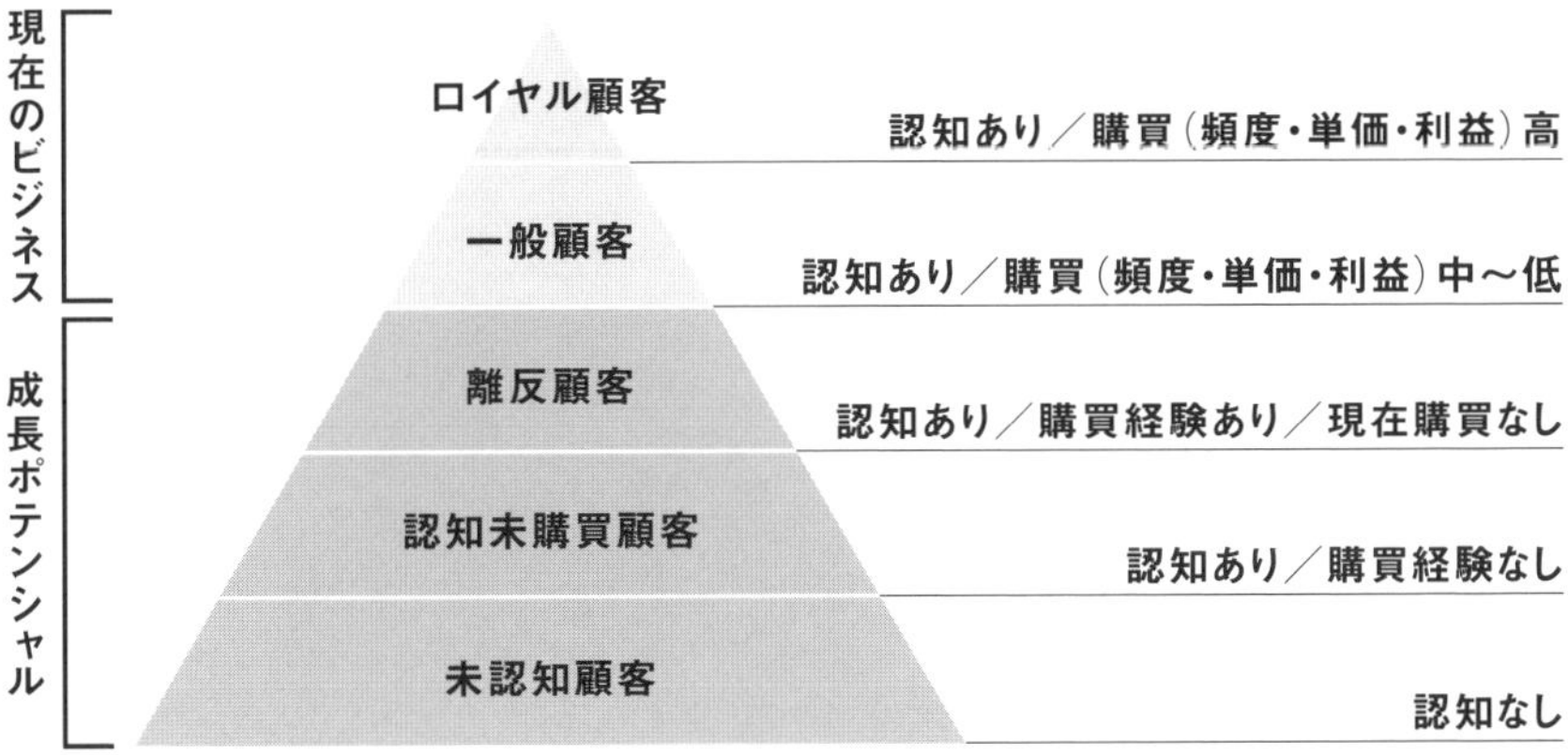

図5-2　9segs

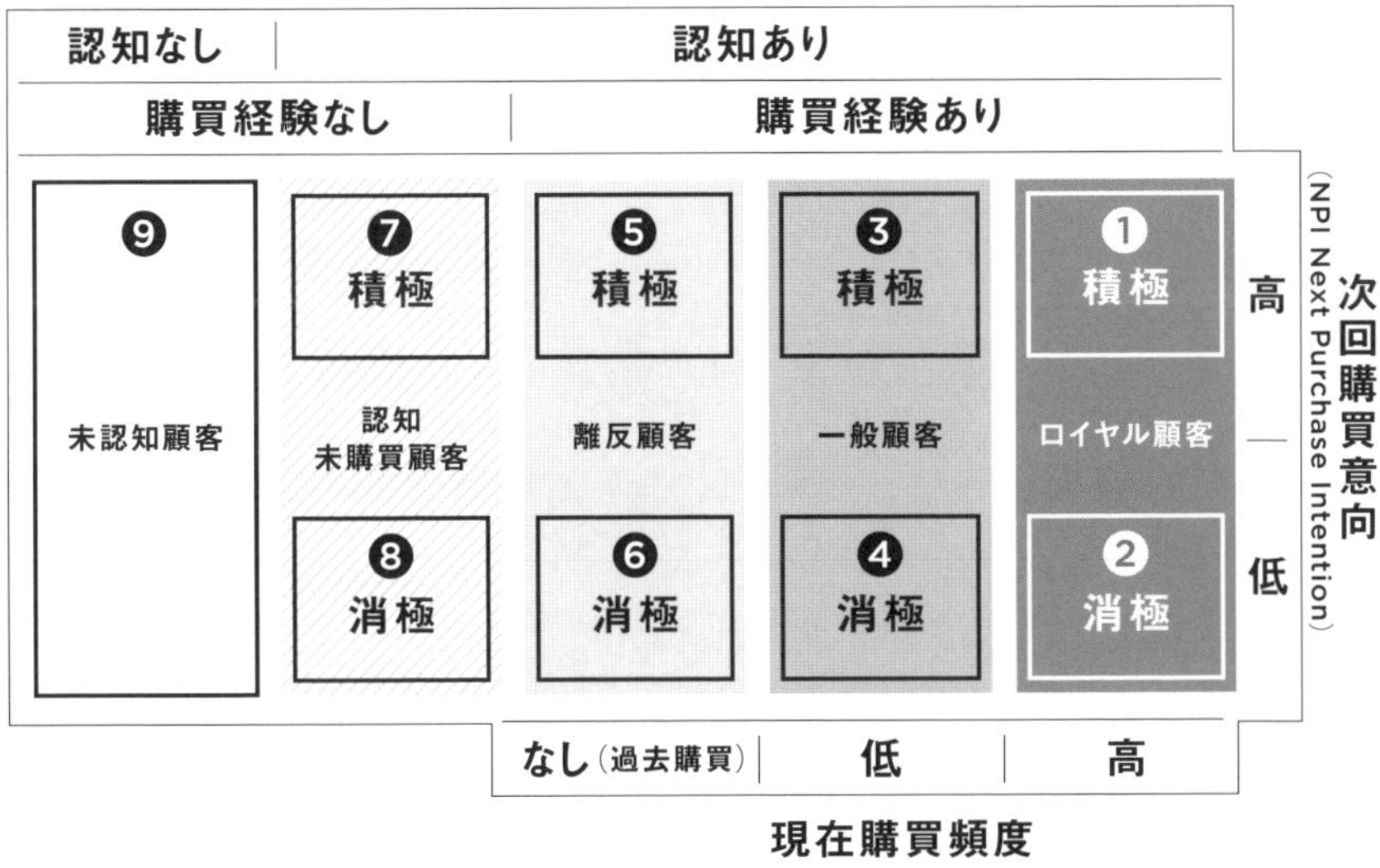

スにおける潜在的なロイヤル化顧客、潜在的な新規顧客、潜在的な復帰顧客は、それぞれのセグメントにおいて次回購買意向がある「積極層」に分類していたといえます。

9つのセグメントは、5セグズでの分類である①認知の有無・購買経験の有無・購買頻度（ロイヤル、一般、離反、認知未購買、未認知の5層に分かれる）と、②次回購買意向（あり＝積極、なし＝消極、と表す2層に分かれる）の2軸で分けられています。9セグズの作成時も、5セグズで解説したように、TAM顧客数の定義が前提です。

次回購買意向は、NPI（Next Purchase Intention）と呼んでいます。p210で詳述しますが、NPIは調査を通して事業成長のKPIとしての有効性が発表されています。

それぞれのセグメントは、seg.1（セグ1）、seg.2（セグ2）などと表記します。セグ1、3、5、7が、次回購買意向（NPI）がある人です。セグ9は未認知なので、積極・消極の区分はありません。

対象とする顧客全体をロイヤル～未認知の購買軸で分ける分析は、比較的イメージしやすいかと思います。9セグズの特徴は、②NPI（次回購買意向）の軸で顧客を分けることです。これがなぜ重要かというと、同じように高頻度で購入しているロイヤルと思える顧客でも、強い購買意志を持って自社プロダクトを選んでいるのか、それとも「他のプロダクトでもいいが、とりあえず買っている」「次回は違うプロダクトを選んでもいい」のか、という心理の違いや変化があるからです。

そうした、次回購買に消極的な心理状態になっているセグ2やセグ4の顧客は、今回は顧客であっても、次回の購買で離反して非顧客化する可能性が高いです。したがってこれらを分類して、その心理状態をどう変えるか、そのために何をすべきかを考える必要があります。

また、同じ認知未購買でも、NPI（次回購買意向）があるセグ7の方がセグ8よりも顧客化は容易で、獲得コストは低くなります。逆にセグ8の顧客化は容易ではなく、何を提案すれば自社プロダクトに購買意向を持っていただけるか、セグ7とは区別して見極めることが重要です。

顧客心理が見えていない状態とは、まさに、こうしたまったく異なる潜在顧客を一緒くたに扱っていることです。当然、経営としての投資対効果は上がりようもありません。このようにNPI（次回購買意向）は顧客心理を捉え、経営としての投資対効果を継続的に向上させるのに極めて有効です。

5セグズ、9セグズはBtoBでも活用可能

この考え方は、BtoBでも同じです。BtoBは一般的に購買意志決定までの検討期間が長くなりがちな点がBtoCとは異なりますが、TAM、5セグズおよび9セグズはBtoB事業にも適用できます。カスタマーダイナミクスも運用可能です。

BtoBで運用する場合は、認知未購買の層を「①商談あり・契約不成立のクライアント、②商談あり・商談中の未決定クライアント、③商談前のリードクライアント」の3つに分解して管理します。すると5セグズは7セグズ、9セグズは13セグズとなりますが、実際の業務でもそのまま活用できます。

ブランディング指標としての次回購買意向（NPI）

9セグズでは、横軸が購買経験や頻度などの購買に関する顧客行動を捕捉して分類しているのに対し、縦軸は「次に購入する意向があるか」という顧客心理で分類しています。例えば何らかの販促活動を行った結果、左側のセグメントからより右側のセグメントへ顧客が移行したら、その活動は奏功したといえます。同様に、購買意向を高めることを目的とする施策を実施した結果、下段のセグメントから上段のセグメントへの移行が見られたら、それはブランディング効果があったと見なすことができます。

購買の増減という数値で効果が明確に把握できる販促活動と異なり、経営においても〝ブランディング〟は大事だといわれながらも、効果測定ができない、あるいは、事業成長とのつながりが曖昧な好感度のような指標が効果測定に使われてきました。9セグズでは、次に顧客自ら購買する意向（NPI）をブランディングの効果指標として用いることで、その効果を明確な数字の変化で捉えることができます。

当然ながら、左から右へ、下から上への移行が同時に起こることが望ましく、すべての投資活動は全体として左下から右上方向への顧客の移行を目的としています。

次回購買意向（NPI）でリスクを発見する

NPIとして捉えられる顧客心理は、離反などの目に見える顧客行動として現れる前にそのリスクに気付き、手を打つことにも役立ちます。

例えば「セグ1 積極 ロイヤル顧客」と「セグ2 消極 ロイヤル顧客」は、5セグズでは同じロイヤル顧客ですが、その心理は異なります。NPIがあるセグ1は、明確にそのプロダクトを選んでいますが、セグ2には単に「それしか選択肢がないから」「（店舗の場合）家から近いから」「安いから」といった理由で購入している人が多く含まれます。そうした人は、次の購買機会により自分にとって便益があり代替性の大きい選択肢が登場すると、そちらに切り替える可能性が高いのです。

自社プロダクトのロイヤル顧客の割合が高く、安定していると思っても、その心理をひも解くと「より良い選択肢があれば移る」人が多い場合は事業として不安定です。その場合、セグ1の顧客へのN1分析を通して「なぜ積極化したのか（＝NPIあり）、そのきっかけや理由は何だったのか」を洞察し、再現性がある仮説を立て、セグ2の顧客に訴求することが求められます。

セグ2の顧客は高頻度で購買しているので、セグ1と同様に、離反すると事業へのインパクトが比較的大きいセグメントです。そこで、なるべくセグ2からセグ1へと促しておくことが、外的要因によって突然顧客を失うリスクを低減することにつながります。セグ3から8についても、下段セグメントが想定以上に大きければ、上段セグメントへの移行を促しておくことが急務になります。

5-2 NPI（次回購買意向）の意義と有効性

NPIは成長ポテンシャルの先行指標になる

前項で、顧客を「認知・購買経験・購買頻度」と「NPI（次回購買意向）」の2軸で9つのセグメントに分類する「9セグズ」を解説しました。本項では、NPIが具体的にビジネスの現場でどのように活用できるかを解説します。NPIは、前著『顧客起点マーケティング』（翔泳社）で次回購買意向として発表した指標ですが、筆者が共同創業したM-Forceでは2020年から、この指標の「事業成長のKPI」としての有効性を調査しています。

NPIは、M-Forceとマクロミルとの共同調査により、認知や好感度といった従来のKPI以上に、マーケットシェア拡大との強い相関を示すことが明らかになりました。そこで、9セグズ分析ではNPIを事業成長の先行指標として活用しています。M-Forceによる9セグズ分析支援は2022年3月時点で自動車・アプリ・小売業・日用消費財など累計50カテゴリー・700ブランドを超え、9セグズとNPIを用いて顧客起点の戦略立案とPDCAの導入を支援する独自ツール

「9 segs analyzer」も多くの企業に活用されています。

筆者は財務諸表や顧客行動に加えて、NPIを顧客心理のKPIとして継続的に計測することで、ロイヤル顧客や新規顧客だけではなく顧客層全体を捉えた上での顧客体験の向上、あるいは販促とブランド構築のバランスの調整や軌道修正をしてきました。そして、短期と中長期の成長を両立させる経営を支援しています。

これまで解説してきたように、経営対象と財務結果の間にある「顧客心理」の状態をきちんとつかむことは、顧客起点の経営においてとても重要です。顧客心理がつかめていないと、経営に致命的なブラックボックスを残してしまうことになり、成長の機会を逃したり、大きなリスクを見逃したりすることにもなります。

顧客心理の状態をシンプルに把握するためには、ビジネスの他の分野と同様に適切なKPIを設定し、それらを定期的に計測することが有効です。顧客心理を推し量るKPIは、それぞれの業界や企業ごとに「認知度」や「好感度」や米国のコンサルティング会社が発案した「NPS（Net Promotor Score：顧客推奨度）」など様々な指標が用いられています。しかし、それらのKPIが「どれだけ事業成長の説明力を持つか」については、十分に検証されないまま使用され続けています。有名なNPSも、筆者の関わったこれまでの事業では、事業成長を計測するKPIとして活用できませんでした。高い相関関係も因果関係も見えないのです。

そこで、次の機会に購買したいかどうかという意志を問うNPI（次回購買意向）について、日用消費財6カテゴリー・54ブランドを対象に、他の複数の指標も含めて事業成長との相関を調査しました。結果、前述のように他の指標よりも事業成長のKPIとして有効であることが確認でき、2021年3月に発表しました。発表後も調査を継続し、一定の時間が経過した場合の相関の強さと、他の指標に対する優位性について追っています。

マーケットシェアと顧客心理のKPI

追跡調査を直近2022年5月に発表しましたので、具体的な調査内容とともに紹介します。初回調査から、既存の指標である「認知」「好感度」「NPS」と比較しています。

図5－3の上の表は、9セグズによって得られる主要KPIであるNPI（次回購買意向）とマーケットシェア（金額シェア）との相関です。NPIは、9セグズにおいてセグ1、3、5、7の「積極セグメント（NPIあり）」の割合を足し上げた数値です。

下の表は、u－NPI（顧客内次回購買意向／User Next Purchase Intention）と、日用消費財の代表的なロイヤリティ指標である金額SOR※との相関です。u－NPIは、現在顧客における積極セグメント（NPIあり）の割合で、セグ1の積極ロイヤルとセグ3の積極一般が、セグ1から4であるロイヤル顧客および一般顧客全体に対して占める割合になります。

2021年3月に発表したのが、各表における左列の数値です。引き続きその半年後（中央列）、さらに今回発表した1年後（右列）の調査でも、マーケットシェアの指標である金額シェアとの相関について、従来の指標と比べてNPIが最も強い相関を示し、また、リピート率・購買頻度・購

※金額SOR（Share of Requirement）：あるブランドを年間で1回以上購買した人の年間購買金額のうち、当該ブランドの購買金額が占める割合。

図5-3　NPIとマーケットシェア拡大との相関に関する調査

データ①：2020年12月に取得した一般に用いられる従来のKPIおよびNPIと半年経過後・1年経過後のマーケットシェアの指標である金額シェアとの相関について、従来の指標と比べてNPIが最も強い相関を示した。

		金額シェア		
		2020/1/1～2020/12/31	2020/7/1～2021/6/30	2021/1/1～2021/12/31
		―	半年後	1年後
NPI（次回購買意向）	指標取得はすべて2020年12月	0.659	0.692	0.713
認知		0.508	0.528	0.526
好意度		0.467	0.499	0.506
満足度		0.339	0.384	0.395
NPS		0.265	0.263	0.276

データ②：2020年12月に取得した一般に用いられる従来のKPIおよびu-NPIと半年経過後・1年経過後のリピート率・購買頻度・購買単価の総合的な指標である金額SORの相関について、従来の指標と比較し、u-NPIが最も強い相関を示した。

		金額SOR		
		2020/1/1～2020/12/31	2020/7/1～2021/6/30	2021/1/1～2021/12/31
		―	半年後	1年後
u-NPI（顧客内次回購買意向）	指標取得はすべて2020年12月	0.619	0.644	0.653
満足度		0.043	0.131	0.156
NPS		0.079	0.134	0.154

■調査概要
調査対象カテゴリ：日用消費財6カテゴリ（ビール、緑茶、エナジードリンク、部屋用消臭芳香剤、シャンプー、袋麺）、54ブランド
調査対象時期：2020年1月～2021年12月
調査手法：マクロミルによるインターネットリサーチで聴取した各種KPIスコアとQPR（消費者購買履歴データ）を用いたシェアデータの相関分析
参照：https://mforce.jp/news/519.html

買単価の総合的な指標である金額ＳＯＲとの相関について、ｕ－ＮＰＩが最も強いという結果が得られました。

初回調査で、事業シェアを高めて継続的に事業成長を目指す上でのＫＰＩとしてＮＰＩが適切であると示唆されましたが、今回の調査では将来の予測指標としての有効性も確認できました。これにより、より多くの企業でＮＰＩを活用しうるとともに、事業成長に関する投資家の評価方法としても活用される可能性が広がりました。投資活動が、顧客の心理と行動にもたらす変化にいち早く気付き、継続的な収益性の向上にも寄与すると考えます。今後、ＮＰＩのビジネスの先行指標としての精度検証をさらに深めていきます。

顧客心理ＫＰＩとの運用について

これまで強調してきたように、顧客心理を把握することは経営におけるブラックボックスを解消し、成長の機会を逃したり、大きなリスクを見逃したりすることを避けるために非常に重要です。しかしながら、顧客心理に関するＫＰＩのみで、事業成長を実現できるわけではありません。実際の運用においては、ＮＰＩ（次回購買意向）などの顧客心理に対するＫＰＩは、ファネル型[※1]のＫＰＩ（認知、興味関心、購入……）、またチャネル別のＫＰＩ（例えばネット広告ならＣＴＲ[※2]、ＣＶＲ[※3]……）と併用することになります。

なお、それぞれの指標は独立しているのではなく、ＮＰＩが改善すると、ファネルの各層の転換

※1 ファネル型：じょうごの形。認知、興味関心、購入など各段階のボリュームの推移を表す概念図として使われる。
※2 CTR（Click Through Rate）：ネット広告が表示された回数のうちクリックされた割合。
※3 CVR（Conversion Rate）：サイト訪問者のうち、購入や問い合わせなど最終的な成果に至った割合。

率を一気に改善できるケースが多いです。なぜなら、次回購買意向のある人の方が、ロイヤル顧客化、新規顧客化、復帰顧客化しやすいからです。

認知未購買顧客であっても、プロダクトの便益や独自性が理解され、次回購買意向が高まっているところにきっかけとして広告や営業での出合いがあると、大きく背中を押されます。特にプロダクトへの理解や購買意向がない状態とは、投資対効果は大きく違ってきます。プロダクトを使用する際にも、きちんとその便益や独自性への期待値が醸成された状態で使ってもらえるため、その後の購買意向も維持されることが多いです。

また、すでに認知や好感度など、部分的に顧客心理のKPIを取得している場合には、まずはそれらと並行してNPIを取得し始めて、ビジネスの説明力を比較してみるのもよいでしょう。

実務において重要なことは、「顧客から選ばれる」「指名買いされる」理由となる便益と独自性を顧客起点で発想し、投資の意志決定をすることです。そして、それらをプロダクトを通じて体現し、多くの「これから顧客となる人々」に知ってもらうこと、そして適切な期待値を持った上で実際に体験してもらうことです。

その過程で、ブランドの認知や好感度が上がることはもちろんありますが、便益や独自性が曖昧なまま認知や好感度を上げようと考えると、成功確率は低くなります。考え方が逆になってしまう、つまり「認知を上げていけば、その中で自社ブランドを選んでくれる人も増えるだろう」、あるいは「好感度を上げていけば、ブランドが選ばれることも増えるだろう」という発想だと、顧客の行動は変わらず、財務結果はまったく変化しない状態が続きかねません。

5-3 9セグズ カスタマーダイナミクスの運用――12のルート

9セグズにおける顧客動態を可視化する

本項では、9セグズにおけるカスタマーダイナミクスを解説していきます。第4章で紹介した5セグズをベースとするカスタマーダイナミクスより顧客動態が複雑になりますが、購買ないし離反といった目に見える顧客行動に現れる前に「次に買おうと思っている/思っていない」という心理状態の顧客を定量的に把握できるので、先行的な顧客戦略の立案と実行が可能になります。

第3章p98で解説したように、各セグメントの人数を把握したら、以降は定期的にその人数をトラッキングします。全体として左から右へ、下から上への移行が見られるかを把握して、戦略を見直していきます。認知不足が課題だと特定して認知獲得施策を打つというのは、図でいうとセグ9からセグメントへの移行を狙うことになります。施策後に各セグメントの人数を確認し、セグ9が減ってセグ7へ、そのまま初回購入が成立してセグ3や4が増えていたら、新規顧客の獲得が進んでいると見なせるわけです。

図5-4　9segs カスタマーダイナミクス（再掲）

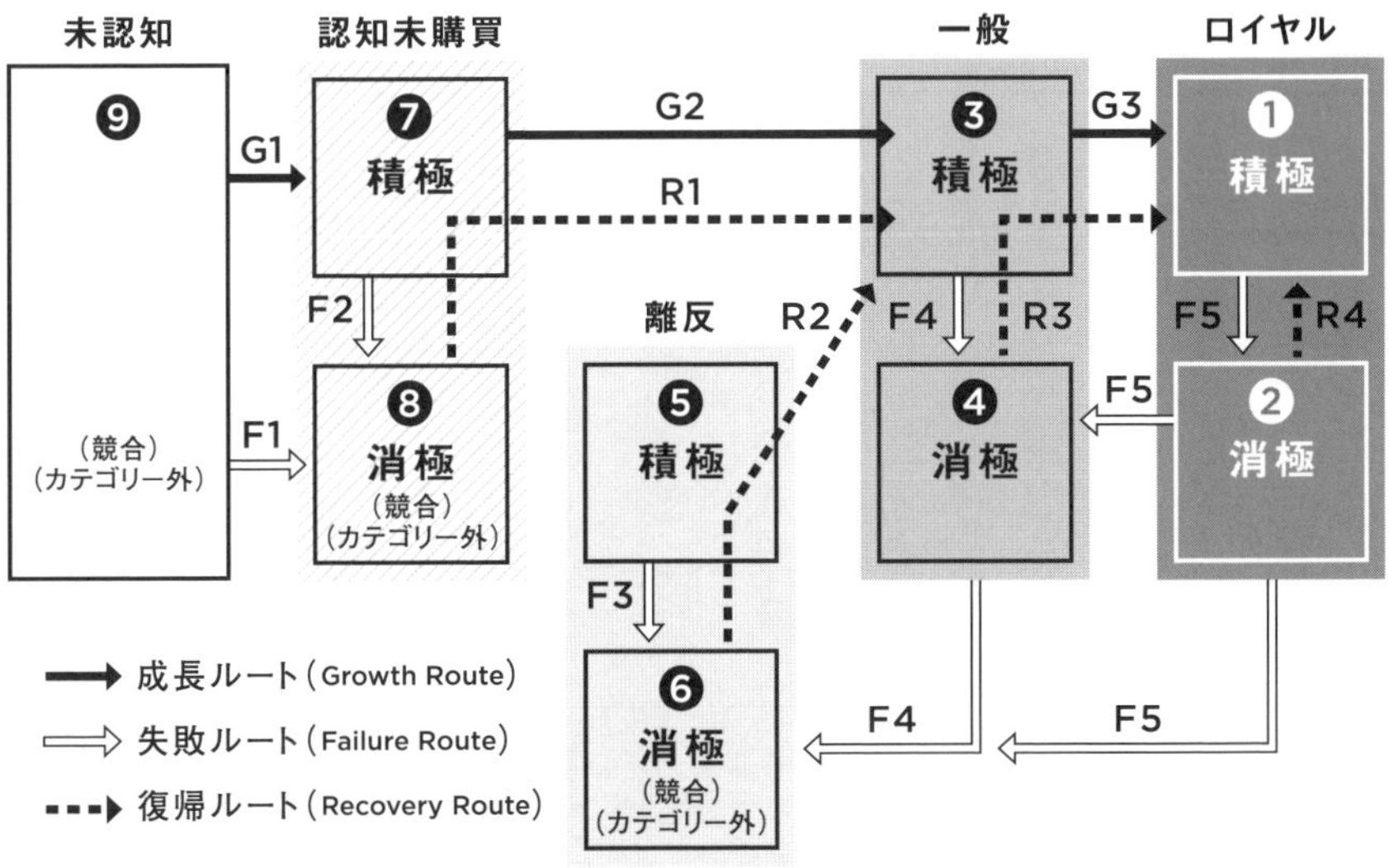

ここに実際の顧客の動きを書き込んだものが、9セグズのカスタマーダイナミクス図です。9セグズのカスタマーダイナミクスも5セグズ同様、施策の目的を明らかにして実施し検証するPDCAサイクルを客観的・科学的に回していくことができます。それが本フレームワークの運用です。

図5－4の矢印は、成長（あるいは失敗、復帰）とは具体的に顧客がどこからどこへ動くことなのかを示しています。何らかの施策を実行した結果として、よりセグ1から4（現在の顧客）を増やすこと、特にロイヤル顧客でNPIがあるセグ1を増やすことが、すなわち事業成長といえます。

セグメント間の顧客の動き方は、実はそれほど多くはありません。どんな事業においても、9セグズでは顧客は計12ルートのいずれかの道をたどります。有名な経営理論やマーケティング理論も、このカスタマーダイナミクスで説明できます。この12ルートを、次に解説していきます。

9セグズ　カスタマーダイナミクスの12ルート

ここまでを整理すると、TAM内の9セグズ　カスタマーダイナミクスを作成することで、マーケットの全顧客は、競合や代替品含めて常にダイナミックに動いていることが理解できます。その上で、この動態を12種類の顧客動線（Route）で可視化し、全顧客を自社9セグズの最終的なゴール層であるセグ1（購買頻度が高く、次回購買意向もある顧客層）へ移行させることを目的として、すべての経営リソースの最適配分を実現します。

12ルートは、次の3種類に分けられます。

1 Gルート：3つの成長ルート

図中でGと示しているのはGrowth Route、ビジネスの成長ルートです。投資対効果が最も高い理想の事業成長とは、セグ9の未認知顧客がG1、G2、G3のルートをたどってセグ1の積極ロイヤル顧客になる一直線の道です。

プロダクトの独自性と便益が、競合や代替品に対しても明白であれば、それはマーケット内でニュースになり自動的に広がっていきます。顧客はメディアや口コミでそのプロダクトの存在と便益を認知し、その非代替性を求めて指名買い的に購買し、顧客のニーズ自体がなくなるまで購買し続けます。これは、プロダクト自体の便益と独自性が圧倒的に強いために、認知形成や販売促進のた

図5-5　3つの成長ルート

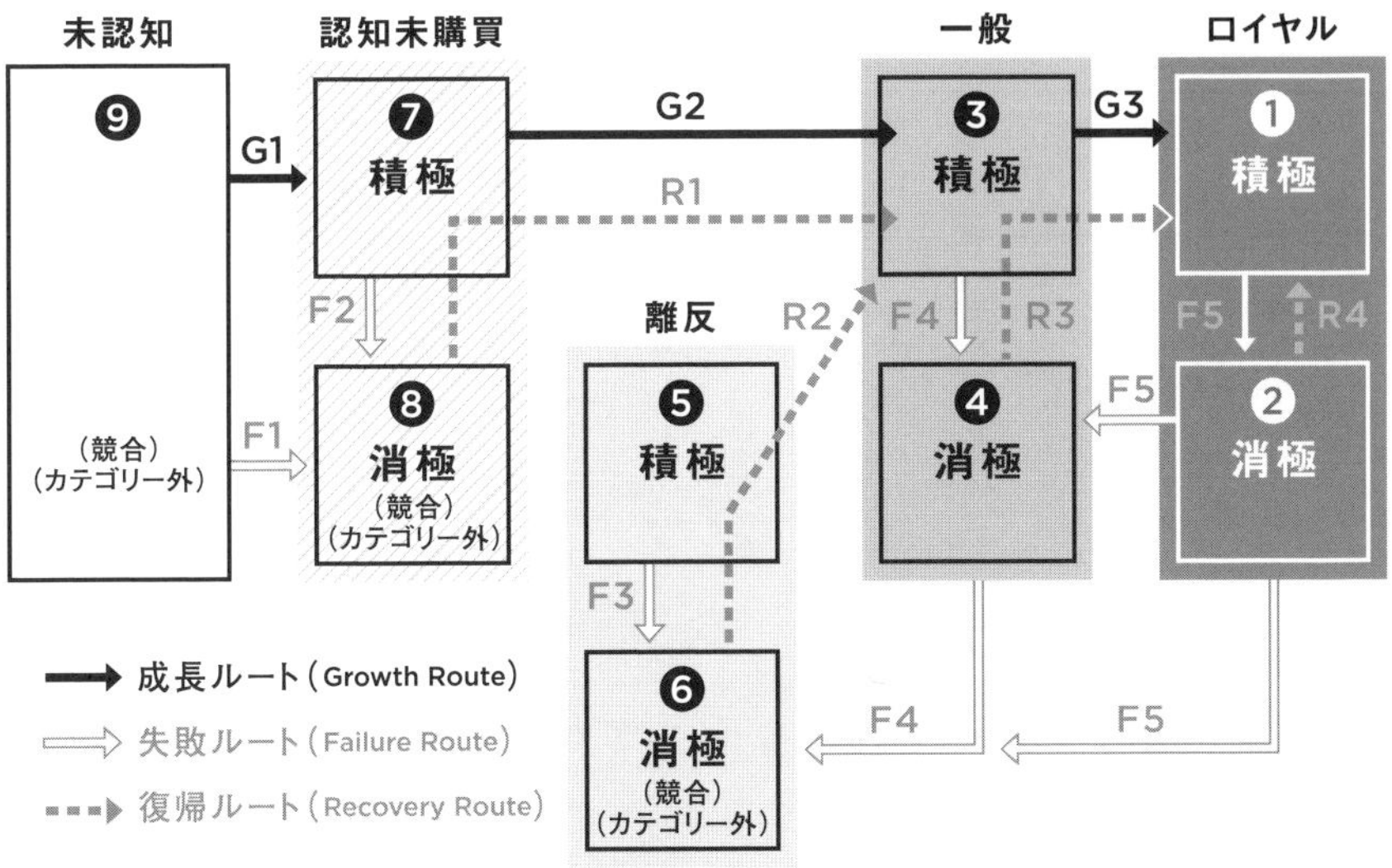

めの投資がかからない、理想的な成長＝直線的な成長ルートといえます（図5－5）。

具体的には「セグ9 未認知顧客」から、次回購買意向のある「セグ7 積極 認知未購買顧客」へ（G1）、初回購買を経てまた次の購買意向を保ったまま「セグ3 積極 一般顧客」となり（G2）、高頻度購買が成立して「セグ1 積極 ロイヤル顧客」になる（G3）という、一直線の道です。

仮に、過去に治療薬がなかった疾病に対して世界初の治療薬が完成すれば、代替品がない圧倒的な便益をもたらし、メディアが紹介し自然に世間に知れ渡るので、認知形成からロイヤル化までのPR、宣伝、販促活動への投資などの変動費はほぼゼロになるでしょう。営業部門も不要です。満たされていない強いニーズへのプロダクト開発は、非代替性の便益の提供であり、最も理想的です。

しかし、実際にはこのようなケースは少なく、どのマーケットにも競合や代替は存在しており、自社のプロダクトが顧客に提供できる独自性と便益のいずれかが弱いことがほとんどです。つまり、自動的に成長ルートが直線になることはなく、顧客の認知獲得や、心理変化を起こし興味を喚起して購買意向を創出し、購買行動につなげるための投資が必要となります。

2 Fルート：5つの失敗ルート

世の中のほとんどのビジネスやプロダクトは、マーケットの全顧客をもれなく成長ルートに導くことはできません。カスタマーダイナミクス内での課題を明示するために、Failure Route（失敗ルート）として把握します（図5－6）。

失敗ルートには、プロダクトの独自性と便益が、①提供すべき顧客層に届いていない、②顧客層に届いているが理解されていない、③そもそも顧客ニーズに合っていない、という3つがあります。その場合、「顧客心理」が変化しないので購買意向も形成されず、購買行動に移りません。また、一時は購買していたが、競合や代替品の存在で顧客ニーズが満たせなくなってしまった、もしくは顧客を取り巻く環境変化で顧客ニーズ自体が変化した場合、顧客は離反します。

具体的には、次の5つの失敗ルートがあります。

まずF1は「セグ9 未認知顧客」の認知は獲得したが、そもそも顧客に便益と独自性が理解されなかった、またはニーズやインサイトに合わず「セグ8 消極 認知未購買顧客」になるルートです。

次にF2は、購買意向があったものの、様々な情報に触れたり体験したりする中で消失してしまった「セグ7 積極 認知未購買顧客」から「セグ8 消極 認知未購買顧客」になるルート。同様に

図5-6　5つの失敗ルート

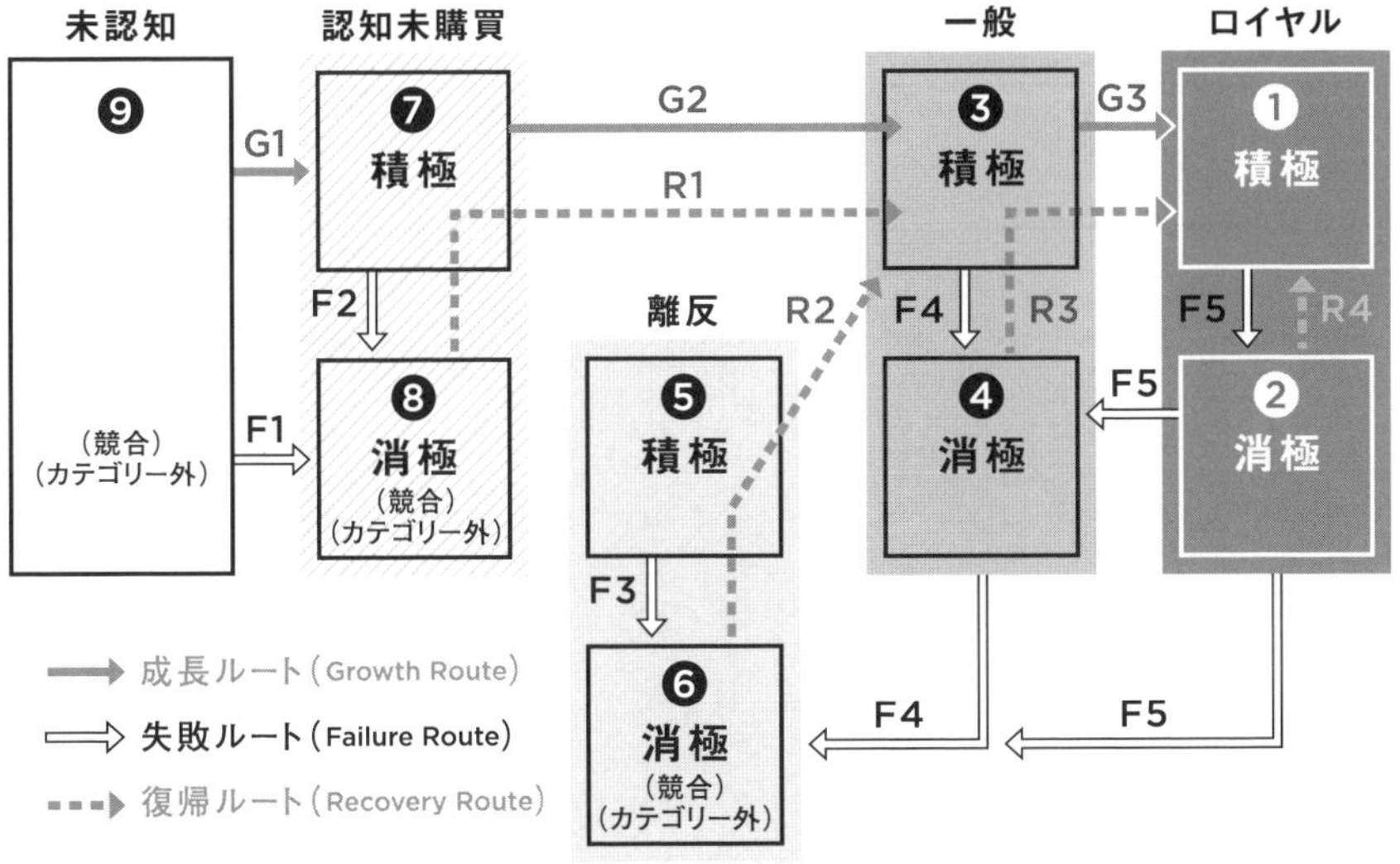

F3は「セグ5 積極 離反顧客」から「セグ6 消極 離反顧客」になるルート。

F4は、一般顧客からの離反です。一度は顧客化したが競合や代替品に移った、顧客側の都合でニーズ自体が消失したといった理由で、「セグ3 積極 一般顧客」から「セグ4 消極 一般顧客」経由で「セグ6 消極 離反顧客」に移行します。

最後に、F2と同じ購買意向を失う動態ですが、F5として「セグ1 積極 ロイヤル顧客」から「セグ2 消極 ロイヤル顧客」を経由し、セグ4の低頻度に移行する、またはセグ6へと離反するルートがあります。売上や利益を支える購買額や頻度の高い積極ロイヤル層の離反は、ビジネスのインパクトが短期的にも中長期的にも大きくなります。

購買意向を保ったまま頻度が減る、セグ1からセグ3への移行、そのまま離反するセグ3からセグ5への移行という動態もありますが、ここではFルートと捉えていません。例えば、マクドナルドを毎朝利用していた顧客が転勤になり、近所に店舗がなく利用できなくなると、意向はあるが離反状態になります。これは深刻な心理的変化ではなく外的起因なので、顧客の心理と行動変化を可視化するカスタマーダイナミクス上では注力すべき対象としていないのです。

ちなみにセグ9と、主に失敗ルートで着地するセグ8、セグ6には（競合）（カテゴリー外）と記しました。この点について少し補足します。これらのセグメントの顧客は、自社プロダクトのTAMでありながら、競合商品やカテゴリー外の代替品を使っている場合が多いです。例えば「セグ6 消極 離反顧客」は、以前は自社プロダクトを使っていたのに現在は使用していないわけで、ニーズそのものが消失していなければ、それを何らかの他の手立てで埋めていると考えられます。

前章p163で紹介した事例で「水がおいしい地域に引越したから水道水で十分になった」とき、以前は購入していたボトル入りウォーターへの購買意向がそのまま消える、忘れてしまう場合はセグ6に移行します。一方、ブランドへの親近感や愛着が続いたり、たまに想起する機会がある場合は「また都会に引越したらこのブランドを買おう」という意志は継続することがあります。つまり「セグ5 積極 離反顧客」となり、セグ6とは心理状態が違うので、分けて考える必要があります。

3 Rルート：4つの復帰ルート

成長ルートの強化、また各失敗ルートに対する復帰策として、具体的にRecovery Route（復帰ルート）を把握して管理します（図5－7）。

対象とする顧客と、プロダクトが提供できる便益と独自性が合っているはずなのに、購買意向の

図5-7 4つの復帰ルート

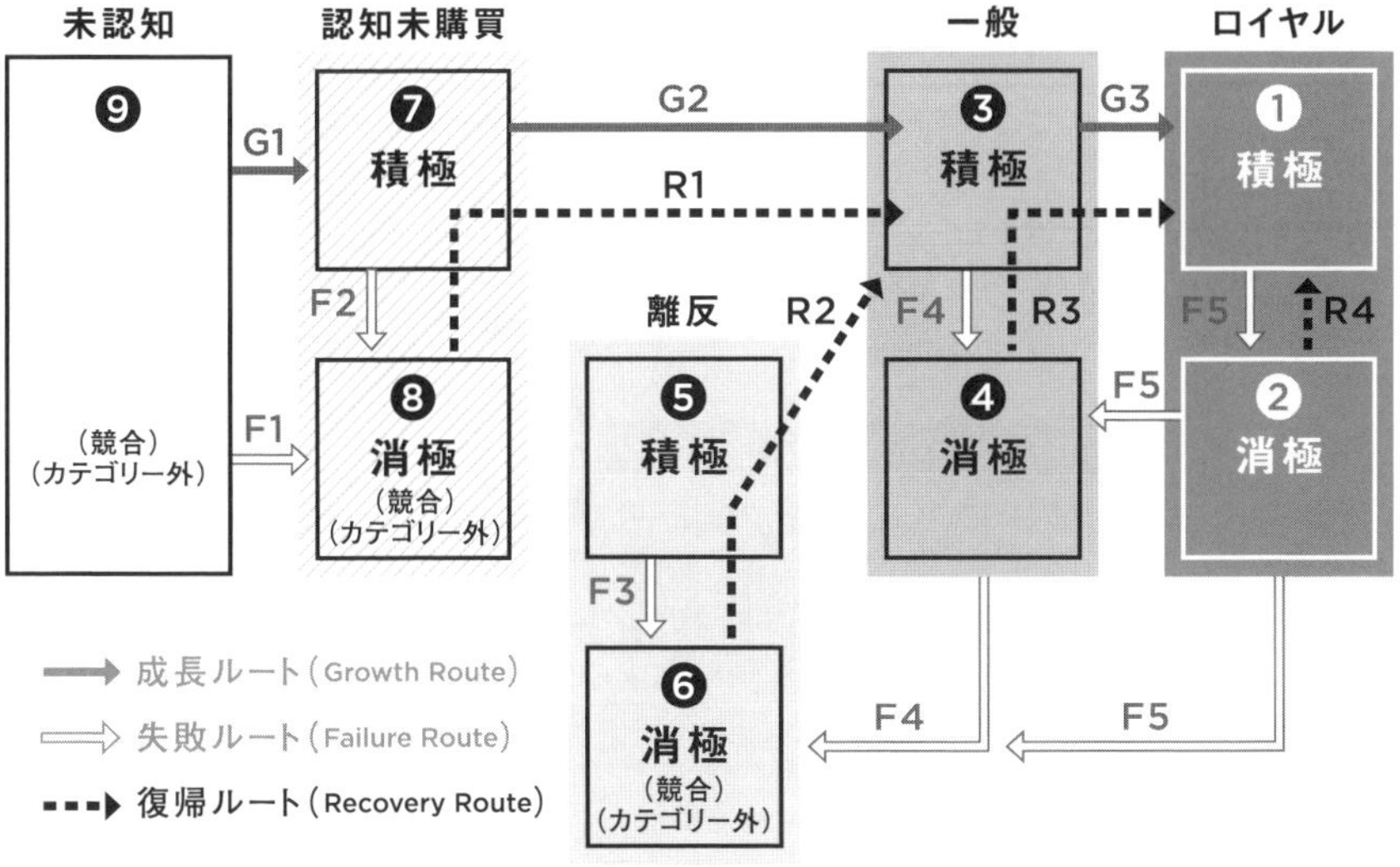

ないセグ2、4、6、8の顧客がそのまま留まる理由は多くの場合、①便益や独自性を理解していない、②誤解している、のいずれかです。または③独自性や便益を正確に理解した上で、顧客自身のニーズとは無関係、不必要と思っていることです。

いずれのケースでも、自社プロダクトの提供すべき独自性や便益の内容自体、あるいはその伝え方や営業活動を含む訴求自体の見直しが必要です。

購買意向のないセグ2、4、6、8から、購買意向を促してセグ1、3、5、7へ引き上げるのに有効な策は、すでに次回購買意向のある既存顧客（セグ1やセグ3）に対する訴求や施策とは異なるため、セグメントを分けて個別に考える必要があります。

具体的なルートは、次の4つです。まずR1は、「セグ8 消極 認知未購買顧客」から購買意向のある「セグ7 積極 認知未購買顧客」を経由し、「セグ3 積極 一般顧客」への初顧客化です。

次にR2は「セグ6 消極 離反顧客」から購買

意向のある「セグ5 積極 離反顧客」を経由し、「セグ3 積極 一般顧客」への復帰です。

R3は「セグ4 消極 一般顧客」から購買意向のある「セグ3 積極 一般顧客」へ引き上げ、さらに「セグ1 積極 ロイヤル顧客」への移行。そしてR4は「セグ2 消極 ロイヤル顧客」から「セグ1 積極 ロイヤル顧客」への引き上げです。

図5-8 マス思考とカスタマーダイナミクスの接続

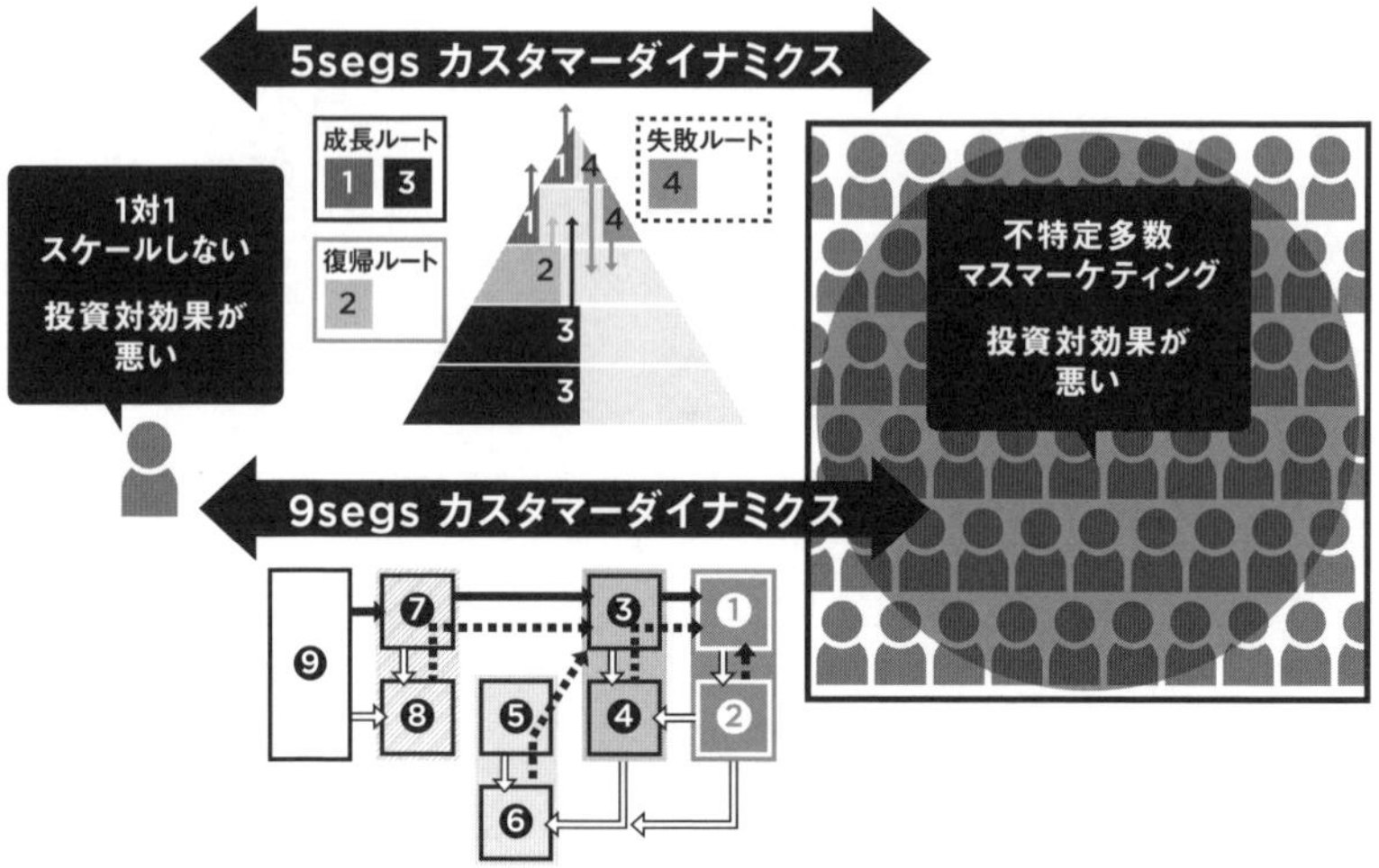

「マス思考」をカスタマーダイナミクスで回避

第4章でも5セグズを用いて解説しましたが（p154）、9セグズも、1対1と1対マスの間にある投資の最適化を見いだす役割を担います。

5セグズに対して、「次に購買するかどうか（NPI）」という顧客の意志を加味した9セグズは、さらに顧客を精緻に分類します。図5－8でいうと、より1対1のマーケティングに近づくことになり、「マス思考」から脱却する起点になります。

5-4 顧客戦略とカスタマーダイナミクス

2つのＷｅｂサービスを経営視点で比較する

顧客を適切に分類し、ＷＨＯを見定め、顧客戦略を立案し施策に落とし込みます。そして、施策前後でカスタマーダイナミクスを比較し、想定通りにセグメント間の顧客に動いてもらうことができたのかを確認します。

この一連を、９セグズをベースに展開する場合、実際のビジネスではどのように実行しているか、筆者が関与したケースである2つのＷｅｂサービスを比較して解説します。ｐ２７７図５-９は、同じカテゴリーに属するＷｅｂサービス、ブランドＡとブランドＢの実データ（セグメント間の割合）を記載したカスタマーダイナミクス図です。これを読み解いていきます。

このカテゴリーが対象とするマーケットのＴＡＭ顧客数は、スマートフォンを使う8千万人です。各Ｗｅｂサービスを毎月利用する層をロイヤル顧客とし、それ以下の頻度の層を一般顧客、１カ月以上利用していない層を離反顧客としています。ブランドＡとブランドＢの月間顧客数シェアは、それぞれ8・1%、11・8%。ブランドの認知度は、それぞれ30・9%、64・7%です。こういった数字は経営でも目にする数字だと思いますが、どんな経営判断ができるでしょうか？

まず、未認知顧客であるセグ9を見てみます。ブランドAは認知度に課題があり、まだまだ大きな投資が必要だといえそうです。一方、ブランドBは認知度はすでに高いので、今後、短期間で認知者を顧客に転換できるともいえます。すると、どちらかといえばブランドBに投資すべきと感じられるのではないでしょうか。ですが、他のセグメントの数字も含めて顧客動態の全体を捉えると、ブランドAに投資すべきであることが一目瞭然です。

図から、何が見えてきたでしょうか。事実を列挙すると、以下が挙げられます。

- 全体での次回購買意向は、ブランドAがブランドBより高い（5・4%、3・5%）
- ロイヤル顧客における積極比率(ロイヤル顧客層全体における次回購買意向のある顧客の割合)は、ブランドAはブランドBより高い（60・5%、31・9%）
- 一般顧客と離反顧客も同様（53・1%、21・3%／6・4%、0・5%）
- つまり、ブランドAはブランドBよりもプロダクト満足度が高く、他ブランドや代替へ離反するリスクがブランドBよりも圧倒的に低い
- さらに、ブランドの認知はしているが購入経験がない認知未購買層での積極比率も、ブランドAがブランドBよりも高い（2・7%、1・0%）
- つまり、ブランドAは「プロダクトの未体験者」である認知未購買の状態ですでに積極比率が

図5-9　同カテゴリーの2つのWebサービス

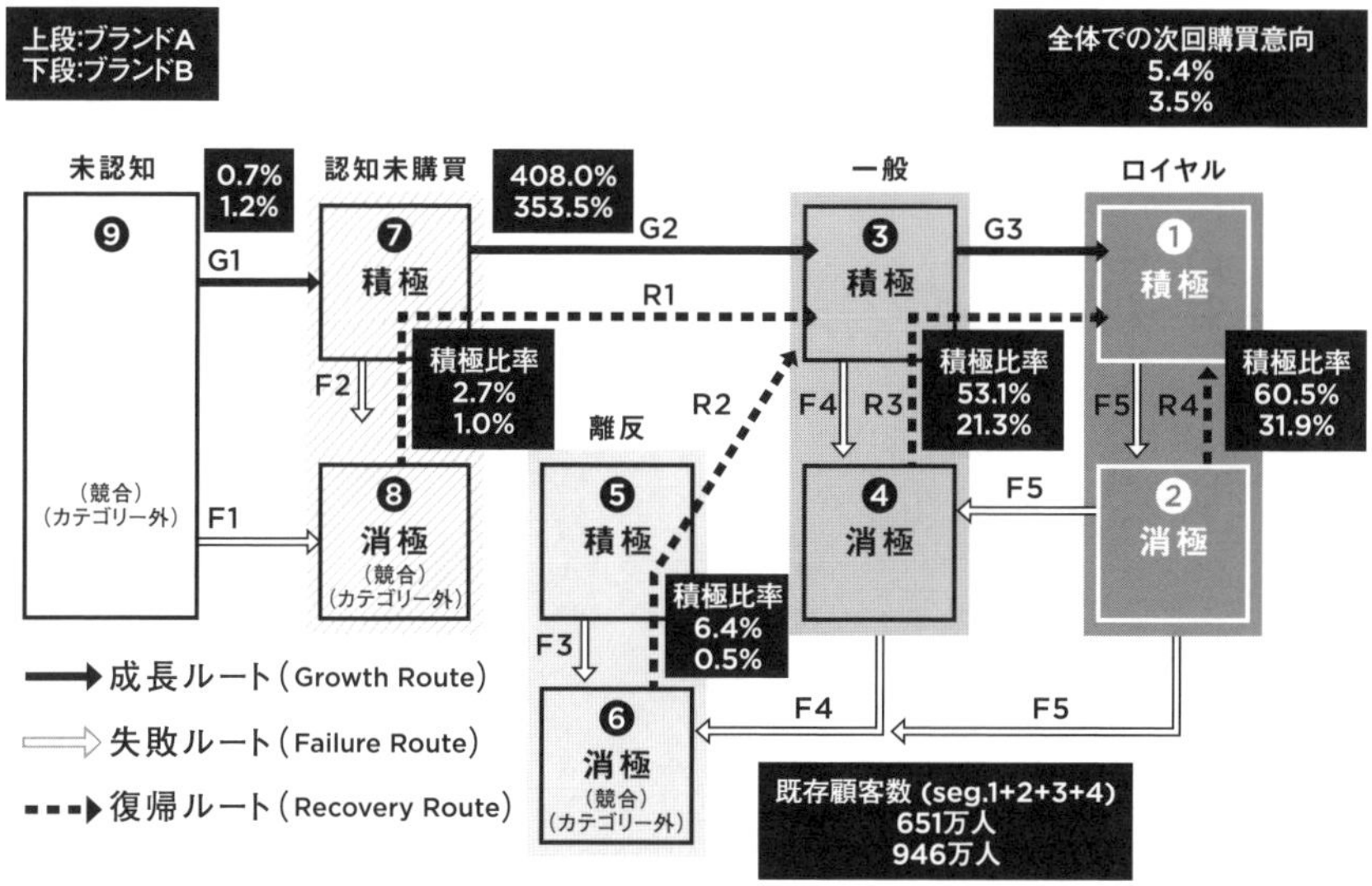

高いことから、未認知者向けに実行しているプロダクトの訴求は優れており、顧客にポジティブな心理変化を起こしていることが分かる。その点で、すでにブランドBより優位。

結論として、ブランドAは現在の訴求が次回購買意向（NPI）の獲得に有効であると分かったので、それをそのまま活用して認知を拡大すれば、ブランドBよりもはるかに高い成長が見込めます。

このように、ブランドの売上を構成する顧客の構成とその状態を可視化し、理解すれば、より論理的かつ科学的な経営判断が可能になります。

カスタマーダイナミクスで見る顧客戦略

これらのカスタマーダイナミクス事例で、顧客戦略（WHO&WHAT）の意味を説明してみます。

ブランドAの成長ルート1（G1：未認知→認知・

次回購買意向あり）と成長ルート2（G2：認知・次回購買意向あり→初回購買・次回購買意向あり）に成立している顧客（WHO）とプロダクトの便益と独自性（WHAT）の組み合わせを洞察すると、未認知顧客に初回購買を促し、かつ次回も購買意向を維持できる顧客戦略を立てることができます。

この洞察に、第3章で解説したN1の理解が重要です。G1の移行がなぜ起きたのか、根底にある心理変化を探る場合、セグ7に該当する特定の一人に「どのような経路で認知したのか（セグ9からセグ7への移行の理由）」「普段のどういった行動の中でブランドに接触したのか（顧客理解）」「接触時、どのように感じたか、なぜ次回購買意向を持ったか（セグ8にならなかった理由）」などを聞いていきます。G2の移行（セグ7からセグ3へ）も同じです。

例えば「30代・子育て中の女性」に「ファストフード店のクーポン提供」の訴求が効いて初回購買が実現していたなら、その顧客戦略を広く実現する手段手法（HOW）を考案して未認知層での営業・マーケティングに投資することで、過去に得られた顧客の移行を再現することができます。認知拡大、そして初回購買へ、投資対効果高く顧客化を促せる可能性が高まります。

また、各セグメントの心理的な差異（積極と消極）、行動の差異（ロイヤル、一般、離反、認知未購買）を生んでいる原因を分析することで、失敗ルートを最小化し、復帰ルートを強化する複数の顧客戦略の組み合わせを洞察できます。そこには現行のプロダクトをどう売るかだけではなく、満たされていない顧客ニーズにどう答えるか、また現状は成立していないが成立させるべき顧客戦略の実現のために、プロダクト自体の改良強化、新アイテムや新商品の開発も視野に入ります。

さらに、これらの顧客戦略の実行に向けて、組織、部門、人員配置、社内の仕事プロセス自体も改良、強化、削除などで最適化する余地が生まれ、顧客戦略に貢献しない費用を下げられます。逆に言えば、顧客戦略なくして組織やプロセスの最適化は難しく、単純に全体費用が積み上がります。

このように、顧客戦略は縦割りになりがちな組織の横串になるとともに、複数の顧客戦略を短期・中長期で並行して実現することで、マーケット全体（ＴＡＭ）での自社ブランドのセグ１の顧客を増加させ、継続的な事業成長を可能にします。これが、顧客起点の経営の実装です。

第６章では、今日からどのように顧客起点の経営を実装するか、具体的な手順とその先に目指したい顧客起点の経営ビジョンを解説します。

■第５章のまとめ

- ・９セグズは、５セグズでの分類である①認知の有無・購買経験の有無・購買頻度（ロイヤル、一般、離反、認知未購買、未認知の5層に分かれる）と、②次回購買意向（あり＝積極、なし＝消極、と表す2層に分かれる）の2軸で分けられている。
- ・同じ認知未購買顧客でも、ＮＰＩ（次回購買意向）がある層の方が顧客化は容易で、その顧客化のコストは低くなる。逆にＮＰＩがない層の顧客化は容易ではなく、ＮＰＩがある層とは異なるアプローチが必要になる。ＮＰＩは顧客心理の把握と、投資対効果の継続的な向上に有効。
- ・９セグズ　カスタマーダイナミクスにおける顧客動態を12種類の動線で可視化し、全顧客を９セグズの最終的なゴール層であるセグ１（購買頻度が高く、次回購買意向もある顧客層）へ移行させることを目的として、すべての経営リソースの最適配分を実現する。

第6章

顧客起点の経営改革とビジョン

ここまでに紹介してきたフレームワークは、
経営活動と財務結果を、顧客の心理、多様性、
変化で網羅的に結び付けられるように設計しました。
本章では、今日から取り組めるフレームワークの具体的な活用と、
その先に目指していただきたい
「顧客起点の経営」のビジョンを詳説します。

6-1 3つのフレームワークを活用する

すべては顧客に対する価値創造に帰結する

世界を見れば、すばらしい経営学や経営手法があり、経営というテーマの書籍や論文も読み切れないほど存在しています。そのすべては、顧客への価値創造に帰結します。

筆者も大学時代に経済学と経営学を学び、事業責任を持つ当事者として30年、支援側としても多種多様なビジネスに携わってきましたが、その成否を分けるものが「顧客の理解」であるというシンプルな結論に至りました。

顧客は誰なのか、その顧客が対価を払う価値とは何か、その顧客が自社プロダクトに価値を見いだす便益と独自性は何か。これらのシンプルな問いに経営と組織全体の意識を集中するため、すなわち「経営に顧客を取り戻す」ための3つのフレームワークを、ここまで紹介してきました。これらのフレームワークは、企業規模や事業内容を問わず、また非営利企業であっても活用できるよう構築しています。

本章ではぜひ、読者自ら手を動かしていただき、顧客起点を経営に実装するとはどういうことかを実践していただけたらと思います。本書に掲載したフレームワークやｐ２３５図６－１のシートをダウンロードできますので、最終ページに記載した方法を参照してお役立てください。

３つのフレームワークの草案からＰＤＣＡへ

顧客起点を経営に実装する第一歩です。自社プロダクト（商品、サービス、事業）を一つ選んで、このフレームワークを作成してみましょう。正誤は気にせず、またデータがなくてもかまいません。まずは記入して頭の中にあるものを可視化し、何が分かっていて、何が分かっていないかを理解することが重要です。

❶顧客起点の経営構造フレームワーク

・最初に、顧客起点の経営構造フレームワークの下端の財務結果に関して、前年度の実績数字を書いてみてください。これは実績なので入手可能だと思います。
・上端の経営の管理対象に、顧客の獲得、維持、育成に関して、会社として実行した施策を把握できる範囲で記入してみてください。ご自身の業務範囲を超えて書いてみましょう。
・そして、ブラックボックス化しがちな顧客の心理と行動に関して、数字と、会社として実行した施策と数字を書き出してみてください。

2 カスタマーダイナミクス、顧客戦略のフレームワーク

・次に、5セグズのカスタマーダイナミクスに顧客人数を記入し、5層に分けて、4つの潜在層にも数字を入れてみましょう。精緻な数字は必要ありません、予想で結構です。まずはその予想を、議論や検証が可能な〝見える数字〟にすることが重要です。

・数字を記入したカスタマーダイナミクスの下の、顧客戦略のフレームワークに、会社として実行した顧客戦略（WHO&WHAT）を書き出してみましょう。これも予想でかまいません。同じ顧客戦略が、複数の潜在顧客層に記入されるかもしれません。

・いかがでしょうか。おそらく、数字に関しても、顧客心理や行動だけでなく施策や顧客戦略に関しても、多くの空白が残っているかと思います。カスタマーダイナミクス上に、顧客戦略が記入できない潜在的な顧客層も残っているのではないでしょうか。会社として実行した施策の多くに理解がおよんでいないことにも気付かれたと思います。序章末の顧客理解に関する実態調査でも紹介しましたが、ほとんどの企業でここまでの顧客理解は可視化されていないので、特殊な状況ではありません。まず、この事実を認識し、経営対象と財務結果の間の理解と可視化が十分でないことを認識することが重要です。

3 会社としての知見の整理

・一人で記入するのは難しくても、会社全体の知見を集めると、すべてではなくとも、空白の多

図6-1　カスタマーダイナミクス・顧客戦略（WHO&WHAT）

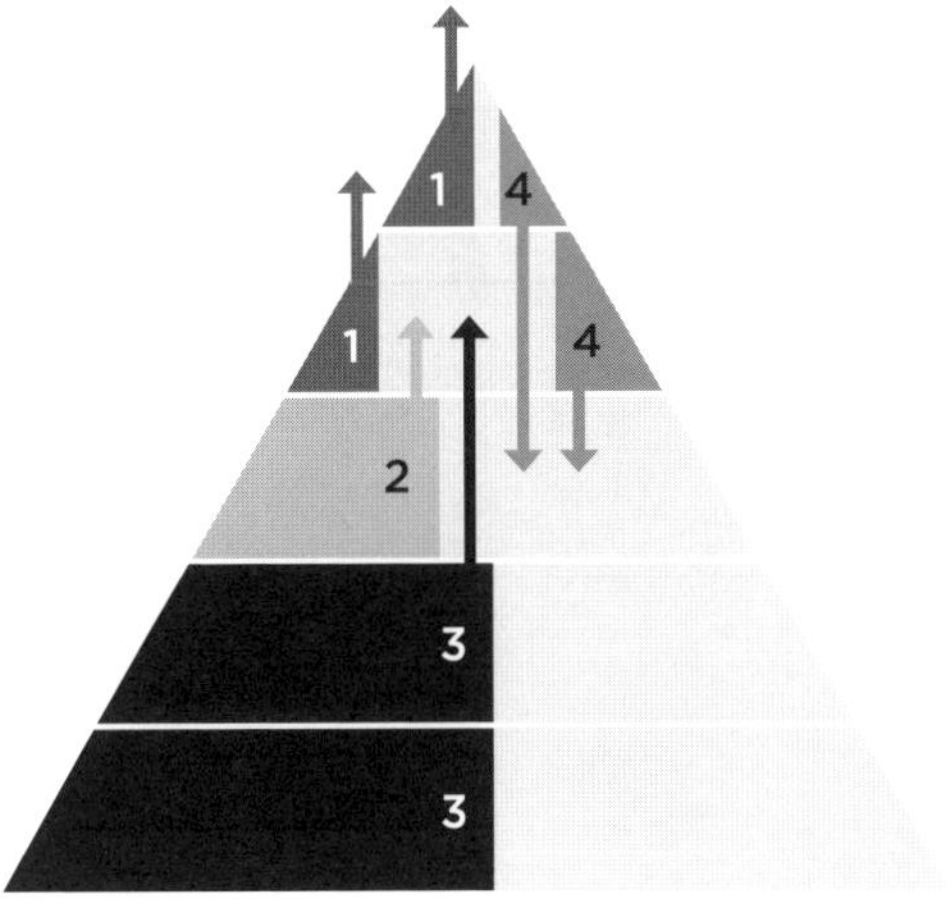

顧客戦略❶	WHO: WHAT: 便益: 独自性: HOW:
顧客戦略❷	WHO: WHAT: 便益: 独自性: HOW:
顧客戦略❸	WHO: WHAT: 便益: 独自性: HOW:
顧客戦略❹	WHO: WHAT: 便益: 独自性: HOW:

■ダウンロード方法は本書の最終ページをご参照ください。

くは埋めることができるはずです。予想で入れた数字や内容の検証、全体の精度の向上と可視化も進みます。つまり、それまでは組織がいかにばらばらであったかが分かると思います。

・ここまで進められれば、ぜひ経営層が主導、もしくは経営層を巻き込んで、部門横断で空白を埋め、予想で記入した内容の精査と議論を行い、組織として現時点で理解できていることを可視化していただきたいです。この時点でも、現在のビジネスを支えている顧客戦略となる顧客分類、顧客が価値を認める便益と独自性、自社プロダクトに価値を認めている顧客とそうでない顧客の差異は曖昧だと思います。仮説を立ててみたものの、まだ自信が持てない部分が多く残ります。

4 N1分析（差異分析）

・次に、カスタマーダイナミクスにおけるそれぞれの潜在顧客層の理解を深めていきます。まずは自社のロイヤル顧客へインタビューを行い、自社プロダクトに成立している価値が何か、それを成立させている自社プロダクトの便益と独自性が何かを調べます。そして、そこから潜在的なロイヤル層を見つけ出し、その差異の原因は何かを掘り下げます。決して調査の専門知識は必要ありません。可能な限り経営者と経営幹部が自ら、そのロイヤル顧客に直接お話をうかがって、すでに成立しているはずの自社プロダクトの顧客戦略を洞察して仮説を立ててみてください。複数の仮説が見えれば、複数でもかまいません。

・続いて行うのは、離反顧客へのヒアリングです。ここでは、離反した理由を探すのではなく、もともと顧客であった際に成立していたはずの顧客戦略を洞察し、離反から顧客へ復帰していただくために提案できる便益と独自性を探します。離反した理由を聞いても、多くの場合、顧客は深くは考えずに「値段が高い」あるいは「競合の方が良い」という答えを返します。離反の理由は、単に対価を払い続ける価値が見えなくなったから、すなわち自分にとっての便益と独自性が実感できなくなったからにすぎません。「値段が高い」とは「価値が見えなくなった」ことと同義なので、おそらく値下げしても離反は防げません。

・離反理由を探して、それを解決するのではなく、この離反した顧客に復帰していただける価値を見つけることが重要です。価値となり得る自社プロダクトが提供可能な便益と独自性を探し出すこと、顧客が気付いていない便益と独自性を洞察することがN1分析の目的です。それは現在の自社プロダクトで提供できる場合もあれば、新たなプロダクトや機能の開発が必要になる場合もあるかもしれませんが、ここを洞察することで、プロダクト開発戦略を顧客起点にすることができます。このとき起点になった離反顧客が、潜在的な復帰顧客となります。

・同様に、自社の認知未購買顧客、最後に未認知顧客（もしくは競合の顧客）へのヒアリングを行い、どんな便益と独自性を提供すれば、価値を見いだして自社プロダクトの顧客になっていただけるかを探り続けます。潜在的な新規顧客を見つけるのです。

・地道なヒアリングですが、自社ロイヤル顧客、離反顧客、認知未購買顧客、未認知顧客のそれぞれにヒアリングを20人程度ずつ行えば、どのようなカテゴリーであっても、自社プロダクトが高い価値を成立させる顧客戦略の組み合わせが複数見えてきます。

図6-2　フレームワークを用いた顧客起点の経営の実現

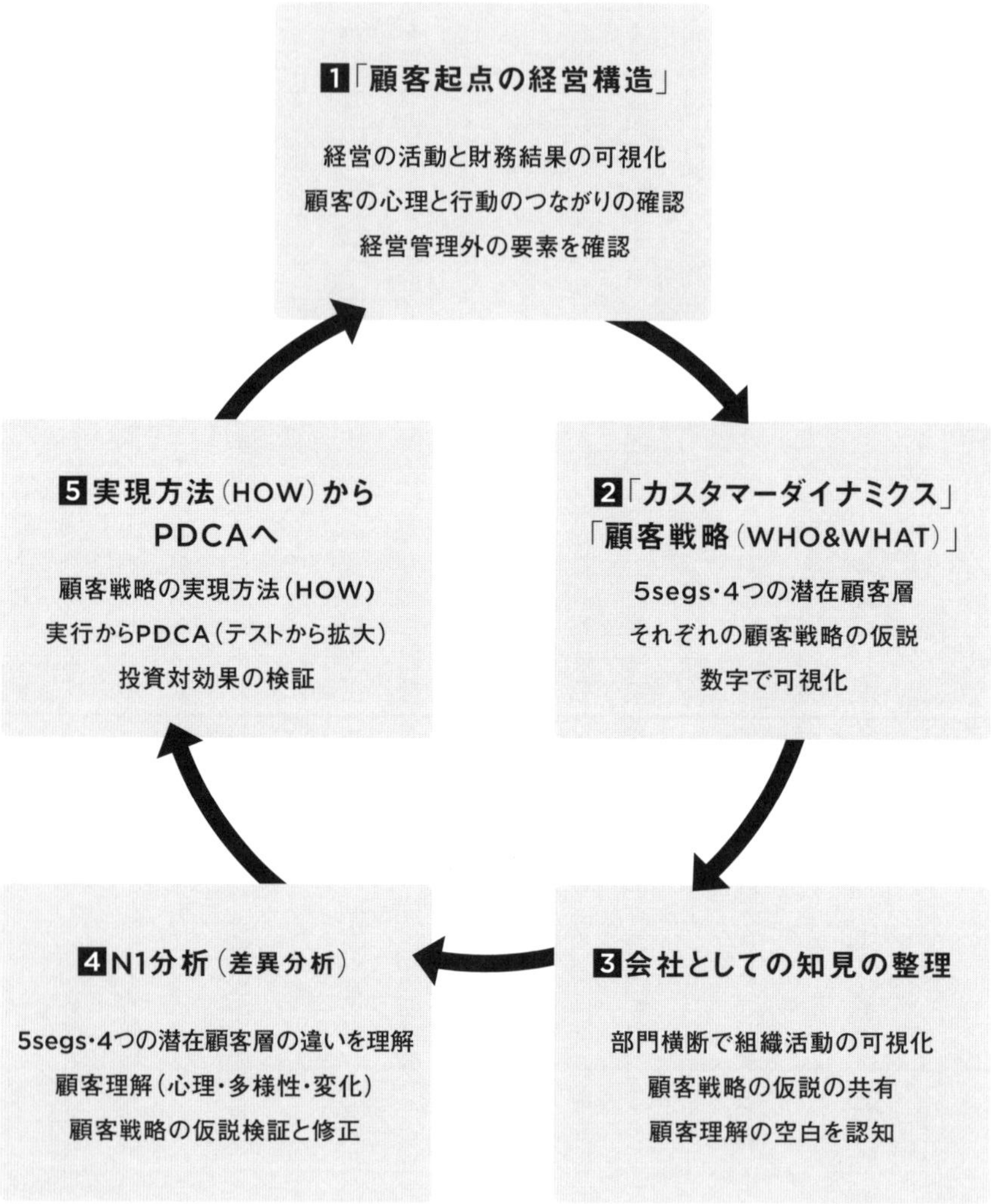
1「顧客起点の経営構造」
経営の活動と財務結果の可視化
顧客の心理と行動のつながりの確認
経営管理外の要素を確認
2「カスタマーダイナミクス」「顧客戦略（WHO&WHAT）」
5segs・4つの潜在顧客層
それぞれの顧客戦略の仮説
数字で可視化
3会社としての知見の整理
部門横断で組織活動の可視化
顧客戦略の仮説の共有
顧客理解の空白を認知
4N1分析（差異分析）
5segs・4つの潜在顧客層の違いを理解
顧客理解（心理・多様性・変化）
顧客戦略の仮説検証と修正
5実現方法（HOW）からPDCAへ
顧客戦略の実現方法（HOW）
実行からPDCA（テストから拡大）
投資対効果の検証

5 実現方法（HOW）からPDCAへ

- この段階まで進めば、見えてきた顧客戦略を実現する手段手法、すなわちその顧客層にどんな方法やメディアやチャネルを通じてリーチし、どのような表現でプロダクトの便益と独自性を訴求または体験いただいて価値を創造するのかを企画開発し、実行します。
- まずは小規模な実行やテストを行い、そこにかかった投資と、投資から得られた短期的、長期的な結果（売上、利益、LTV）を元に、それぞれの顧客戦略とそれを実現する手段手法の投資対効果を評価します。
- 投資対効果が良い場合も悪い場合も、強化改善のポイントがWHO（顧客選定）なのか、WHAT（プロダクト便益と独自性の選定）なのか、HOW（顧客へのリーチ方法、便益と独自性の表現、体験方法）なのか、それらの組み合わせの問題かを検証し、顧客戦略とそれを実現する手段手法の組み合わせを継続的に強化改善し続けることが重要です。
- ここまで到達したら、再度1に戻り、3つのフレームワークをベースに1から5を再検証して実行します。このPDCAを経営の意志として定期的なルーティンにして継続し、部門横断で、その内容を共有します。そうすることで、社内では顧客が主語となります。顧客は誰なのか、その顧客が対価を払う価値とは何か、その顧客が自社プロダクトに価値を見いだす便益と独自性は何かを明確に答えることができる、つまり顧客起点の経営が自走し始めます（図6－2）。

フレームワーク運用から顧客起点の経営改革へ

フレームワークを運用する流れを解説しました。併せて、3つほど要点を付記しておきます。

■すべての議論をフレームワークに照らし合わせる

・これらは最新版を常に経営陣、部門長が共有し、すべての会議で手元に置いて参照し活用していただきたいです。議論の際、そもそもその議題はカスタマーダイナミクス上のどの顧客戦略（WHO&WHAT）に関連するのか、フレームワークを確認しながらの活用を勧めます（図6－3、p242図6－4）。すると、これまでの会議や議論の多くが、顧客不在であったことに気付くはずです。経営活動において顧客が起点になれば、無駄な会議も議論も減っていきます。

■間接部門も顧客戦略に関わる

・通常、新規顧客の獲得、既存顧客の維持や育成に直接的に関わるのは営業、開発、販売促進、マーケティングなどですが、それ以外の間接部門も無関係ではありません。間接部門であっても、それぞれの活動は、顧客戦略を通じて新規顧客の獲得、既存顧客の維持と育成に結び付き、他社にはできない価値を創造しているのです。もしも自社の人事、採用、社内教育、総務活動、経理、財務、ITシステムの活動と顧客戦略とのつながりが見えなければ、それは他社との同

図6-3　顧客起点の経営構造と複数の顧客戦略（再掲）

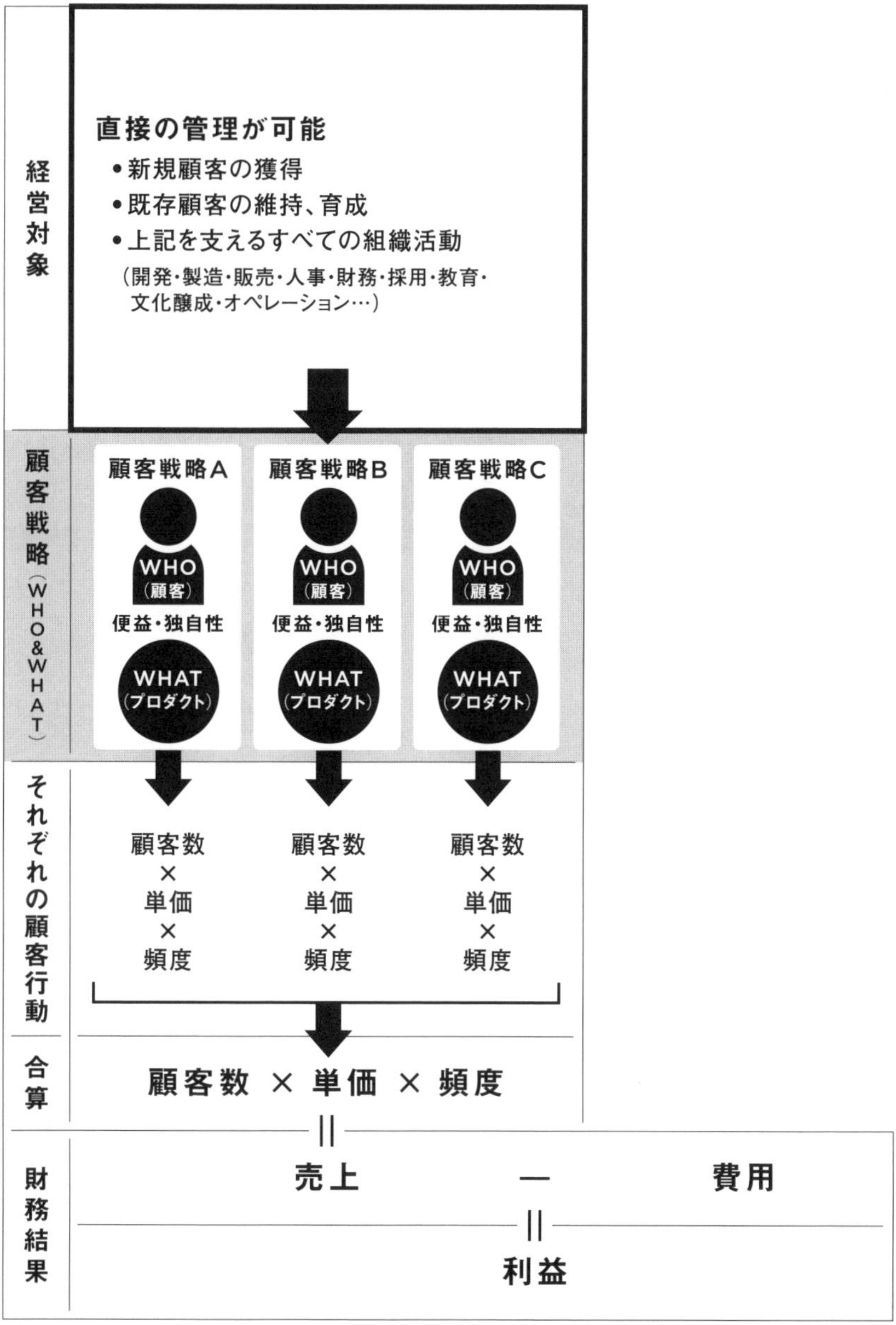

図6-4　異なる顧客動態に対応する顧客戦略（WHO＆WHAT）（再掲）

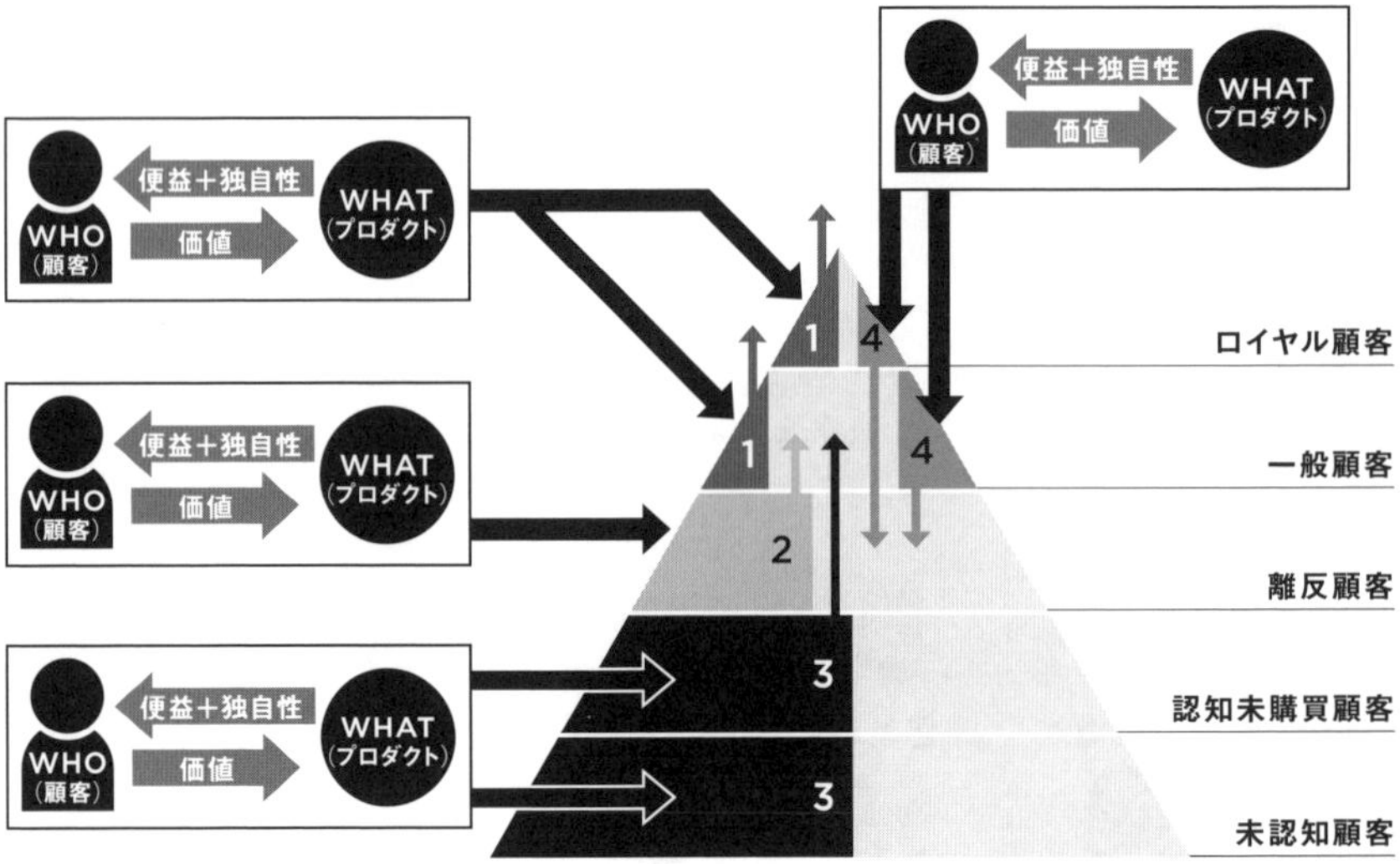

質化競争であり、その存在と活動意義を見直す機会となります。そこに意義を見いだせなければ、費用削減として外部にアウトソーシングすべき活動かもしれません。

■経営全体を顧客起点に

・前述の1から5のプロセスを繰り返すことで、社内での議論や会議の議題は、顧客戦略が中心になります。単年度での財務結果を求める事業計画と予算策定、会社全体の目標設計から各部門の目標・ＫＰＩ設定、そして中長期での投資対効果を狙う事業計画や開発計画を、具体的な顧客戦略に基づいて立てられるようになります。すなわち経営全体を顧客起点で進めることが可能になります。ここまでくれば、会社や事業のパーパス、ビジョン、ミッション、バリューも顧客起点で見直して進めることができます。

6-2 顧客起点の経営改革ビジョン

経営の理想像

序章で、執筆のきっかけとなった課題を述べました。何十年と変わらない経営課題である収益性の向上、そして、グレイナー博士が50年前に指摘し未だに多くの企業がぶつかる企業成長の危機をどう解決するのか。その答えは組織全体の「顧客の理解」にしかないと確信し、今日から実務の現場で活用できる具体的なフレームワークを紹介してきました。最後に「顧客の理解」を突き詰めた、理想の「顧客起点の経営」がどのようなものかをまとめます。

■経営は顧客を見る

・創業者、経営者、経営陣の視線は顧客に向いている。顧客を通して社員や従業員、株主、競合、財務結果を見ている。
・財務数字の変化は顧客行動の結果であり、顧客心理が変化した結果だと理解している。

・よって、売上や利益が増減しても、その理由を「顧客の変化」と「その心理と行動の関係」に求め、それによってマーケットを構成する顧客全体と自社の顧客の変化を理解しようとしている（カスタマーダイナミクスの実装）。
・社内の目標やKPIは、財務指標、行動指標、効率指標に偏りがちで、顧客の心理、多様性、変化を捉え切れない限界があることを理解している。
・新しい価値を生み出すために、どんな顧客に、何を提案すればよいか、何が提案可能かを理解しようとしている（顧客戦略と優先順位）。そして、その手段手法（HOW）を理解しようとしている。
・その上で、実現のために必要な人員、資金などのリソース配分と優先順位を意志決定している。
・その結果、顧客（WHO）の何がどのように変わったかを質問し、どんな顧客が自社プロダクトのどんな便益と独自性に価値を見いだしたのか、結果としてどんな行動の変化があったのか、それは期待に対して合っていたか、合っていなければ何が合っていなかったのかを把握している。それを元に、次回はどうすればいいのかを導き出せる。
・誰が顧客なのか理解せずに、売上や利益の増減に一喜一憂しない。誰が顧客かを問わずに、何を提案するのか（WHAT）、どう実行するのか（HOW）を聞くことはない。
・すべての意志決定において、それが「どんな顧客のために」「どんな価値を生む」か、顧客とのつながりを説明できる。
・自社プロダクトが価値を生み出そうとしている顧客の心理、多様性、変化を組織内に可視化し、社員全員が共通の顧客理解を軸として、それぞれの組織活動を進められる状態を維持している。

- 経営とは顧客から遠い立ち位置であり、顧客不在の経営判断をするリスクがあることを認識しており、自ら顧客に会い、顧客理解を常にアップデートしている。
- ビジネスの戦略とは、競合を打ち負かすことが目的ではなく（戦争ではない）、顧客への高い価値創造が目的であると理解している。
- 競合に勝つことは目的でも手段でもなく、自社が顧客へ高い価値を提供し続けた結果であると理解している。
- 競合の動きではなく、顧客が競合のどんな便益や独自性に価値を見いだしているか、見いだす可能性があるかに注目している。
- 従業員の評価は、顧客の価値への貢献、カスタマーダイナミクスの構築への貢献を軸とする。

■組織は顧客を見る

- 組織に属する従業員は、自身の業務が価値を提供しうる最終顧客が誰かを考え、その顧客にとってどんな便益と独自性が価値になるかを考える。
- 自ら顧客を理解しようとし、上司や経営陣を通して顧客を理解しようとしない。
- 競合の動きを通じて顧客を理解しようとしない。
- 顧客への価値創出とその提供に貢献することが仕事であり、多くの業務は必ずしも価値を生まない可能性があり、それは削減すべき無駄な費用だと理解している。

・顧客が自社プロダクトに価値を見いだしてくれることにモチベーションを感じる。上司や経営陣の評価に対してではない。
・部下のモチベーションは、上司や経営陣の満足ではなく、顧客が自社プロダクトに価値を見いだしたことにひも付かなければならないと考えている。

顧客が経営のリーダーシップを担う

経営が真に顧客起点を目指すとき、経営のリーダーシップを担うのは顧客になると考えるべきです。図6－5のように意識を投資家や競合やメディアに向けるのではなく、図6－6のようにすべての部門が顧客と向き合うべきです。企業がすべきことは、顧客の心理、多様性、変化から目を離さず理解を深め続け、その顧客自身がまだ気付いていない、まだ求めていない新しい便益と独自性を提供するプロダクト開発を通じて、価値の創造を継続することです。

多くの場合、最初の顧客は創業者自身です。いわゆるゼロイチの事業立ち上げ時のリーダーシップは、顧客としての創業者です。創業者自身が高い価値を見いだすプロダクトを自ら生み出し、そして創業者と同様に、そのプロダクトに価値を見いだす顧客が増えることで、事業は拡大します。日本を代表する企業の多くが、創業者が自らを顧客としてプロダクトを創造したことから始まっています。それは昭和の時代からインターネットとデジタルの時代に移っても同じです。

そして、創業期を越えて、プロダクトが多くの顧客に認知され、購買され、使用されることで、

図6-5　意識が組織から組織に向かう

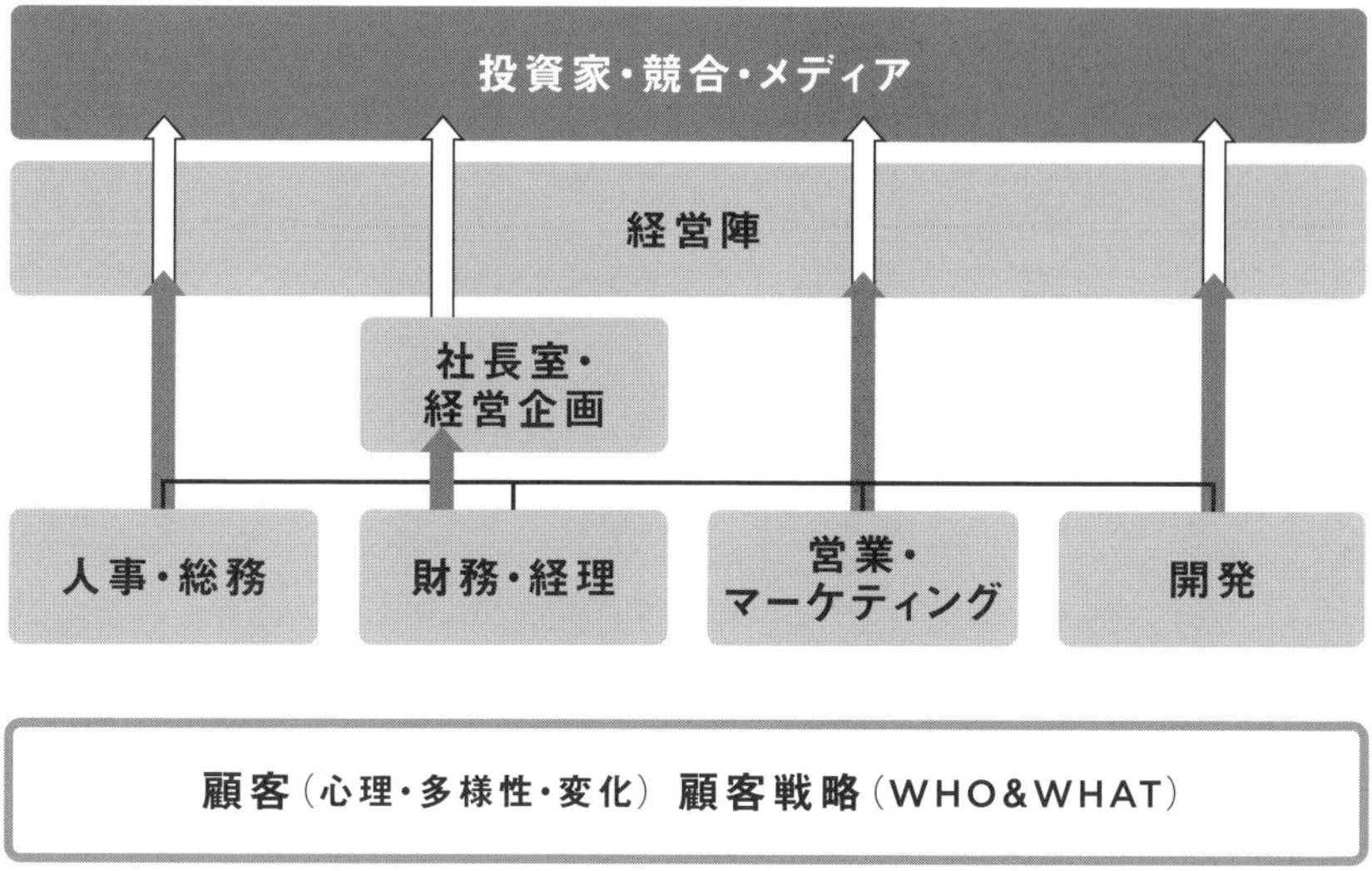

図6-6　意識が顧客から始まる ── 顧客起点の経営

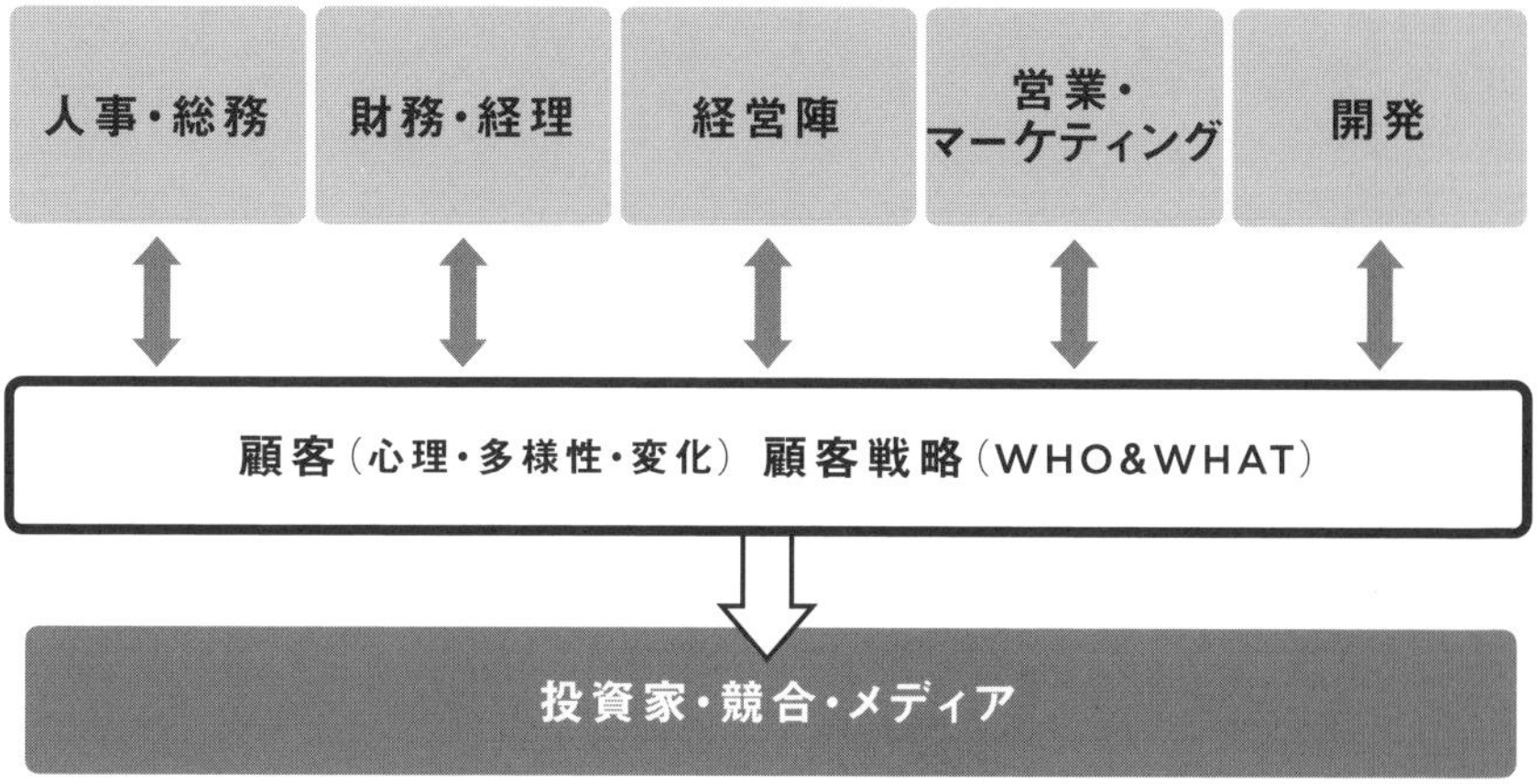

多くの顧客から価値の評価を受けるようになります。その価値評価は必ずしも創業者のそれと一致しないかもしれませんが、価値を見いだし顧客となってくれた人の評価が現実です。この時点で、リーダーシップは創業者から、プロダクトに高い価値を見いだしてくれる複数の顧客に移っていくのです。創業者自身の顧客起点から、創業者以外の顧客起点への移行です。

ただし誤解しないでいただきたいのですが、顧客がリーダーシップを執るということは、企業が信念を持たず、顧客が明らかに欲するものだけを提供すればよいということではありません。企業は、顧客について顧客自身が理解している以上に理解を深め、顧客自身が想像すらできていない価値を見いだすプロダクト、すなわち、新しい価値を生み出す便益と独自性を提供するプロダクトを創出してゆかねばなりません。

プロダクトを開発提案し、顧客から価値の評価を受け、その評価に導かれて事業を拡大することが創業期以降の顧客のリーダーシップです。つまり、顧客のリーダーシップが発揮されている状態とは、経営の深い「顧客理解」の継続的実践なのです。

事業成長の危機を超え、収益性の向上を目指す

顧客のリーダーシップまで実現できれば、組織活動が分散し、無駄な活動や投資が拡大し続けることはありません。顧客と自社プロダクトに成立する価値との間でPDCAサイクルを回し、投資活動は顧客が見いだす価値の創造に結び付き、結果として収益性が向上します。組織横断で顧客が

リーダーシップを執ることで、グレイナー博士の言う企業成長の危機を超え、創業者・経営者の属人性を超えて、組織に権限委譲、調整能力、協働が生み出され、継続的な成長につながるのです。

顧客は誰なのか、その顧客が対価を払う価値とは何か、その顧客が自社プロダクトに価値を見いだす便益と独自性は何か。このシンプルな問いに答えられる顧客起点の経営の実装こそ、無駄で非効率な投資を排除し、新しい「価値」へと組織力を結集します。同時に、長年の経営課題である「収益性の向上」「事業成長の危機」を解決していくと確信します。

■第6章のまとめ

- 顧客は誰なのか、その顧客が対価を払う価値とは何か、その顧客が自社プロダクトに価値を見いだす便益と独自性は何か。フレームワークを通して、これらのシンプルな問いに経営と組織全体の意識を集中することが、すなわち「経営に顧客を取り戻す」ことである。
- 経営が真に顧客起点を目指すとき、経営のリーダーシップを担うのは顧客になる。企業は顧客の心理、多様性、変化から目を離さずに理解を深め続け、その顧客自身がまだ気付いていない、まだ求めていない新しい便益と独自性を提供するプロダクト開発を通じて、価値を創造し続ける。
- プロダクトを開発提案し、顧客から価値の評価を受け、その評価に導かれて事業を拡大することが創業期以降の顧客のリーダーシップである。つまり、顧客のリーダーシップが発揮されている状態とは、経営の深い「顧客理解」の継続的実践にほかならない。

第 7 章

ドラッカーを顧客起点で読み解く

本章では、3つのフレームワークを使い、「顧客の創造」を提唱するピーター・ドラッカー氏の思想を読み解いていきます。

筆者も含め、ドラッカー氏の思想に共感する人は多いと思いますがここまで紹介してきた各フレームワークを通してその主要な主張を敬意を込めて解釈し、経営への実践を試みます。

7-1 ドラッカー氏の思想が経営者に与える示唆

価値とは、企業が一方的に提供するものではない

現代経営学の父、あるいはマネジメント（management）論の創始者として知られるピーター・ドラッカー氏は、今日まで、世界の経営者に影響を与え続けています。ですがその思想や概念は多くの共感を呼びながらも、実際の経営に実装できない、概念論だ、との声もあります。

筆者自身は、経営学、経済学のような学術的な探究を目指しているわけではありません。実務で継続的な実績を上げるために活用可能かという視点で、これまで様々な理論や概念の活用を試みてきました。

その中でも、ドラッカー氏が主張した顧客と企業の関係は、どのような業種にも普遍的に活用可能であり、経営層と実務現場層が共有できると確信するに至りました。30年以上にわたって多様な業種で事業経験を積み、何が失敗と成功を分けているのかを考えるたびに、失敗の要因も成功の要因もドラッカー氏の言葉に集約されていると気付きます。

失敗した際は、顧客を理解し切れておらず、顧客への価値提案ではなくエゴとしか言えない自分都合や会社都合、あるいは競合都合の一方通行な押し付けになっていました。成功と呼べるケースでは、会社や内部都合にとらわれず、愚直に顧客を理解し顧客の価値を優先していました。

価値の成立とは、ドラッカー氏が言う「顧客が創造」されることです。顧客が創造されるとは、言い換えれば、特定の一人が、特定のプロダクトに自分にとっての便益を見いだし、他では代替し難い独自性を見いだすことで、入手するために対価を払ってもいい、時間をかけてもいい、労力を使ってもいいと思って実際に購入や利用に至ることです。

顧客は誰か

自分自身が顧客であれば、自分自身が絶対に必要とし、ほしいと思うプロダクトを作り、その強化と改良を続け、代替がない便益や特徴を提案し続けることで一定の売上が見込めます。多くの創業者や起業家は、そこから事業を確立しています。

しかし、自分が「顧客を理解している」と思い始めることが失敗への入り口になってしまいます。裏を返せば、「自分は顧客を理解していないかもしれない」「顧客の理解が間違っているかもしれない」と懸念することが、成功への入り口なのです。

ましてや100人を超えるような組織においては、仮に経営者が顧客自身である、もしくは顧客を徹底的に理解しているとしても、その顧客に対する従業員の理解は不十分であることが想像に難くありません。すなわち、ここに事業成長の壁が出現しているのです。

序章でも触れましたが、組織や人員が増える中での成長の壁、すなわち縦割り化や風通しの悪化、そして「大企業病」に至ってしまう共通原因は、顧客の理解が弱くなることです。「顧客は誰か」というドラッカー氏のシンプルな言葉は、それを洞察しています。

そして、自分は顧客を知らないという前提に立ち、その心理と行動の関係を深く知ろうとするところこそ、第3章で解説したN1分析にほかなりません。顧客を適切に分類した上で、一体どのような心理やきっかけがあって顧客化したのか、あるいはロイヤル化したのか、または離反したのかを掘り下げれば、再現しうる顧客戦略を洞察する糸口になります。同時に、その人の視界にどのような競合プロダクトが自社プロダクトとともに入っているのか、その人が価値を感じる便益や独自性、あるいは「代替できる」と感じている基準はどのようなものかを知ることで、新たなチャンスやリスクも見つかります。

「顧客にとっての価値を知るには、顧客に耳を傾けよ」というのがドラッカー氏の一貫した助言です。著書『創造する経営者』（ダイヤモンド社、以下同）に記されている「顧客と市場を知っているのはただ一人、顧客本人である。したがって顧客に聴き、顧客を見、顧客の行動を理解して初めて、顧客とは誰であり、何を行い、いかに買い、何を期待し、何に価値を見いだしているかを知ることができる。」との言葉には、その思想が色濃く表れています。

″a customer″——一人ひとりを見る

ドラッカー氏の「顧客を創造する」の原文は“create a customer”です。筆者がマス思考にとらわれ、多くの失敗を重ねていた20代の頃、初めてこの原文を読んだとき「なぜ“create customers”ではないのだろうか」と思いました。一人の顧客を創造しても、ビジネスにはなりません。しかし、ドラッカー氏は一貫して“create customers”でなく“create a customer”を使っています。

ドラッカー氏は、常に考え抜いた言葉を選択します。筆者はこの語彙の選択にこそ、ドラッカー氏の人間への深い敬意と経営観が表れているのではないかと思いました。そして、筆者の失敗はここにあったのです。市場を複数の顧客の塊であるマスマーケットとして分析していたのでは、新しい商品やサービスの開発は難しい。“create a customer”とは「一人の具体的な顧客に、自社プロダクトが何らかの便益と独自性を提供することからすべては始まる」という意図だと解釈できたのです。この一つの言葉に、筆者は導かれてきたように思います。

7-2 ドラッカー氏の言葉を顧客起点で解釈する

ドラッカー氏の数々の名言から企業経営に関する主要な思想と概念について、ここまで紹介してきたフレームワークを使いながら解説していきます。

「顧客の創造」を具体的に実践するには

1.「企業の目的は、それぞれ企業の外にある。企業は社会の機関であり、目的は社会にある。したがって、事業の目的として有効な定義は一つしかない。顧客の創造である」（出典：『現代の経営』ダイヤモンド社、以下同）

「顧客の創造」を多くの経営者が口にしますが、どのように実際にマネジメントするかは大きな課題でもありました。これを「顧客起点の経営構造」のフレームワークで考えると、マネジメントとは財務結果（利益＝売上－費用）を生み出す上部の3構造――経営の管理対象、顧客心理、顧客行動を変えることだと捉えられます。結果、企業として責務を負うべき利益につながる形で経営が可視化され、会社全体で共有可能なマネジメント対象になります。さらにその結果として、社会に新たな価値を生み出すことを目的としているのです。

プロダクトやサービスの開発からその提供までを通じて、顧客の心理を変え、結果として顧客の行動を変える。その一連をマネジメントすることが企業の目的であり、経営だと理解できます。「顧客の創造」を定義するなら、それは「顧客が価値を見いだす便益と独自性を提供しうるプロダクトを開発・改良・強化し、その便益と独自性を『自分にとっての価値である』と認知できるように訴求し、体験していただく。結果、購入していただき、プロダクトの実使用時に、事前に期待されていた便益と独自性を超える実感を提供し、顧客の変化に合わせたプロダクトの改良・強化を通じて、継続的な購買を実現する。そして新しい他のプロダクト提案にも耳を傾けていただける顧客の動態（カスタマーダイナミクス）を実現する」ことです。

常に「顧客にとっての価値」から構想する

2.「企業が自ら生み出していると考えるものが、重要なのではない。顧客が買っていると考えるもの、価値を考えるものが重要である。それらのものが、事業が何であり、何を生み出すかを規定し、事業が成功するか否かを決定する」（出典：『現代の経営』）

まず一文目を見てみます。ここでドラッカー氏の言う「企業が自ら生み出していると考えるもの」とは、プロダクトの機能や特徴を意味しており、企業が顧客に向けた訴求であり体験です。これ自体が「重要なのではない」とは、企業から顧客への訴求や体験は、必ずしも顧客が対価を払いたいと考えるものではない、顧客にとって価値とならない可能性が高いと指摘しています。企業が顧客に何を期待しようが、顧客がプロダクトに見いだした「自分ごと化できる便益と独自性」、すなわち競合や代替から得られない便益を見いだした際に、価値が生まれると指摘しています。

また、「顧客が買っていると考えるもの、価値を考えるもの」とは、実際に、すでにプロダクトを購入した顧客の認知を意味しています。つまり、すでに形成されている顧客心理であり事実です。企業が顧客に何を期待していたとしても、実際に形成されている顧客の心理状態がより重要な事実であって、目の前の顧客の事実から〝事業〟を定義せよとの意図です。

第3章で紹介した、便益と独自性それぞれの有無を整理した「便益と独自性の四象限」(p102)は、事業を成功させる便益と独自性の組み合わせを考察して仮説を議論するには活用しやすいですが、この議論は仮説であって、最終的な「価値」の判断をする具体的な顧客の設定を欠いてはいけません。企業が考える仮説としての価値ではなく、あくまで「顧客が」何に価値を見いだしているのか、具体的な顧客を起点に考察し、議論すべきです。

この考察と議論を通じて、特定のWHO(顧客)がWHAT(プロダクトが提供する便益と独自性)に価値を見いだす状態=顧客戦略(WHO&WHAT)を洞察できます。どれだけ企業が自社プロダクトの様々な機能や特徴を訴求しても、顧客が魅力を感じず、自分にとっての便益と独自性を見いだせない限り、戦略として成立しません。

そして、後半の「それらのものが、事業が何であり、何を生み出すかを規定し、事業が成功するか否かを決定する」という言葉は、「実在する既存顧客を起点とする中で、実際に成立している顧客戦略を洞察できているかどうか」が事業の成否につながるという意味だと読み解けます。

企業の合理性と顧客の合理性は同じではない

３．「顧客は合理的である。不合理であると考えるのは危険である。顧客の合理性がメーカーの合理性と同じであると考えたり、同じでなければならないと考えると同じように危険である。一見不合理に見えても顧客の利益になっているものに代えて、メーカーが合理的と考えるものを押し付けようとするならば、必ず顧客を失う」（出典：『創造する経営者』）

企業・メーカーがどのような期待でプロダクトを提供し、どのような機能や特徴の訴求を行っても、顧客がプロダクトに興味を示さないことは非合理ではありません。すべての企業は、顧客（WHO）に、プロダクトの「特徴や機能やイメージ」（WHAT）を提案します。しかし、顧客がその提案に自分ごと化できる便益と独自性を見いだせなければ、そこに価値はなく、顧客戦略（WHO&WHAT）は成立しません。

「いい商品（プロダクト）なのですが、売れない、理解してもらえない……」との声はよく耳にする悩みですが、それは自社プロダクトが提供しうる顧客とプロダクトの関係＝顧客戦略が洞察できていないか、プロダクト自体が弱いか、そのいずれかでしかありません。顧客には、自分にとって便益が見いだせないプロダクト、便益があったとしても代替性がある（独自性のない）プロダクトに使う時間もお金もありません。顧客の立場からすれば、まったく合理的です。

関連する議論として、商品や事業開発において、企業主導の「プロダクトアウト」、顧客やマーケットの理解から始める「マーケットイン」の手法のどちらが正しいかの議論は古くからありますが、この議論は意味がありません。プロダクトアウトで開発されたプロダクトに顧客が便益と独自性を見いだせば、それは価値を生み出す顧客戦略の成立であり、逆に徹底的な顧客調査に基づいたマーケットインで開発されたプロダクトでも、そこに顧客が便益と独自性を見いだせなければ価値は存在せず、顧客戦略は成立していない、つまり事業にはならないということです。プロダクトアウトかマーケットインかは手段手法（ＨＯＷ）の話でしかなく、重要なのは、顧客が価値を見いだすかどうかという事実なのです。

顧客の行動には常に合理性があります。もし不合理と思える顧客行動があれば、その行動の理由となる顧客心理を理解することに、まだ見えていない新しい価値の創造、顧客の創造のチャンスがあると捉えたいです。

■第７章のまとめ

・価値の成立とは、ドラッカー氏が言う「顧客が創造」されること。顧客が創造されるとは、特定の一人が、特定のプロダクトに自分にとっての便益を見いだし、他では代替し難い独自性を見いだすことで、入手するために対価を払ってもいい、時間をかけてもいい、労力を使ってもいいと思うこと。

・どれだけ企業が自社プロダクトの様々な機能や特徴を訴求しても、顧客が魅力を感じず、自分にとっての便益と独自性を見いだせない限り、戦略として成立しない。

・顧客の心理と行動を理解し続けることで、まだ見えていない、新しい価値創造、顧客創造のチャンスが開ける。

対談

顧客起点の経営の実践

ここまで解説してきた「顧客起点の経営」は、
実際の事業においてどのように推進されているのでしょうか。
フレームワークを取り入れる際、何を課題とし、
導入後はどういった変化があったのか。
取材に協力いただいた3社・3事業の責任者の、
現在進行形の取り組みを参考にしてください。

対談 1

顧客にとっての「理想の経営」からプロダクトを考えていく

ユーザベース「SPEEDA」「FORCAS」

ユーザベースは「経済情報の力で、誰もがビジネスを楽しめる世界をつくる」をパーパスとする、2008年に設立されたスタートアップです。BtoC事業としてソーシャル経済メディアの「NewsPicks」、BtoB事業としては経済情報プラットフォーム「SPEEDA」をはじめ複数のサービスを展開しています。もともと顧客起点の姿勢がある企業ですが、SPEEDAは顧客のニーズに応えてきたがゆえに機能が増え、次第に「誰に対して価値を提供しているのか」が見えにくくなっていたそうです。

筆者は2020年から、BtoB事業を統轄する現・共同代表の佐久間衡さんのカウンターパートとして、顧客起点の事業運営を支援しています。今回、改めて佐久間さんに、顧客起点の考え方によって事業の展開や社内がどう変わったか、話を聞きました。（※内容や肩書は、2022年4月の取材時の情報に基づきます）

■インタビュイー　株式会社ユーザベース 代表取締役Co-CEO 佐久間衡さん：2013年にユーザベースに参画、SPEEDA日本事業担当、FORCASとINITIALのCEO、SaaS事業担当取締役を経て2021年より現職。同社参画前はUBS証券投資銀行本部にて、M&Aや資金調達などの財務戦略アドバイザリー業務に従事。

■金融機関から広く事業会社に使われるように

西口　「SPEEDA」は、経済情報プラットフォームと銘打っていますよね。もともと、どういった顧客に対して何ができるものとして立ち上げられ、今はどのような状況なのか、うかがえますか？

佐久間　SPEEDAは、市場分析や競合調査を効率的に行えるサービスです。様々な企業のデータベースが格納され、例えば広告宣伝費をどの程度投下しているか、新規事業やM&Aに注力しているか、などの情報が一瞬で得られます。当初は、コンサルティングファームや投資銀行に向けて開発していました。財務分析のプロ向けのサービスだったんです。

それが近年、クライアント層が事業会社へも広がり、事業会社の方々の細かなご要望に応えながら機能を増強してきた経緯があります。私がユーザベースに入社したのが2013年なのですが、顧客層の幅がぐっと広がっていったのが、ちょうどそのころでした。

西口　顧客層の幅が広がったのは、何か理由が？

佐久間　当時、金融機関から事業会社へと転職する方が増え、前職で使っていたSPEEDAを新しい職場でも使い

経済情報プラットフォーム「SPEEDA」。多種多様な市場データや業界レポートを格納し、情報収集や分析をサポートして経営の意志決定を支援する

たい、という要望に基づいて導入件数が増えていったのです。もちろん、事業会社では社内の様々な部署の方が使うようになるので、金融機関とは違う分析のニーズがあります。なので、そうした新しい顧客の声を捉えながら、機能を追加していました。

その中で、ＢｔｏＢ事業向け顧客戦略プラットフォームの「FORCAS」、スタートアップ情報プラットフォーム「INITIAL」といった新規事業も生まれました。SPEEDA自体のマーケティング向けに、SPEEDAのデータベースを使い、例えば「新規事業に注力している企業」などを抽出して潜在顧客をリスト化していたんです。この使い方にニーズがあるかもしれないと思い、実装したところ、とても好評だったんですね。なので、リスト作成の条件付けやＡＩを用いた自動分析などを磨いて別サービスとしたのがFORCASです。

INITIALも、近年のスタートアップ興隆を追い風に、同じようにSPEEDAから生まれました。

西口　自社を最初の顧客としてニーズを見つけて、顧客の反応を得ながら拡大していったんですね。その間、御社は上場という大きな節目もあったと思います。

佐久間　はい、２０１６年に東証マザーズへ上場しました。それに伴って私は新規事業に専念していましたが、２０１９年にSPEEDAに戻ると、社内のメンバーは急増、顧客も様変わりしていたのです。

そこで、まずは顧客とメンバーの一次情報を把握しなければと思い、顧客への1対1のインタビューと当時のSPEEDAのメンバー約２００人に対しても1対1のインタビューを実施しました。すると、社内の課題として「誰に対してどのような価値を提供しているのか分からない」ということが明確に浮かび上がってきたのです。顧客解像度がとても粗く、また機能も把握しきれていない。メンバーが「WHO」も「WHAT」も見失いつつある事態に陥っていました。

■1社ごとに最適な提案をしながらスケールする

西口　顧客層が広がり、事業が拡大しているからこその課題ですね。顧客に向き合い、改善を続けるうちに、全体像が誰にも分からなくなってしまう。御社に限らず、事業成長の過程でよく起こることだと思います。その状況で、どのような手を打ったのですか？

佐久間　事態を早急に打破しなければいけないと考え、ある程度トップダウンで「どのような企業に何を提供するのか」という顧客価値を決めました。その上で、さらに顧客層を広げていくために、WHOとWHATをアップデートし続ける仕組みを構築できないかと思っていました。西口さんにお会いし、顧客起点の一連のフレームワークを導入したのが、ちょうどそんなタイミングでした。

西口　その点では、佐久間さんから最初に話を聞いた時点で、そもそも顧客起点の企業なのだとよく分かったのを覚えています。そうした企業姿勢がありますよね。

佐久間　たしかに、その姿勢は創業時から受け継がれています。もともとSPEEDAは、金融機関の中でも非常に狭い顧客像に向けて特化したサービスだったんです。その顧客には好評でも、当然ですが市場が狭いので、常に次のサービスを模索し続けなければならなかった。そこから

NewsPicksなども生まれました。ユーザベースは、ずっと「これ以上成長できないのでは」と悩み続けてきた企業です。顧客価値を提供し続けることに対するその悩みが、創業初期からDNAとして刻み込まれています。

私が参画したときも、1件1件の営業や解約に向き合う姿勢がすさまじい、と思ったのをよく覚えています。ABM※の発想があり、1社ごとにバイネームで「この価値を届けよう」と見定める文化があります。ただ、西口さんが指摘されたように、顧客数が増えると全体像が見えなくなっていきますよね。顧客からものを考えていく感覚はかなり養われていたので、それを活かしながら、顧客層を広げて各サービスをスケールすることが課題でした。

そこで顧客起点の考え方で、数カ月かけてWHOとWHATを整理しました。顧客層を広げながら顧客価値をアップデートしていくことを仕組み化しつつあるのが、現状です。

■「アジャイル経営」の概念を顧客起点で整理した

西口　顧客起点の考え方で事業を整理していく上で、特にどういったことに手応えがありましたか？

佐久間　私がいちばん手応えがあった、実現できてよかったと思っているのは、「アジャイル経営」の概念を顧客起点で整理できたことです。我々は単に経済情報を提供しているのではなく、SPEEDAや各種サービスを通して、企業の経営企画部の方々に経済情報を効果的かつ効率的に

※ABM（Account Based Marketing）：広くリードを集めて育成するのではなく、特定の顧客を対象とし、個社に最適なアプローチをしていくBtoBのマーケティング手法。

使っていただき、最終的には「経営を変える」ことを提案しています。ですが、それは具体的にどのように変わると良いと考えているのか、目指すところや理想像をしっかり言語化できていなかったんです。

西口さんとのディスカッションで、あるとき「WHOとWHATの整理と並行して、SPEEDAが目指す『理想的な経営企画部の状態』、ひいては『理想的な経営の状態』を言語化しておくべきでは」と指摘されて。経営企画の目指す姿と、そこに我々がどう寄与するかを提示する必要がある、ということですね。たしかに、そうしないと顧客に提供する価値が明確にならないと実感しました。そして我々が様々な経営企画部の方々とやり取りしてきた中で、うまくいっている企業、つまり理想的な経営の状態が実現している企業をひも解いていきました。

西口　御社が考える理想像、サポートしたい経営の姿を探っていったのですよね。

佐久間　はい。そこから、我々がサポートしたいのは、顧客起点で変化にスピーディーに適応する経営、言うならば「アジャイル経営」なのだと言語化できました。これによって、社内外に我々が目指す姿がはっきりと、強く伝わる形になったと思います。

この過程も一筋縄ではいきませんでしたが、さらにレポートにまとめる際も苦戦しました。別のメンバーと共同で進めていたのですが、あるとき西口さんに「このレポート、佐久間さんの魂こもっていますか？」と問われまして。理想の経営を描く、理想の経営像を定義するのはトップの仕事だから、事業責任者であるあなたの魂の言葉にしないと意味がない、といったことを言われたんですね。

西口　失礼なことを言いましたね……。

佐久間　いえ、その通りだな、と。もちろん、それまで準備していたものも中途半端にしていたつもりはないのですが、そう問われると「違う」と思い、全部自分で書き直しました。大変でしたが、これは個人的にも、近年いちばんいい体験だったと思います。

この一連のできごとは、今振り返っても、我々にとって大きな転換になったと感じます。顧客がほしいものを届けるのではなく、顧客にとっての理想像を描き、そこに向けてプロダクトを創る。その発想が弱かったなと。自分たちが実現しうる、顧客のもっとも良い究極の姿を描くようなことですよね。これは、業界を問わず「顧客」に向き合う多くの方に、ヒントになるのではないかと思います。

■ユーザベースが理想として提案する「経営の形」とは

西口　顧客にとっての理想像からあるべきプロダクトを考えていくと、提案するときの説得力が増しますね。つまり、聞く側にも納得感がある。

佐久間　そうですね。アジャイル経営の文脈で、SPEEDAや他のサービスの位置付けをすべて整理して、とてもクリアになりました。２０２１年12月に当社は新たなパーパス「経済情報の力で、誰もがビジネスを楽しめる世界をつくる」を発表しましたが、ＢｔｏＢ事業については「アジャイル経営の実現をサポートする」ことを明文化して盛り込みました。

また、顧客起点のフレームワーク導入のプロジェクトを始めたときから、サブテーマとして「顧客起点の思考を備えた次のリーダーを育てる」ことを掲げて若手をメンバーに加えていたんですね。顧客を起点に社内全体の構造が見えるようになったことで、顧客起点の思考が少しずつ育っていっているのを感じています。

さらに、現場のメンバーにも働く喜びをもたらしていると思いますね。

西口　それは、私もとても重要だと思っています。顧客起点の考え方が組織に浸透すると、顧客から感謝され、役立っている実感が得られるようになる。すると一人ひとりが生き生きと、自分の能力を発揮してくれるようになります。そうして、顧客起点の組織になっていく好循環が生まれます。

佐久間　分かります。私は多趣味な人間ですが、ビジネスがいちばん楽しいと思うんですね。社会接続性があり、立場や属性を超えて多様な人と一つのゴールを目指すことが楽しい。顧客起点の経営が実現すると、現場の方にとっても、顧客の役に立っているという実感や働きがいが増すはずです。

それに加えて、顧客起点という題目で、社長だとかメンバーだとかの関係なく、立場がフラットになることも大きいと思います。顧客に向き合って自律的に意思決定できると、働いていて楽しいですよね。我々自身もそんな企業を目指しながら、我々のサービスを通して、顧客起点のアジャイル経営を実現する企業が増えたらうれしいです。

対談 2

経営層が顧客の声を聞き改善を即決して事業成長へ

ミスミ「meviy」

機械部品を中心にグローバルで約33万社に販売するミスミグループ本社は、2016年にAIを活用したデジタル機械部品調達サービス「meviy（メビー）」をリリース。これまで相当な時間を要していた部品調達をデジタル化し、発注から最短1日で出荷されるサービスです。

手間と時間の大幅な短縮を強みに顧客数を伸ばしていましたが、より個々の顧客を理解するため、2020年9月に顧客起点でのマーケティング・コミュニケーション改革プロジェクトを発足しました。営業活動の見直しや、顧客の使い方にヒントを得た改善などを通して、顧客数は7万ユーザーまで伸長しています（2022年5月時点）。同事業の責任者であるミスミグループ本社 常務執行役員の吉田光伸さんに、一連の取り組みと手応えを聞きました。（※「日経ビジネス電子版」2021年9月29日公開記事を元に編集）

■インタビュイー　ミスミグループ本社 常務執行役員 ID企業体社長 吉田光伸さん：国内大手通信会社、外資系大手ソフトウェアベンダーを経て2008年からミスミグループ本社へ参画。事業責任者として国内事業の再構築・中国事業の成長を加速させた後、「meviy」の立ち上げに従事。2018年に同事業を展開するID（Industrial Digital Manufacturing）企業体設立に伴い、企業体社長に就任。

■部品調達にかかる時間を大幅に短縮する「ｍｅｖｉｙ」

西口　meviyは、製造業におけるＤＸの代表例として注目を集めています。昨年は、トヨタ自動車との共同開発プロジェクト第一弾として、部品の穴の種類や精度などの製造情報を自動で連携する機能が追加になりましたね。

吉田　はい。この機能はトヨタグループ内の使用に留めず、広くmeviyユーザーに使っていただけます。同社と我々の双方に、日本のものづくり領域のＤＸを後押ししたい意図があり、こうしたプロジェクトにつながりました。

西口　今後が楽しみな取り組みですね。では、部品調達領域における御社のこれまでの展開と、meviyについてうかがえますか？

吉田　当社は創業時から、製造業の企業向けに、工場設備などに必要な部品の製造と販売を手がけてきました。もともと部品調達は非常に手間と時間のかかる領域で、当社では１９７７年に業界に先駆けてカタログ販売を開始し、また部品を途中まで加工しておく標準化の仕

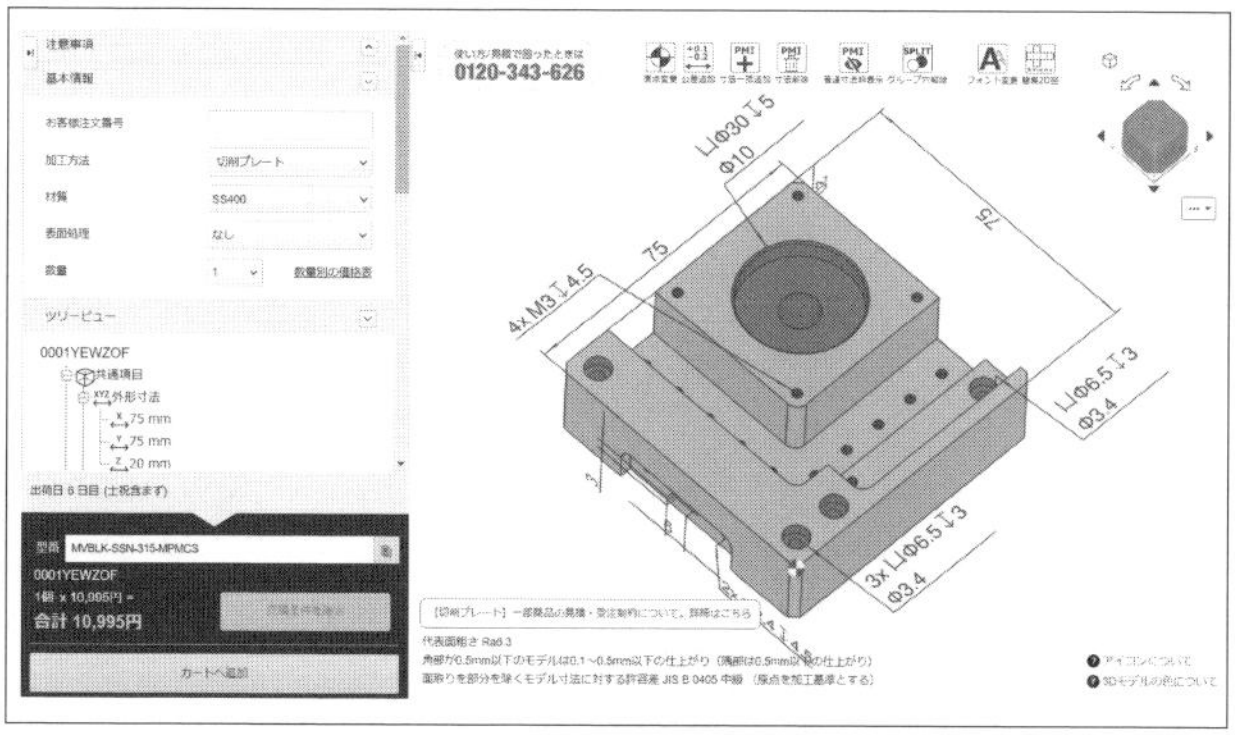

デジタル機械部品調達サービス「meviy（メビー）」操作画面例。AI活用による自動見積もりと納期の算出、3Dデータ連携によって部品調達の手間と時間を大幅に削減する

組みによって大幅な効率化を図りました。これを、当社の最初のイノベーションと位置付けています。

以降、顧客数と商品点数を増やしてきましたが、現在でも顧客が求める部品のうち約半分は、カタログではカバーできないカスタマイズ品なのです。紙に図面を描いて加工会社にＦＡＸし、見積もりを依頼するという、昔ながらの方法で注文していただくしかありませんでした。

そこで第2のイノベーションとして構築したのが、カスタマイズ品も含めて圧倒的に効率化するmevivです。３Ｄ ＣＡＤデータをアップロードするだけで、ＡＩによって即時に価格と納期を提示し、受注と同時にデータから加工プログラムを自動で生成します。そして部品を製造して最短１日で出荷することができます。仮に１５００点の部品を調達するのに、図面を描くところから始める従来の方法の場合は約１０００時間かかるところ、mevivでは92％減の約80時間で行えます。

この効率化が多くの方に受け入れられ、顧客数は順調に伸び、事業の本格展開を開始した２０１９年4月時点では約1万ユーザーとなっていました。

西口　２０２０年、顧客起点のフレームワークを導入されましたが、当時はどのような課題があったのでしょうか？

吉田　当社にはもともと、顧客の困りごとに寄り添って解決に尽力する、顧客起点の姿勢があります。日ごろから商品担当者が顧客のもとに足しげく通い、要望を深掘りし、あるいはこちらの案を投げかけて、新商品のヒントを見つけたりもしています。

meviyにおいても顧客のさらなる課題解決と事業のスケールのためには、もっと一人ひとりの顧客を理解してニーズに応えていく必要があると考えていました。同時に、顧客への情報提供も、個々に合ったタイミングで適したコンテンツをお届けしなければ、と。

その折に顧客起点の考え方を知り、顧客を精緻にセグメントして理解することが我々の課題解決の糸口になるのではないかと思いました。先行してBtoBの営業プロセスモデル「The Model」を実践していたので、それと西口さんの理論を組み合わせれば効果を最大化できると直感しました。

■ロイヤル顧客の特徴的な使い方から機能改善へ

西口　最初に取り組まれたのが、営業活動の見直しでしたね。

吉田　はい、顧客のニーズを無視した提案をしていないかを振り返り、課題を把握できるようなトークに改善しました。並行して「5セグズ」調査を行い、離反顧客とロイヤル顧客のN1インタビューを実施しました。そこで、顧客企業の離反を招く最大の要因が「自動見積もりが成功しないこと」だと突き止められたのです。要因が明確になったので、一致団結して相当な勢いで開発を進めることができました。現在では、顧客が求める部品に対する自動見積もりの機能が各段に進化しています。

また、ロイヤル顧客へのインタビューからは、意外な使い方が分かりました。基本は1件ごとのデータアップロードを促す表示のＵＩ※／ＵＸだったのですが、ロイヤル顧客は10件や１００件、ＣＡＤデータを丸ごと選択してドラッグ＆ドロップしていたのです。自動見積もりができないものが２割ほどあっても、残りの８割をまとめて注文できれば、それで十分に時間の削減になると受け止められていました。

西口　これはとても興味深かったです。ロイヤル顧客は、企業側が想定していない使い方に価値を見いだしていることがよくありますね。

吉田　そうですね。ロイヤル顧客にはもちろん、追加のヒアリングを通して、ほかの顧客にもこの方が使いやすいと分かったことも大きかったです。

そこで、まとめてドラッグ＆ドロップしやすいよう、リスト形式の表示にＵＩ／ＵＸを変えました。告知キャンペーンも開催したところ、まとめてアップロードしてくださる顧客数は２倍以上に増えました。それだけ顧客の手間の削減につながっていることが実感できましたし、我々の事業としての観点でも、顧客単価の向上に結び付いています。

■Ｎ１インタビューにトップ自ら同席

西口　一連の改革に併走して、今回の成果を大きく引き上げたと思うのは、Ｎ１インタビューに事業のトップである吉田さんがリアルタイムで同席されていたことです。

吉田　対面ではなくオンラインだったので、私がいても、参加いただく方のプレッシャーにならず

※UI/UX：User InterfaceとUser Experience。前者は顧客が見たり触れたりする情報や仕組みなどの接点を、後者はそれを含む顧客体験を意味する。

に本音をうかがえたのがよかったですね。

西口　やはり、決裁者がいるといないとでは、顧客の解像度が変わってきます。伝聞では限界がある。トップが腹落ちし、決裁するなら、それに勝るスピードもないと思います。

ただ、UI／UXは従来の画面で3年ほど運用されてきて、なじんでいる顧客も多くいらっしゃったと思います。実際、私が支援しているケースでも、大きく変える際は必ず社内で相当な議論が起こります。今回、反対意見はなかったのですか？

吉田　ありました。現場が希望した最初の案は、基本のUI／UXは従来の表示のままにして、まとめてアップロードしやすいリスト表示も〝提案〟として選べる形にしたいというものでした。でも、それを私のほうで「逆にしよう」と。リスト表示をデフォルトにすることで、今後は図面をまとめてアップロードしていただく操作を促していこうと決断しました。

西口　そう踏み切れたのは、先ほどおっしゃった、追加ヒアリングでニーズを確かめられていたからでしょうか？

吉田　そうですね。また、ご指摘のように私やマネジメントのメンバーがN1分析で顧客の生の声を聞いていたため、mevivを最大限に使って価値を受け取っていただくにはどうすべきか、ある程度の道筋をつかめていたこともあります。

加えて、まとめてアップロードできると、1件1件試して自動見積もりが成功せずに離反するケースを減らせます。それも、この打ち手の利点でした。

■顧客心理を捉えて「サイレント失注」を防ぐ

西口　さらに２０２１年４月から、９セグズの調査とそれに基づく施策に取り組まれています。５セグズから、次回も使いたいかどうか（次回使用意向）の軸を加えた９セグズの分析を通して、どういった進展や手応えがありましたか？

吉田　顧客の心理を踏まえて、現在「顧客接点のリ・デザイン」に着手しています。

meviyではメールをはじめとしたデジタルの接点や、インサイドセールスや営業など、実に様々な顧客接点があります。この全体の設計を再構築しようとしています。９セグズを通して、例えば利用意向があるのに初回利用に至っていない方は、意外と基本的なメリットを理解いただけていないといった実態が分かってきました。

また、ロイヤル顧客ではない使い始めの方に、こちらから一方的に小難しい情報をお伝えしていることにも気付けました。そうしたことから、改めてセグメントごとの「最適な情報」を見極めて、適切に提供していけるように整備中です。

また、９セグズでいちばん衝撃的だったのは、ロイヤル顧客なのに次回使用意向がない「消極ロイヤル」の方々の存在が明らかになったことです。この「次回使用意向があるか、ないか」という軸は、我々にとって新たな視点でしたし、マーケティングや経営自体を進化させる要素になるのではと感じました。新鮮でしたね。

西口　ＢｔｏＢの領域では、何の兆しもなかったのに突然契約を失う「サイレント失注」という事態がよく起こります。次回使用意向のない「消極」のロイヤル顧客の心理を捉えられていると、これを防ぐこともできます。

吉田　そうですよね。インサイドセールスも営業も、今後は消極の顧客に注目して、リスクを減らしていければと。そうした方へのN1インタビューも皆で向き合ったので、皆がその重要性と意義に納得しています。

西口　最後に、今後の展望をうかがえますか？

吉田　当社では独自に顧客の声を集約・データベース化するシステムを保有しており、毎週各部署へ展開して優先度の判断などに活かしています。この動きを加速させていきます。

事業の規模が大きくなると、特に経営層からはどうしても顧客の顔が見えにくくなり、遠くなっていってしまいます。顧客起点の一連のフレームワークは、経営層と顧客との距離を近くするものだと実感しています。定期的な調査を通して常に距離を近く保ちながら、一方で俯瞰してビジネス全体を捉えることが重要です。そうすることで、サービスを常に顧客起点で進化させ、より多くの顧客の時間を創出して、ものづくり産業全体の生産性向上に貢献していきたいと思います。

また2021年度から、meviyのグローバル展開を開始しています。日本発、グローバルナンバーワンのものづくりプラットフォームを目指して、これからも顧客起点での進化を継続していきます。

対談3

顧客起点の思想を事業と組織に実装する

サイバーエージェント「ABEMA」

サイバーエージェントの「ABEMA」は2016年、テレビ朝日との協業で「テレビの〝再発明〟」をコンセプトに開始。同社のメディア事業をけん引し、WAU（Weekly Active Users）は約1500万規模に（2022年5月時点）。2021年にはテレビとビデオを同一画面にし、より使いやすく改善しています。

もともと顧客データの分析や顧客の意見に基づく改善に積極的でしたが、原因がつかめないボトルネックを解消する策として、顧客全体を細かくセグメントする顧客起点の考え方を取り入れたそうです。現在はそのフレームワークが「部門横断の共通言語になっている」と、サイバーエージェント専務執行役員でABEMA事業を担う小池政秀さんは話します。（※「日経ビジネス電子版」2021年9月1日公開記事を元に編集）

■インタビュイー　サイバーエージェント 専務執行役員 小池政秀さん：複数のインターネット関連会社を経て2001年にサイバーエージェント入社。メディア広告事業を経て、Amebaを含めた複数のメディア・プラットフォーム・ゲーム事業の立ち上げに責任者として関わる。2011年にAMoAd代表取締役、2012年にサイバーエージェント取締役、2016年からAbemaTV取締役（兼務）を経て、2020年よりサイバーエージェント専務執行役員。

■サイバーエージェントにおけるメディア事業

西口　御社は広告事業、ゲーム事業、そしてメディア事業の3本柱で事業を展開されています。「ABEMA」はメディア事業の筆頭として、着々とユーザー数を伸ばしていますね。最近の視聴者の変化や、それに伴う戦略の変化などをうかがえますか？

小池　2020年から2021年の1年は、テレビデバイスでの視聴が伸びました。時代によって、視聴するデバイスはスマホ中心からタブレットへ、さらにテレビへと拡大していますが、視聴数が伸びていることで、ABEMAのニーズ自体は増しているのだと感じています。

ただ、我々の姿勢として、ユーザーが求めるものを探りながらコンテンツを設計してきた点は変わっていません。もともと掲げているのは「テレビの〝再発明〟」というコンセプトです。電源をオンにしたら編成された番組が放送されていて、何となくチャンネルを回して見るような、受動的な視聴体験をインターネット上に生み出そうとしてきました。

ABEMAのトップページの一例。テレビ・ビデオの切り替え型から、同一画面にリニューアルした

地上波はやはり年齢層が比較的高めの世代にフォーカスされがちなので、チャンスポイントである、世の中に足りていない若い世代向けのコンテンツにまずは注力しよう、と。そこから、若者を主役に据えた恋愛番組やドラマに力を入れ、それが浸透してきたのが現状だと捉えています。

西口　若い世代が利用する動画サービスは複数ありますが、ABEMAの独自性は何でしょうか？

小池　まず、24時間リニアで完全編成している「テレビ」と、自分の都合で視聴できる「オンデマンド」が一体型になっていることです。テレビにはコメント機能があるので、リアルタイムで一緒に観ながら盛り上がれる、体験の楽しさを提供していると考えています。

コンテンツは、他の動画サービスにないものを探すのではなく、対象とするユーザーからかなり絞り込んで制作しているのが特徴です。我々はもともとユーザーの声を非常に重視しており、そのニーズを踏まえて番組の企画からキャスティング、構成などを練り上げています。

編成は複数のオリジナルニュース番組やバラエティ、ドラマのほか、将棋や麻雀、格闘技、ヒップホップやサーフィンなど、地上波で深掘りするにはニッチな領域を押さえています。こうしたコンテンツには熱狂的なファンがいるので、深夜も早朝もコメントが投稿されています。

西口　ニッチな話題で盛り上がれる連帯感は、コアなファンにとっては楽しいですね。

小池　そうですね。熱狂的なファンがいるということは、深いコンテンツでも理解して享受したいと思ってくださる方がいるわけですよね。でも、そのコンテンツに触れる人のすそ野が少し広がると、詳しくない人には分かりづらい部分も出てくるので、そうした視聴者には新たな仕組みでその部分を補完する。そして一気にメジャーになっていく。そんな「視聴体験の開発」を、今

ABEMAの制作現場では各メンバーがそれぞれのジャンルで意識して取り組んでいます。

■フレームワークが部門横断の「共通言語」に

西口　外部からABEMAの伸長は拝見していましたが、顧客起点のフレームワークを導入する際、どのように顧客のニーズを捉えていたのでしょうか？

小池　もともとデータ分析には力を入れている会社なので、ABEMAでも内部データの分析やユーザーの声に基づく改善には常に取り組んでいました。カスタマーサポートにいただくご意見や、SNSなどの反響も広く捕捉して相当分析していますし、アプリのインターフェースの変更時にはユーザーを「体験会」に招き、実際に触っていただいたりもしています。

ただ、ユーザー全体を細かくセグメントに分けたり、定期的な直接のヒアリング分析はやりきれていませんでした。サービスの特定部分が少し停滞していると気付いても、その要因がはっきりつかめず、もっとユーザーの意見を深く知ることがヒントになるのでは、と思っていました。

西口　顧客起点での分析に取り組み始めて、ABEMA全体としてTAM顧客数（p94。現在顧客だけでなく、まだ認知していない人や未使用の人も含めた顧客全体を指す）を設定した分析のほかに、ジャンルやニッチな領域ごとに、対象とするユーザーの粒度が細かい分析もしましたね。

小池　そうですね。プラットフォーム全体となるとかなり広くなるので、ニュースやドラマなどの個別ジャンル、さらに番組ごとでもTAMを設定し、顧客動態を追っています。

西口　特定セグメントの顧客に1対1でインタビューする「N1インタビュー」も実施しましたが、その際に同席した担当の方々がとても盛り上がっていたのが印象的でした。それまで実施していたインタビュー調査とは、何が違ったんでしょうか？

小池　やはり、セグメントに分けたことが大きいと思います。使用頻度が高く、使い続ける意欲もある「積極ロイヤル顧客」の方が、実際にこんなふうに思っているんだといったことが明確になって、皆が手応えを得ていました。単純な「顧客の意見」より、説得力が高まりますよね。

また、顧客のセグメントごとに特性を捉えてニーズを把握するなど、顧客への向き合い方を改めたら、それが共通言語になった。社内で、すごくコミュニケーションがしやすくなりました。

■サービス内の回遊とパーソナライズに注力

西口　セグメントに分けて顧客に対する解像度が高まり、精緻に議論できるようになった、と。

小池　そうですね。また、個別の領域で気付いていなかったニーズを捉えられたことにも手応えを感じました。予想よりアニメに対するニーズが大きいとか、意外に若年男性が将棋に関心を示しているとか、我々が提供できる「まだ気付かれていない便益」が見つかりました。そういった事実が分かると、仮説立てと分析の切り口がそれだけ広がります。「この体験をしてもらうことに、ロイヤル化のチャンスがありそう」といったパターンを想定以上に見つけられたので、どんどん試してみたいと思ってます。

データ活用は、まず大まかな仮説を元に分析を試して最適化する、また大きく試してから最適化する、この繰り返しが大事です。そうすることで得られる示唆が格段に増していくので、ここを掘り下げてみようという仮説のヒントがたくさん見つかったことはプラスです。最適なユーザーに最適なコンテンツを提示する、マッチングのアルゴリズムを改善するタイミングだったので、今後に活かせる分析になりました。

西口　2021年は、ABEMAのインターフェースをリニューアルされました。

小池　はい。大きくは、もともとリニアの「テレビ」とオンデマンドの「ビデオ」が分かれていたのを、トップページで一緒にしています。ABEMAが提供する価値を、より総合的に体験していただけるようにアップグレードを図りました。

同時に、チャンネルやコンテンツの表示のパーソナライズも進めています。個々に最適化するには、一人ひとりについて相当のデータ量がないと難しいですが、そこまで十分にデータがあるユーザーはさすがに少ないんです。そうすると、ある程度は仮説を立て、あてていくしかない。そのとき、過去の実績データだけでなく、現在の精緻な顧客分析から分かった潜在的なニーズを深掘りしてロジックに含めていけると、幅が広がるだろうと思っています。

西口　行動データの分析によるロジックはそのままアルゴリズムに入れ、一方で定性調査でつかめた仮説、例えば若年男性が将棋に関心を持っているといった示唆からも、ロジックを補完する。これは、顧客起点のフレームワークを活用する上で、一つの究極のモデルになりそうです。

小池　そうしていきたいですね。一連の分析から得られる示唆は、併せて「どんなふうに興味を持っていただくか」という表現のパターンの検討材料にもしていきたいです。

■ネットサービスに欠かせないユーザーファーストの姿勢

西口 今、映像コンテンツの視聴環境が大きく変わりつつあります。若年層のテレビ視聴率が大幅に低下しています。それが、スマホで地上波コンテンツを観たり、またテレビデバイスでネットのコンテンツを観たりすることが当たり前になり、一周回って「質の高いコンテンツ」が支持される状況になってきたように感じます。

ABEMAが掲げる「テレビの〝再発明〟」は、若年層のほとんどがテレビを見ていたかつての状況を見据えたコンセプトですよね。現状に対して、どう取り組んでいこうと考えていますか？

小池 まず、おっしゃるとおりほとんどの若年層が注目するような状態を目指しています。同時に、若者だけに限定することなく、インターネットを利用する進歩的な方々を対象に視聴者拡大に取り組んでいます。

その中で、今我々も「テレビが復活してきている」ような実感はあります。地上波の視聴習慣があった方々がABEMAをテレビデバイスでも視聴し始め、その伸びが加速しているので、このニーズはどんどん深掘りしていきたいです。

ただ、同時にスマホでABEMAを観ていた人がテレビで観るようになることも出てきています。なので基本的には、視聴しうるすべての方に対して、ポテンシャルを見いだしていくつもりです。

西口　ちなみに、フレームワークを使った分析の結果はどのように共有しているのですか？

小池　基本的に、全員にオープンになっています。視聴者の分析調査結果などのデータはほとんど、トップから現場まですべて同じものを見られる環境を整えています。そこから、もちろん経営としての方針も決めますが、現場で役立つデータは自由に使えるようになっています。

今、私がABEMA以外に担当する事業にもフレームワークを導入しています。各部門に同じ考え方が浸透し、皆が同じ言語で議論するようになったので、ノウハウを横断的に共有できるようになりました。現場にプラスになり、私も全体を見通しやすくなりました。

西口　それはうれしいです。フレームワーク運用のゴールの一つが、部門を横断した共通言語になることなので。

小池　もう、自走していますよ。こんな課題が出てきたというので、それならN1インタビューをしたらどうかと言ったら「もう進めています」と。もともとチャレンジを後押しする社風ですし、サービスを伸ばすための新しい考え方や分析手法にも皆が貪欲です。今回のフレームワークによる分析も、自分たちのものにしていく道筋が見えているので、私も楽しみです。

西口　最後に、顧客起点の事業運営に関して、今後の展望をうかがえますか？

小池　インターネットサービスは、使われなければ基本的には〝無風〟です。使われてサービスが太くならないと、広告ビジネスも成り立たない。なので、ユーザーファーストの姿勢はサイバーエージェントのメディアビジネスの根幹にあるともいえます。今後もその文化に基づいて、よりユーザーを知り、期待に応えられるサービスに育てる試みを続けていきたいと思います。

おわりに

最後まで、お読みいただいてありがとうございます。

この3年間、多くのクライアント支援をさせていただきつつ、先達の残された経営に関する多くの書物や論文を改めて拝読し、経営とは何なのかを深く考えることができました。

バブル崩壊中の1990年から著者が経営現場で体験させていただいたこと、多様な経営支援をさせていただく中で見えてきた成否を分ける経営の根幹は、決して高尚な概念ではなく、一言で言えば「顧客への価値創造」でした。これを単に文章として言語化するだけでなく、実務において活用可能、かつ汎用的に共有可能な形式知にできると確信を深め、この本を書かせていただきました。書き終えて、まだまだ補完すべき部分などにも気付きますが、およそお伝えしたいことはまとめられたのではないかと思います。

経営とは何かを3年間考え続けた一方で、本書の構想時には意図していなかったのですが、「そもそもなぜ、人間は働くのか」という疑問に対する答えも見えてきたように思います。

もちろん、生活し、生きていくため、家族や大切な人を養っていくための糧として金銭を得ることが大きな理由でしょう。生存本能、生存し続けるための努力です。資本主義は、経営を通じて、この生存本能に立脚する形で、利潤を生み出し続けるために、人間の力を最大限に引き出そうとします。これが人間の「働く理由」です。

しかし、人間が働くのは、どうも金銭を得るためだけではなさそうです。私たち人間には、根源的に、何らかの価値を生み出したいという本能が備わっているように思うのです。誰かの役に立ったと感じるとき、誰かから「ありがとう」の言葉をもらうとき、言葉はなくとも喜びや笑顔を見たとき、自分が生み出している価値とその価値を認めてくれた顧客がいることを実感し、自分の存在意義を感じることができます。

近年は、すべての経営にとってパーパスやビジョン・ミッション・バリューが必要だとの話が多く聞かれます。これはなぜでしょうか。それは、財務指標を追いかけるだけでは実現し得ない「人間が働く意味」、すなわち、何が「ありがとう」なのかを明示化しようとしているためではないかと思うのです。

誰を顧客とし、どんな価値を創出して「ありがとう」をいただくのか。経営が生み出す価値は、誰にも見える貨幣に変換され財務結果となりますが、同時に「ありがとう」も生み出します。もし、そこに顧客からの「ありがとう」がなければ、その財務結果は一過性のものであり、継続性がありません。

様々な会社組織を見る中で、厳しい財務環境にありながらもモチベーション高く、一致団結して顧客と向き合いながら、確実に事業を伸ばしていく会社を多く見てきました。本書で紹介させていただいたクライアントもその一部です。一方で、すばらしい財務結果を出しながらも、意識調査では従業員のモチベーションは低く、離職が多い会社も目にしてきました。筆者から見える違いは、誰から「ありがとう」をいただいているのかが見えているかどうかでした。

自社が社会に存在しなければならない理由、他社ではなく自社が創造できる価値とは何か？ その価値は、誰にとっての、どんな便益と独自性なのか？ そこに貨幣以上の「ありがとう」が見えるか、実感できるのか？ それが人間のモチベーションを支え、組織を一体化させるのではないかと思うのです。

人間は誰かを顧客として、何らかの価値を生み出し「ありがとう」をいただくことで生きがいを感じることができる。労働の対価として金銭報酬を得る以上に、「ありがとう」の実感が、大きな「働く理由」また「生きる理由」となるのではないでしょうか。

本書の出発点になっている「顧客の心理・多様性・変化の理解」とは、顧客を人間として捉えるということです。執筆を始めた時点では気付いていませんでしたが、「顧客を人間として捉え、顧客から『ありがとう』をいただける経営を目指したい」という、情緒的でありながらも、人間の善の本能に根ざした経営を提案したかったのだと思います。

価値を生み出し誰かの役に立ちたいという人間の根源的な善のモチベーションが、日々の努力につながっている。人は誰かに価値提案し、その価値を認めていただき「ありがとう」を実感することで、さらに成長し、さらに進化しようとする。これが人間の成長へのモチベーションであり、このモチベーションをつなぐことで、経営は顧客への価値創造を実現し続け、社会への価値創出につながっていくのではないかと思います。

本書が少しでも読者のお役に立てばと心より願いつつ、締めくくらせていただきます。ありがとうございました。

謝辞

構想から3年を経て出版することができましたが、時代にとらわれず、今後も活用可能で普遍性のある内容の抽出とフレームワーク化を心がけました。構想時点から、テーマも事例も広がり、構成内容も変化し続ける中で、常に並走しサポートしていただいた編集者の高島知子さんに、この場を借りて最大の感謝をお伝えしたく思います。私の初書籍の『顧客起点マーケティング』（翔泳社）から数えると5年以上にわたって、常に読者視点のアドバイスをいただき、ぶれない軸となっていただきました。時間がなくとも一切の妥協なく進めていただくことでここまでたどり着くことができました。本当にありがとうございます。そして、日経ビジネスの皆さん、編集の村上富美さんには2021年の連載からお世話になり、読者である様々な経営者の皆さんの課題意識に関して深く勉強させていただき、私自身の視野を大きく広げていただきました。ありがとうございます。

また、本書で紹介させていただいたアソビュー、ライフイズテック、グロースX、ユーザベースSPEEDAおよびFORCAS事業、ミスミmeviy事業、サイバーエージェントABEMA事業、M-Forceの皆さんにも、自社のご経験と取り組まれている内容をオープンに紹介していただき、そのご協力に心より感謝しております。ありがとうございます。ここでは紹介しきれなかった支援先クライアントの皆さん、そして3年間にご相談をお受けした200を超える経営者、事業責任者の皆様にも、私がそれまでに持ち得なかった視界と多くの学びをいただくことができ、ここで感謝をお伝えできればと思います。ありがとうございます。

そして、すばらしい推薦コメントをいただいた楠木建先生には、ご著書も含めて感謝をお伝えしたく思います。2010年に出版されたご著書『ストーリーとしての競争戦略 優れた戦略の条件』（東洋経済新報社）には多くの助けをいただきました。ロクシタングループで初めて代表取締役を務め、1400人を超える社員や店舗スタッフと一緒に、1年以内に改革をやり遂げなければならなかったときに心強い支えになりました。毎週の全体会議で、戦略や施策を単に発表するのではなく、顧客と商品の間にどんな価値が創れるか、それが店舗スタッフ、社員、本社、協力会社さんにとってどんな意味を持つのか、どうつながるかの全体ストーリーとして語り続けることで、2年目の結果になんとかつなげることができたと実感しています。ありがとうございます。

最後に、新しい会社の創立や経営コンサルティングと投資事業という新しいキャリアへの転向へも、不安も見せず温かく応援し続けてくれた家族の佐和子、舞花に心から感謝です。ありがとうございました。

2022年6月　西口一希

参考文献

『マネジメント［エッセンシャル版］基本と原則』P･F･ドラッカー［著］、上田惇生［訳］、ダイヤモンド社

『イノベーションと企業家精神［エッセンシャル版］』P･F･ドラッカー［著］、上田惇生［訳］、ダイヤモンド社

『はじめて読むドラッカー【自己実現編】プロフェッショナルの条件 いかに成果をあげ、成長するか』P･F･ドラッカー［著］、上田惇生［訳］、ダイヤモンド社

『はじめて読むドラッカー【マネジメント編】チェンジ・リーダーの条件 みずから変化をつくりだせ!』P・F・ドラッカー［著］、上田惇生［訳］、ダイヤモンド社

『はじめて読むドラッカー【社会編】イノベーターの条件 社会の絆をいかに創造するか』P・F・ドラッカー［著］、上田惇生［訳］、ダイヤモンド社

『はじめて読むドラッカー【技術編】テクノロジストの条件』P･F･ドラッカー［著］、上田惇生［訳］、ダイヤモンド社

『ネクスト・ソサエティ 歴史が見たことのない未来がはじまる』P･F･ドラッカー［著］、上田惇生［訳］、ダイヤモンド社

『明日を支配するもの 21世紀のマネジメント革命』P･F･ドラッカー［著］、上田惇生［訳］、ダイヤモンド社

『すでに起こった未来 変化を読む眼』P･F･ドラッカー［著］、上田惇生、林正、佐々木実智男、田代正美、ダイヤモンド社

『創造する経営者（ドラッカー名著集 6）』P･F･ドラッカー［著］、上田惇生［訳］、ダイヤモンド社

『ドラッカー名著集2 現代の経営［上］［下］』P･F･ドラッカー［著］、上田惇生［訳］、ダイヤモンド社

『競争の戦略』M･E･ポーター［著］、土岐坤、服部照夫、中辻万治［訳］、ダイヤモンド社

『企業成長の"フシ"をどう乗り切るか』ラリー･E･グレイナー［著］、ダイヤモンド ハーバード･ビジネス･ライブラリー

『マネジャーの仕事』ヘンリー･ミンツバーグ［著］、奥村哲史、須貝栄［訳］、白桃書房

『良い戦略、悪い戦略』リチャード･P･ルメルト［著］、村井章子［訳］、日本経済新聞出版

『ストーリーとしての競争戦略 優れた戦略の条件』楠木建［著］、東洋経済新報社

『逆・タイムマシン経営論 近過去の歴史に学ぶ経営知』楠木建、杉浦泰［著］、日経BP

『ライフサイクル イノベーション 成熟市場＋コモディティ化に効く14のイノベーション』ジェフリー・ムーア［著］、栗原潔［訳］、翔泳社

『知識創造企業』野中郁次郎、竹内弘高［著］、梅本勝博［訳］、東洋経済新報社

『ブルー･オーシャン戦略 競争のない世界を創造する（Harvard Business Review Press）』W･チャン･キム、レネ･モボルニュ［著］、入山章栄［監訳］、有賀裕子［訳］、ダイヤモンド社

『イノベーションのジレンマ 増補改訂版 技術革新が巨大企業を滅ぼすとき』クレイトン・クリステンセン［著］、玉田俊平太［監修］、伊豆原弓［訳］、翔泳社

『ジョブ理論 イノベーションを予測可能にする消費のメカニズム』クレイトン･M･クリステンセン他［著］、依田光江［訳］、ハーパーコリンズ･ジャパン

『キャズム』ジェフリー･ムーア［著］、川又政治［訳］、翔泳社

『キャズム Ver.2 増補改訂版 新商品をブレイクさせる「超」マーケティング理論』ジェフリー・ムーア［著］、川又政治［訳］、翔泳社

『アイデアのつくり方』ジェームス･W･ヤング［著］、今井茂雄［訳］、竹内均［解説］、CCCメディアハウス

『右脳思考 ロジカルシンキングの限界を超える観･感･勘のススメ』内田和成［著］、東洋経済新報社

『感じる脳 情動と感情の脳科学 よみがえるスピノザ』アントニオ･R･ダマシオ［著］、田中三彦［訳］、ダイヤモンド社

『無意識の脳 自己意識の脳 身体と情動と感情の神秘』アントニオ･R･ダマシオ［著］、田中三彦［訳］、講談社

『意識はいつ生まれるのか 脳の謎に挑む統合情報理論』ジュリオ･トノーニ、マルチェッロ・マッスィミーニ［著］、花本知子［訳］、亜紀書房

『意識は傍観者である 脳の知られざる営み（ハヤカワ・ポピュラーサイエンス）』デイヴィッド･イーグルマン［著］、大田直子［訳］、早川書房

『脳の意識 機械の意識―脳神経科学の挑戦（中央公論新書）』渡辺正峰［著］、中央公論新社

『組織の壁を越える「バウンダリー・スパニング」6つの実践』クリス・アーンスト、ドナ・クロボット=メイソン［著］、三木俊哉［訳］、加藤雅則［解説］、英治出版

『ガイドツアー 複雑系の世界 サンタフェ研究所講義ノートから』メラニー・ミッチェル［著］、高橋洋［訳］、紀伊國屋書店

『影響力の武器［第二版］なぜ、人は動かされるのか』ロバート・B・チャルディーニ［著］、社会行動研究会［訳］、誠信書房

『論理思考は万能ではない 異なる価値観の調和から創造的な仮説が生まれる』松丘啓司［著］、ファーストプレス

『仮説思考 BCG流 問題発見・解決の発想法』内田和成［著］、東洋経済新報社

『戦略「脳」を鍛える BCG流 戦略発想の技術』御立尚資［著］、東洋経済新報社

『戦略策定概論 企業戦略立案の理論と実際』波頭亮［著］、産能大出版部

『現場論「非凡な現場」をつくる論理と実践』遠藤功［著］、東洋経済新報社

『見える化 強い企業をつくる「見える」仕組み』遠藤功［著］、東洋経済新報社

『ランチェスター弱者必勝の戦略 強者に勝つ15の原則（サンマーク文庫）』竹田陽一［著］、サンマーク出版

『稲盛和夫の実学 経営と会計』稲盛和夫［著］、日本経済新聞社

『ザ・ゴール 企業の究極の目的とは何か』エリヤフ・ゴールドラット［著］、三本木亮［訳］、稲垣公夫［解説］、ダイヤモンド社

『ザ・プロフィット 利益はどのようにして生まれるのか』エイドリアン・J・スライウォツキー［著］、中川治子［訳］、ダイヤモンド社

『ファイナンス思考 日本企業を蝕む病と、再生の戦略論』朝倉祐介［著］、ダイヤモンド社

『両利きの経営』チャールズ・A・オライリー、マイケル・L・タッシュマン［著］、入山章栄、渡部典子［訳］、東洋経済新報社

『世界標準の経営理論』入山章栄［著］、ダイヤモンド社

『イノベーションの競争戦略: 優れたイノベーターは0→1か?横取りか?』内田和成［著・編集］、東洋経済新報社

『ビジョナリー・カンパニー③ 衰退の五段階』ジム・コリンズ［著］、山岡洋一［訳］、日経BP

『エクセレント・カンパニー』トム・ピーターズ、ロバート・ウォーターマン［著］、大前研一［訳］、英知出版

『MADE IN JAPAN（メイド・イン・ジャパン）―わが体験的国際戦略』盛田昭夫、エドウィン・ラインゴールド［著］、下村満子［著・訳］、朝日新聞出版

『井深 大:生活に革命を』武田徹［著］、ミネルヴァ書房

『井深大 自由闊達にして愉快なる―私の履歴書 』井深大［著］、日本経済新聞出版

『Invent & Wander――ジェフ・ベゾス Collected Writings』ジェフ・ベゾス［著］、ウォルター・アイザックソン［序文］、関美和［訳］、ダイヤモンド社

『amazon 世界最先端の戦略がわかる』成毛眞［著］、ダイヤモンド社

『スティーブ・ジョブズI』ウォルター・アイザックソン［著］、井口耕二［訳］、講談社

『スティーブ・ジョブズII』ウォルター・アイザックソン［著］、井口耕二［訳］、講談社

『アップルを創った怪物―もうひとりの創業者、ウォズニアック自伝』スティーブ・ウォズニアック［著］、井口耕二［訳］、ダイヤモンド社

『Lovemarks: the future beyond brands』Kevin Roberts, A.G. Lafley［著］, Power House Books

『Singularity Is Near: When Humans Transcend Biology』Ray Kurzweil［著］, Penguin Books

『Good to Great:Why Some Companies Make the Leap...And Others Don't』Jim Collins［著］, Haper Business

『Built to Last: Successful Habits of Visionary Companies（Harper Business Essentials）』Jim Collins, Jerry I. Porras［著］, Harper Business

『The Practice of Management』Peter F. Drucker［著］, Harper Business; Reissue edition

『Management』Peter F. Drucker［著］, Harper Business; Reissue edition

『Competitive Advantage』Michael E. Porter［著］, Free Press; New edition

西口一希（にしぐち・かずき）

1990年P&Gに入社、マーケティング本部にてブランドマネージャー、マーケティングディレクターを歴任。2006年よりロート製薬執行役員マーケティング本部長として60以上のブランドマーケティングを統括。15年4月よりロクシタンジャポン代表取締役社長、16年にグループ最高利益を達成。その後、社外取締役戦略顧問。17年からスマートニュースに日本と米国のマーケティング担当執行役員として参画。日本と米国で同時成長させ、累計5000万ダウンロードを達成、19年8月に企業評価金額が10億ドル（当時のレートで約1000億円）を超える国内3社目のユニコーン企業となるまでの急成長に貢献。同年、持続的な事業成長をもたらす「顧客戦略のPDCA」支援ツールの提供および導入・運用支援を行うM-Force（https://mforce.jp）を共同創業。グロース X 社外取締役。Strategy Partners 代表取締役。初著書『たった一人の分析から事業は成長する 実践 顧客起点マーケティング』（翔泳社、2019年）は韓国語版、台湾語版、英語版も出版。ほかの著書に『マンガでわかる 新しいマーケティング 一人の顧客分析からアイデアをつくる方法』（池田書店、2021年）、共著に『アフターコロナのマーケティング戦略 最重要ポイント40』（ダイヤモンド社、2020年）がある。

■p235のダウンロード方法：日経BOOK PLUSの書籍紹介ページ（https://nkbp.jp/nbb11261）からご利用いただけます。※事情により予告なくサービスを停止する場合がございます。あらかじめご了承ください。

企業の「成長の壁」を突破する改革
顧客起点の経営

2022年6月27日　第1版第1刷発行
2024年4月11日　第1版第5刷発行

著者	西口一希
発行者	北方雅人
発行	株式会社日経BP
発売	株式会社日経BPマーケティング
	〒105-8308　東京都港区虎ノ門4-3-12
ブックデザイン	小口翔平＋嵩あかり＋畑中茜（tobufune）
本文DTP・図版制作	中澤愛子（Tripleline）
校閲	聚珍社
編集・対談構成	高島知子
編集	村上富美
印刷	図書印刷株式会社

ISBN978-4-296-11261-6